HEYNE‹

 Toni Feller, geboren 1951, erlernte zunächst den Beruf des Werkzeugmachers und studierte dann Maschinenbau. Nach dem erfolgreichen Abschluss als Maschinenbautechniker bewarb er sich 1977 bei der Polizei. 1985 wurde er in die Mordkommission des Polizeipräsidiums Karlsruhe berufen, wo er heute als Kriminalhauptkommissar tätig ist. Er ist Autor von Kurzgeschichten, Gedichten, Bühnenstücken, Drehbüchern, Abenteuerreiseberichten sowie von Beiträgen in Fachzeitschriften. 1999 und 2001 erhielt er den »Mundartpreis« des Regierungspräsidiums Nordbaden. Toni Feller ist Mitglied der »Polizei-Poeten« und lebt in der Nähe von Karlsruhe.

Toni Feller

Das GESICHT des Todes

Authentische Mordfälle

WILHELM HEYNE VERLAG
MÜNCHEN

Verlagsgruppe Random House FSC-DEU-0100
Das für dieses Buch verwendete FSC®-zertifizierte Papier
Holmen Book Cream liefert Holmen Paper, Hallstavik, Schweden.

3. Auflage
Originalausgabe 04/2011
Copyright © 2011 by Wilhelm Heyne Verlag, München,
in der Verlagsgruppe Random House GmbH
Printed in Germany 2011
Redaktion: Johann Lankes, München
Umschlaggestaltung: Hauptmann & Kompanie Werbeagentur, Zürich,
unter Verwendung eines Fotos von © Joerg Buschmann/plainpicture
Die Veröffentlichung dieses Werkes erfolgt auf Vermittlung von
BookaBook, der Literarischen Agentur Elmar Klupsch, Stuttgart
Satz: Buch-Werkstatt GmbH, Bad Aibling
Druck und Bindung: GGP Media GmbH, Pößneck
ISBN: 978-3-453-64528-8

www.heyne.de

Inhalt

Vorwort 7

Mein erster Mordfall 15
Frühstück mit einer Leiche 31
Szenarium eines Amoklaufes 58
Der Freigänger 98
Mord ohne Leiche 136
Die brennende Leiche 172
Schwulenmord 200
Das verbrannte Kind 229
Der Serienmörder
Heinrich Pommerenke 271

Vorwort

Seit 1985 bin ich Mitglied der Mordkommission (Moko) beim Polizeipräsidium Karlsruhe und im normalen Arbeitsalltag für schwere Gewalt-, Sexual- und Branddelikte zuständig. Ich arbeite direkt an der Front und habe viele Facetten und Abgründe menschlicher Verhaltensweisen kennengelernt. Doch es erstaunt mich immer wieder aufs Neue, zu welch brutalen Verbrechen manche Menschen fähig sind.

Wird in Karlsruhe oder in dessen Landkreis ein Kapitalverbrechen verübt, was glücklicherweise nicht so oft der Fall ist – in einem Jahr hatten wir zwar schon einmal zehn Morde zu bearbeiten, aber es gab auch Jahre, da waren es nur zwei oder drei –, bin ich einer von denen, die zu jeder Tages- und Nachtzeit angerufen werden. Ich habe dann sofort zu erscheinen. Persönliche Befindlichkeiten oder wichtige Dinge des Privatlebens spielen von nun an keine Rolle mehr. Nach der Alarmierung stürze ich mich in die Arbeit, die ich von der Kommissionsleitung zugeteilt bekomme. Keiner von uns Ermittlern weiß, ob die Spur, die er zu bearbeiten hat, zum Täter oder ins Leere führt. Wir alle sind hoch motiviert. Niemand beklagt sich, weil er zum Beispiel schon 20 Stunden nicht mehr geschlafen hat oder bei der Geburtstagsfeier seiner Frau eigentlich zu Hause sein wollte.

Eine Mordkommission besteht aus dem Kommissionsleiter, seinem Stellvertreter und fünf Unterabschnitten, die je nach Fall ebenfalls einen Leiter haben. Es gibt die Unterabschnitte

- Ermittlungen
- Spurendokumentation und Auswertung
- Operative Maßnahmen und Fahndung
- Kriminaltechnik
- Öffentlichkeitsarbeit

Normalerweise ist in Karlsruhe die Mordkommission 25 bis 30 Mann stark. Sie kann bei Bedarf jederzeit aufgestockt, aber auch reduziert werden. Ist ein Mordfall abgeschlossen, kehren die Kommissionsmitglieder wieder zu ihren Stammdienststellen zurück. Wir haben eine Aufklärungsquote von über 90 Prozent.

Kommissionsarbeit ist absolute Teamarbeit. Eine Moko funktioniert nur, wenn die einzelnen Mitglieder möglichst reibungslos zusammenarbeiten. Die Ermittlung des Täters ist deshalb ein Erfolg der ganzen Moko und niemals des Einzelnen, der zufällig die Spur zu bearbeiten hatte, die letztendlich zum Täter führte. Den meisten Moko-Leitern ist das bewusst, weshalb sie sich vor Presse und Rundfunk in aller Regel zurückhalten und andere vorschicken, um die Lorbeeren einzuheimsen.

Der Leiter einer Mordkommission spürt den Täter niemals persönlich auf, wie es in Filmen und Kriminalromanen gern dargestellt wird. Seine Aufgabe ist es explizit, die anfallende Arbeit zu koordinieren, an die Unterabschnitte zu delegieren und gegebenenfalls den Rücklauf zu kontrollieren. Was der einzelne Ermittler, Fahnder oder Kriminaltechniker aus einer ihm zugeteilten Spur macht, hängt von der Ausbildung, Motivation und dem Biss des Betroffenen ab.

Meist ist es eine einzige Spur, die Rückschlüsse auf den noch unbekannten Täter zulässt und schließlich zum Erfolg führt. So kann zum Beispiel die Herkunft eines kleinen Knopfes, der am Tatort gefunden wurde, einen Hinweis darauf geben, wo der Mörder sein Hemd gekauft hat. Oft ist es dann nur noch ein kleiner Schritt zur Ermittlung des Täters, manchmal kann aber so eine heiße Spur nach tage- oder wochenlanger, sehr mühevoller Kleinarbeit einfach im Sand verlaufen.

Zur Polizei kam ich wie die Jungfrau zum Kind. Nach dem Maschinenbaustudium arbeitete ich als Abteilungsleiter in einer mittelständischen Firma, die Atemschutz- und Tauchgeräte herstellte. Als die Firma pleiteging, saß ich erst einmal auf der Straße. Ein Bekannter brachte mich auf die Idee, mich bei der Polizei zu bewerben. Bis zu diesem Zeitpunkt war ich der Polizei gegenüber eher negativ eingestellt. Das lag hauptsächlich an den Zahlkarten, die regelmäßig an der Windschutzscheibe meines Fahrzeuges hingen, und den mehr oder weniger schönen Fotos, die mich hinter dem Steuer meines Wagens zeigten und auf denen diverse Geschwindigkeitsangaben standen.

So nahm ich, mehr halbherzig, im Januar 1977 an der Aufnahmeprüfung zum Polizeidienst teil. Ich war 26 Jahre alt, Familienvater und hatte meine junge Familie zu versorgen. Außerdem wollte ich ein Haus bauen. Dazu brauchte ich Sicherheit, und was lag da näher, als Beamter zu werden?

Schneller, als mir lieb war, sah ich mich dann in der grünen Uniform der baden-württembergischen Polizei. Doch bereits nach 14 Tagen wusste ich, dass ich meinen Traumberuf gefunden hatte.

Die Ausbildung und anschließenden Lehrgänge absolvierte ich mit durchweg guten Abschlüssen, weshalb ich fast in Rekordzeit von der Schutz- zur Kriminalpolizei wechseln konnte.

Sicher bin ich einer der wenigen, die nach so langen Dienstjahren immer noch Spaß am Beruf haben. Doch will ich nicht verhehlen, dass ich mich manchmal auch ausgebrannt fühle. Ausgebrannt vom Anblick der vielen Toten, die ich mir anschauen musste, von den vielen Lügen, die mir unsere »Kundschaft« aufzutischen versuchte, von den Rechtsanwälten, die diese Bezeichnung nicht verdient haben, weil sie nicht das Recht, sondern mit allen Mitteln das Unrecht verteidigen, das ihre Mandanten begangen haben, und von Urteilen, die manchmal zum Himmel schreien.

Nachdem ich bereits im Jahr 2004 ein Buch mit spektakulären, authentischen Kriminalfällen verfasst habe, entschloss ich mich nach langen Überlegungen, ein zweites Buch dieses Genres der Öffentlichkeit zu präsentieren. Mir ist dabei sehr wohl bewusst, dass von Justizbehörden, Bewährungshelfern, Rechtsanwälten, manchmal auch von Angehörigen der Opfer und insbesondere natürlich auch von den Tätern selbst immer wieder Einwände gegen die nachträgliche Veröffentlichung schwerer Straftaten vorgebracht werden. Vom Persönlichkeitsschutz des Täters ist da oft die Rede oder vom An-den-Pranger-Stellen.

Ein Staatsanwalt, von dem ich für dieses Buch Einsicht in ein bestimmtes Urteil erbat, teilte mir schriftlich mit, er könne meiner Bitte nicht nachkommen, da die schutzwürdigen Interessen des verurteilten mehrfachen Mörders gegenüber dem Interesse überwiegen, anonymisierte Teile aus dem Urteil in einem Buch zu publizieren.

Einen weiteren hohen Beamten, der unter anderem für die sichere Verwahrung des Serienmörders Heinrich Pommerenke mitverantwortlich war, fragte ich nach seiner Meinung zu diesem Thema. Er war der Ansicht, dass man Pommerenke nach 45 Jahren Haft im Namen der Humanität in Ruhe lassen sollte.

Diesem Einwand kann man sich durchaus anschließen. Auch ich bin der Auffassung, dass der brutalste Mörder immer noch ein Mensch ist, der Anspruch auf die im Grundgesetz garantierten Grundrechte hat, und dass man ihm eine gewisse Achtung entgegenbringen muss. Das war und ist stets meine Maxime.

Doch andererseits sollte man auch die Meinung eines Großteils der Bevölkerung respektieren, dass ein mehrfacher Frauenmörder kaum für sich geltend machen kann, einfach in Ruhe gelassen zu werden. Es fallen dabei nicht nur die vier Frauen, die Pommerenke auf grausamste Weise tötete, ins Gewicht, sondern insbesondere auch die mindestens zwölf Frauen und zwei Kinder, die er versuchte zu ermorden und die nur mit viel Glück, wenn auch zum Teil schwer verletzt, davonkamen. Gerade diese Opfer, von denen die meisten noch leben, haben innere Wunden, die niemals verheilen. Sie werden auch nach Jahrzehnten immer wieder von Alpträumen verfolgt.

Und ich meine, diejenigen, die irgendwann über die Entlassung eines Mörders entscheiden müssen, sollten sich nicht nur von den vorgeschriebenen Fristen und Formalitäten sowie von zweifelhaften Gutachten einiger Psychiater leiten lassen, sondern sich vorher eingehend mit den grausamen, brutalen Taten dieser Menschen befassen und bedenken, dass insbesondere bei Sexualtätern, aber auch bei anderen Mördern ein nicht zu vernachlässigendes Risiko besteht, wenn sie in Freiheit sind. Sie alle gehören zu jener Sorte Menschen, die aufgrund ihrer Psyche grundsätzlich dazu fähig sind, einen anderen Menschen zu töten, ohne dass sie sich zum Beispiel in einer Notwehrsituation befinden.

Vor allem bei Sexualtätern besteht die Gefahr, dass sie in Freiheit wieder Frauen oder Kinder ermorden, um ihre sexuelle Gier zu befriedigen. Davor schützt sie auch nicht unbedingt ihr Alter, wenn sie nach langen Jahren aus dem Gefängnis entlassen werden. Der bekannte französische Serienmörder Michel Fourniret war 62, als er nach seinem neunten Mord endlich gefasst wurde.

Obwohl mitunter die Ansicht vertreten wird, das Beschreiben spektakulärer, authentischer Kriminalfälle sei nichts anderes als die Befriedigung sensationslüsternen Voyeurismus, denke ich doch, dass schwere und schwerste Straftaten selbst lange Jahre nach der Tat nicht einfach totgeschwiegen werden sollten. Die

Öffentlichkeit hat sehr wohl ein Recht darauf, im Nachhinein zu erfahren, was sich hinter den Verbrechen verbirgt und was hinter den Kulissen des Polizei- und Justizapparates so alles geschieht.

Und ist man es den Opfern nicht schuldig, dass sie und ihr oft qualvolles Ende nicht einfach vergessen werden? Warum setzt Michael Buback nach über 33 Jahren immer noch alles daran, dass der Mord an seinem Vater Siegfried Buback restlos aufgeklärt wird? Längst haben doch für diesen Dreifachmord eine ganze Gruppe von Terroristen hohe Gefängnisstrafen verbüßt.

Ich bin der Meinung, wer die Augen vor den grässlichen Taten gemeiner und brutaler Mörder verschließt, wer davon nichts wissen möchte, lässt die Opfer allein. Und Opfer sind nicht nur die Ermordeten, sondern insbesondere auch deren Hinterbliebene. Nicht selten werden durch ein Tötungsdelikt Familien bis an den Rand der Verzweiflung gebracht, manchmal sogar zerrissen. Und wenn ein Kind durch einen Mord seine Mutter oder seinen Vater verliert, dann ist dieses Kind ohne Frage ein weiteres Opfer dieser grausamen Tat, weil es unter dem Verlust des Elternteils ganz sicher sehr leidet.

Der Dutroux-Prozess in Belgien hat gezeigt, dass es für die Angehörigen der Mordopfer, aber insbesondere auch für die, die dieses unvorstellbare Martyrium überlebt haben, eminent wichtig war, dass bei der Gerichtsverhandlung die Gräueltaten auch nach über acht Jahren in allen Details zur Sprache kamen und dass die Beschönigungen der Täter kein Gehör bei den Richtern fanden. Sowohl die überlebenden Laetitia Delhez und Sabine Dardenne als auch Jean-Dennis Legeune, der Vater der ermordeten Julie, äußerten sich sehr positiv über die Aufarbeitung der scheußlichen Taten vor Gericht und darüber, dass bei dem Prozess nichts unter den Tisch gekehrt wurde. Für sie war es wie eine Befreiung von einer schweren Last, die bis dahin auf ihren Schultern zu ruhen schien.

Ich selbst habe mich mehrfach mit dem Vater der jungen Frau unterhalten, die Opfer des Freigängers wurde, dessen grausame Taten in dem Buch beschrieben sind. Er hat mich immer wieder ermuntert, über den Fall zu berichten, weil viele Details bei der Gerichtsverhandlung nicht zur Sprache kamen und weil die Menschen nicht vergessen sollten, welches schlimme Verbrechen seiner einzigen Tochter widerfahren ist.

Wer also von Voyeurismus und schutzwürdigem Interesse verurteilter Mörder spricht, sollte sich über all diese Fakten einmal Gedanken machen. Auch darüber, dass es heute leider immer noch gängige Praxis ist, Mördern und anderen brutalen Verbrechern in Prozessen und bei ihrer anschließenden Strafverbüßung zum Beispiel in Form von psychiatrischen Untersuchungen und Therapien alle nur möglichen Vorzüge zu verschaffen, während die psychischen Schäden von Opfern und Hinterbliebenen sowie deren Rehabilitation keine oder nur wenig Beachtung finden.

Welche Mitglieder von Strafvollstreckungskammern und sogenannten Lockerungskonferenzen im Strafvollzug machen sich über die Opfer und deren Angehörige Gedanken, wenn sie brutalen Mördern klammheimlich Ausgang zu Bundesligaspielen, Schifffahrten auf dem Rhein und vieles mehr gewähren und ihnen schließlich auch völlig unkontrollierten Freigang verschaffen? Die Verantwortlichen sollten einmal die Eltern eines getöteten Kindes fragen, ob das noch etwas mit Gerechtigkeit zu tun hat.

Und letztlich sollten sie sich fragen, ob sie es tatsächlich vor sich und den unschuldigen Opfern verantworten können, das Leben auch nur eines einzigen Menschen zu gefährden, um lebenslänglich Verurteilten unkontrolliert Freigang zu gewähren. Warum greift man nicht endlich – wie in anderen Ländern – zum Mittel der elektronischen Fußfessel, damit der Aufenthalt hochgefährlicher Täter nach ihrer Haftentlassung insbesondere dann nachvollzogen werden kann, wenn sie im Verdacht stehen, wieder eine schwere Straftat verübt zu haben? Ich bin mir sicher, dass diese Maßnahme die Mehrzahl der potenziellen Täter davon abhalten würde, wieder straffällig zu werden.

Baden-Württembergs Justizminister Ulrich Goll ist einer jener maßgeblichen Personen, die für eine derartige Regelung eintreten. Er ist der Auffassung, dass Schwerstkriminellen im Rahmen ihrer Führungsaufsicht auch ohne ihr Einverständnis eine elektronische Fußfessel angelegt werden müsste. Bleibt zu hoffen, dass er sich mit seiner Meinung in naher Zukunft bei den Justizministerkonferenzen durchsetzt und dass das Bundesverfassungsgericht ihm dann nicht wieder einen Strich durch die Rechnung macht.

Dieses Buch konnte ich nur deshalb schreiben, weil ich von Vorgesetzten die Erlaubnis zur Einsicht in die entsprechenden Polizeiakten bekommen hatte. Dafür bedanke ich mich bei den betreffenden Personen sehr herzlich. Mein Dank gilt auch den Kolleginnen und Kollegen, die mich durch zusätzliche Informationen unterstützt und immer wieder motiviert haben.

Aus datenschutzrechtlichen Gründen wurden mit Ausnahme des Tathergangs bei der Ermordung von Generalbundesanwalt Siegfried Buback, seinem Fahrer Wolfgang Göbel und dem Justizbeamten Georg Wurster Namen, Berufe, örtliche und zeitliche Gegebenheiten verändert. Der Serienmörder Heinrich Pommerenke wird mit seinem Einverständnis namentlich erwähnt, die Namen seiner Opfer wurden jedoch geändert. Alle geschilderten Fälle orientieren sich zwar an authentischen Kriminalfällen, wurden aber abgewandelt und anonymisiert.

Mein erster Mordfall

Am Morgen des 7. April 1977 wurden Generalbundesanwalt Siegfried Buback, sein Fahrer Wolfgang Göbel und ein Justizbeamter namens Georg Wurster von einem Kommando der Roten Armee Fraktion (RAF) getötet.

Es war 9.15 Uhr, als der ungepanzerte Dienstwagen in Karlsruhe auf der Linkenheimer Landstraße an der Einmündung Moltkestraße anhalten musste, weil die Ampel auf Rot stand. Unmittelbar hinter dem rechten Kotflügel des Daimler Benz kam ein Motorrad der Marke Suzuki GS 750 mit zwei Personen zum Stehen.

Als die Ampel von Rot auf Gelb sprang, fuhr das Motorrad sofort los und rechts an dem Dienstwagen vorbei. Der Sozius zog unter seiner Jacke ein automatisches Schnellfeuergewehr hervor. In Höhe der Beifahrerseite feuerte er ohne jegliche Vorwarnung auf den Generalbundesanwalt und seine beiden Begleiter. Mehrere Zeugen berichteten, das Motorrad habe nach den Schüssen angehalten und der Sozius habe sich in das Wageninnere gebeugt, um sich davon zu überzeugen, dass alle Insassen auch wirklich tot sind. Erst dann sei das Motorrad mit hoher Geschwindigkeit davongerast.

Siegfried Buback und Wolfgang Göbel waren sofort tot. Georg Wurster wurde schwer verletzt und starb sechs Tage später. Als Fahrdienstleiter hatte er an diesem Morgen am Wohnort des GBA, wie Siegfried Buback auch genannt wurde, an dessen

Privatfahrzeug eine kleine Reparatur vorgenommen. Er saß also nur zufällig in dem beschossenen Wagen, mit dem Buback zur Bundesanwaltschaft unterwegs war.

Ich war damals gerade mal fünf Wochen bei der Polizei und drückte eine Bank in der Karlsruher Landespolizeischule. Es war in der zweiten Stunde. Wir wurden im Fach Strafprozessrecht unterrichtet, als unser Lehrgangsleiter in den Seminarraum trat und mit bitterernster Miene verkündete, der Generalbundesanwalt sei soeben von Terroristen erschossen worden. Die Führung des Polizeipräsidiums Karlsruhe habe angerufen und ihn gebeten, 50 Polizeischüler zu mobilisieren, die den Tatort weiträumig absperren sollten. Die Wahl fiel unter anderem auch auf mich.

In Windeseile mussten wir unsere Pistolen umschnallen und die schweren, unbequemen Dienstmäntel anziehen. Dann hetzten wir zu den Mannschaftstransportbussen, und los ging es in Richtung Tatort. Ich war furchtbar aufgeregt. Obwohl es an dem Morgen noch recht kühl war, hatte ich unter Mantel und Jacke im Nu mein Hemd durchgeschwitzt.

Auf der Fahrt hörte ich zum ersten Mal in meinem Leben den Polizeifunk. Es ging sehr hektisch zu, und ich verstand nur einen Bruchteil dessen, was über den Äther geschickt wurde, da viele Abkürzungen verwendet wurden, die ich erst noch lernen musste.

Ich versuchte mir ins Gedächtnis zu rufen, was ich über die Terroristen und den Generalbundesanwalt wusste. Zu meiner Schande musste ich mir eingestehen, dass ich mir mehr Wissen über die RAF als über den obersten Ankläger Deutschlands angeeignet hatte. Wenn überhaupt, hatte ich den Namen Siegfried Buback irgendwann einmal in der Zeitung gelesen, und nur ganz vage war mir bekannt, dass es so etwas wie eine Bundesanwaltschaft gab.

Namen wie Andreas Baader, Ulrike Meinhof, Gudrun Ensslin, Jan-Carl Raspe, Holger Meins, Knut Folkerts usw. waren mir viel geläufiger. Es verging kaum eine Woche, in der diese Personen in den Zeitungen nicht genannt wurden. Und so abwegig es aus dem Munde eines Polizisten klingen mag, empfand ich für diese Generation der Terroristen sogar ein gewisses Maß an Sympathie, weil sie einem Staat die Stirn boten, in dem politisch bei weitem nicht alles in Ordnung war, und weil sie es schafften, spektakuläre Aktionen durchzuführen, ohne erwischt zu werden.

Als ich dann am Tatort aus dem Mannschaftstransportbus stieg und die beiden Leichen auf der Straße liegen sah, relativierte sich diese Sympathie sehr schnell. Noch nie zuvor begegnete mir der Tod in dieser Brutalität. Der Wagen Bubacks war durchsiebt. Ich sah Blutlachen. Überall lagen Patronenhülsen herum.

Obwohl ich unheimlich aufgeregt war und den Anblick der mit Planen abgedeckten Leichen sehr gruselig fand, bemühte ich mich sofort, meinen Posten möglichst nahe der Toten zu beziehen. Dies gelang mir auch. Ich stand etwa fünf Meter neben dem auf der Fahrbahn liegenden Siegfried Buback. Dass es der GBA war, sah ich, als ein Beamter des Bundeskriminalamtes die Plane etwas hochhob und zu einem anderen sagte:

»Das ist der Generalbundesanwalt.«

In dem kurzen Augenblick konnte ich das Gesicht des Toten sehen. Mir kam es vor, als wäre es voller Blut. Als der Mann vom BKA den Leichnam wieder abdeckte, schaute noch die linke Hand des Toten hervor. Sie hatte eine seltsam bläuliche Farbe. Zwischen Daumen und Zeigefinger war eine dünne Blutabrinnspur zu sehen. Es war eine nicht sehr große, gepflegte Hand mit ebenso gepflegten Fingernägeln, die eine bläuliche Farbe hatten. Irgendwie zog diese Hand meinen Blick magisch an. Kurioserweise wartete ich darauf, dass sie sich bewegte. Aber das tat sie nicht.

Dann stellten die Kollegen von der Kriminaltechnik überall kleine Schilder mit Nummern auf und begannen zu fotografieren. Am Rande bekam ich mit, dass es Spezialisten des BKA waren, die jedoch vergessen hatten, Filme für ihre Kameras mitzunehmen. Sie mussten sich welche bei den Karlsruher Kriminaltechnikern ausleihen.

Jede der zahlreichen leeren Patronenhülsen wurde fotografiert und ihr Abstand von einem Fixpunkt aus vermessen. Danach wurden die Hülsen aufgesammelt und einzeln in Tüten verpackt.

Gleich drei Kriminaltechniker waren mit der Spurensicherung im und um das Fahrzeug befasst. Ich war fasziniert von der Ruhe und Akribie, mit der die Beamten zu Werke gingen, obwohl zu diesem Zeitpunkt schon von allen Seiten Reporter Bild- und Tonaufnahmen machten.

Bei all dem vergaß ich fast meine eigentliche Aufgabe, den Tatort gegen Schaulustige abzusperren. Die ganze Zeit hatte ich den Leuten den Rücken zugedreht, um selbst auf das furchtbare Geschehen schauen zu können. Auf einen mahnenden Blick des neben mir stehenden Kollegen drehte ich mich um – und sah in tief betroffene Gesichter. Dann breitete ich meine Arme aus, drängte die Menge mit kleinen Schritten und mit den Worten: »Treten Sie bitte etwas zurück«, ein wenig nach hinten. Ich hatte einen Kloß im Hals, und meine Stimme kam mir viel zu leise, fast piepsend vor. Doch die Menschen reagierten. Stumm folgten sie meiner Anweisung.

Ich sah, wie manche miteinander flüsterten. Andere wiederum schüttelten nur den Kopf. Kein lautes Wort drang an mein Ohr. Selbst die Beamten, die es gewohnt waren, ihre Befehle laut zu geben, waren sichtlich um Ruhe und Pietät bemüht.

Irgendwann wurden die Leichen der Ermordeten abtransportiert. Ich schluckte, weil ich plötzlich einen trockenen Mund hatte. Das war es dann wohl, dachte ich. Das Ende des Chefanklägers der Bundesrepublik Deutschland.

Wir mussten noch eine ganze Weile den Tatort absichern, bis die Kriminaltechniker des BKA endlich mit ihrer Arbeit fertig waren. Zurück in der Polizeischule, versuchte unser Lehrgangsleiter mit betroffener Miene die Folgen dieses Anschlages zu erklären. Es dauerte nicht allzu lange, bis wir sie am eigenen Leib zu spüren bekamen.

Einige Wochen danach mussten wir ein Praktikum absolvieren und wurden auf verschiedene Polizeireviere verteilt. Ohne große Ahnung nahmen wir unmittelbar an der Terroristenfahndung teil. Ich wurde einem Polizeihauptmeister zugeteilt, der mich einlernen sollte. Er hatte sehr viel Erfahrung im Umgang mit Menschen, doch schaffte er es während des gesamten sechswöchigen Praktikums nicht, sich meinen Namen zu merken. Am fünften Tag gab ich es auf, ihn zu berichtigen. Ich fand mich damit ab, ständig Theo von ihm genannt zu werden.

In dieser Zeit gingen wir unzähligen Hinweisen aus der Bevölkerung nach oder bekamen Ermittlungsaufträge von Vorgesetzten, um bestimmte Adressen und Wohnungen zu überprüfen. Das BKA hatte eine sogenannte Rasterfahndung ausgearbeitet, mit der die Terroristen aufgespürt werden sollten. Unter anderem wurden in ganz Deutschland alle Mehrfamilienhäuser und deren Bewohner unter die Lupe genommen. So auch in und um Karlsruhe. Damit, so hoffte man, würde sich der Druck auf die Terroristen erhohen, was sich im Nachhinein bestätigen sollte.

Mit Karl, so hieß mein Streifenführer, kontrollierte ich eines Tages das Anwesen Liebigstraße 10, einen mehrstöckigen Wohnsilo im Herzen der Stadt. Wir klingelten an jeder Wohnungstür und sprachen mit den Leuten. Karl führte das Wort, und die Art und Weise, wie er mit den Menschen umging, verblüffte mich ein ums andre Mal. Am meisten Verständnis brachten uns Personen im Alter zwischen 50 und mehr Jahren entgegen. Nicht selten wurden wir von ihnen auf einen Kaffee hereingebeten. Doch immer wieder kam es auch vor, dass unser ungebetenes Erscheinen den Unmut der Leute hervorrief. Mehr als einmal musste Karl reaktionsschnell den Fuß in den Türspalt stellen, um zu verhindern, dass uns die Tür vor der Nase zugeschlagen wurde.

Von einem älteren Ehepaar erhielten wir den Hinweis, dass sich gegenüber ihrer Wohnung vor etwa drei Wochen ein Mann eingemietet hatte, der ihnen höchst verdächtig vorkommen würde. Er würde immer nur sporadisch auftauchen und anschließend wieder verschwinden.

Die Beschreibung, die die beiden abgaben, passte unzweifelhaft auf den gesuchten Topterroristen Christian Klar. Als uns die Zeugen dann auch noch mitteilten, dass der junge Mann ständig Besuche von anderen Personen erhielt, die aber nur auf ein bestimmtes Klingelzeichen hin Einlass bekämen und ganz offensichtlich darauf achteten, so unerkannt wie nur möglich zu bleiben, läuteten bei uns alle Alarmglocken.

Endlich einmal ein vielversprechender Hinweis, bei dem es sich lohnte, weiter nachzuforschen. Wir überlegten, was zu tun sei. Ich machte den Vorschlag, durch das Mobile Einsatzkommando die Wohnung stürmen zu lassen. So hatte man es uns für solche Fälle auf der Polizeischule beigebracht.

»Das wäre ja noch schöner!«, sagte Karl zu mir. »Die Lorbeeren heimsen wir selbst ein. Wenn das tatsächlich Christian Klar ist, machen wir ihn platt, bevor er auch nur einen Laut von sich geben kann!«

Tief Luft holend, setzte ich gerade dazu an, meine Bedenken vorzubringen, als Karl das Ehepaar fest entschlossen nach dem

Klingelzeichen und nach einem etwaigen aktuellen Besuch des Christian Klar fragte.

»Zweimal kurz, einmal lang und danach noch einmal kurz«, sagte der Mann, ohne auch nur den geringsten Zweifel aufkommen zu lassen.

Dann holte er ein kleines Notizbuch hervor, blätterte darin und sagte:

»Er ist heute Morgen um 9.18 Uhr allein gekommen. Gestern Abend hatte er um 19.41 Uhr bis 20.57 Uhr Besuch von einem jungen Mann, den ich allerdings nur von hinten sah. Anschließend, nämlich genau um 21.23 Uhr, kam ein Pärchen. Die beiden haben sich so auffällig umgeschaut, dass man nicht Sherlock Holmes sein muss, um zu riechen, dass hier etwas oberfaul ist. Alle drei haben die Wohnung schließlich um 23.08 Uhr verlassen.«

»Sie bleiben hier und schließen die Tür hinter uns. Wenn Sie Schüsse hören, rufen Sie sofort den Notarzt, verstanden?«

»Verstanden, Herr Wachtmeister!«, sagte der Mann, und die Frau nickte mehrfach mit weit aufgerissenen Augen.

»Was ist mit der Belohnung?«, fragte sie hastig.

»Die bekommen Sie natürlich. Dafür werde ich persönlich sorgen«, erwiderte Karl im Brustton der Überzeugung.

»Lade deine Waffe durch!«, befahl er mir, während er selbst seine Waffe aus der Pistolentasche riss und demonstrativ den Verschluss zurückzog.

Ich war nicht mehr fähig, auch nur ein Wort herauszubringen, und befolgte seine Anweisung. Schweißperlen standen mir auf der Stirn. Wir verließen die Wohnung des Ehepaares, das sofort die Tür hinter uns schloss.

Die Pistole im Anschlag, bedeutete mir Karl wortlos, dass ich links neben der Tür Posten beziehen sollte, während er sich auf der rechten Seite an die Wand presste. Auf dem Klingelschild konnte ich den Namen Krawuttke lesen. Mir schlug das Herz bis zum Hals, denn ich wusste, dass Terroristen mit großkalibrigen Waffen, ja sogar mit Maschinenpistolen ausgerüstet waren, wohingegen wir mit unserer kleinen 7,65-mm-Polizeipistole geradezu lächerlich wirkten.

Bevor Karl den Klingelknopf betätigte, drückte er sein rechtes Ohr an die Tür. Er nickte mir zu und sagte ganz leise:

»Musik!«

Ich verstand und nickte ihm ebenfalls zu. Danach zog er seinen Kopf wieder von der Tür zurück, um kein Ziel zu bieten.

Zweimal kurz, einmal lang und noch einmal kurz. Ich hörte, wie sich Schritte der Tür näherten und die Klinke nach unten gedrückt wurde. Dann ging alles sehr schnell. Als sich die Tür einen Spalt breit öffnete, warf sich Karl im Bruchteil einer Sekunde gegen das Türblatt und hielt auch schon einer jungen, langhaarigen Blondine seine Pistole direkt zwischen die Augen. Die Frau stieß einen lauten Schrei aus, der aber so gar nicht zu ihr passte. Blitzschnell riss sie ihre Hände nach oben.

Das Erste, was mir an ihr auffiel, waren ihre stark geschminkten Lippen und ihre großen Augenwimpern. Trotz ihres dick aufgetragenen Puders, sah man an verschiedenen Stellen ihres Gesichtes, dass sie leichenblass war. Sie brachte keinen Ton hervor, als Karl sie mit der Pistole zunächst wortlos in die Wohnung drängte. Ich folgte den beiden.

»Tür zu!«, befahl er mir. Als ich die Tür geschlossen hatte, herrschte er die Frau an:

»An die Wand!«

Mit erhobenen Händen stellte sich die Frau an die Wand. Sie zitterte am ganzen Körper. Könnte das die gesuchte Terroristin Verena Becker sein?

»Durchsuchen!«, befahl mir Karl.

»Wer, ich?«

»Wer denn sonst?«

»Sie ist doch eine Frau! Das darf ich …«

»Was du darfst, bestimme ich! Willst du etwa warten, bis eine Kollegin mal eben zufällig vorbeikommt, oder was?«

Zaghaft begann ich die Frau abzutasten. Sie trug eine langärmelige, schwarze Bluse mit Rüschen, einen roten, engen Rock, Nylonstrümpfe und hochhackige Pumps. Der Rock endete zwei Handbreit über dem Knie.

Ich beschränkte mich auf das vorsichtige Abstreichen beider Achselhöhlen, ohne ihren Körper richtig zu berühren. An Hüfte und Taille wagte ich mich nicht. Ich war mir auch sicher, dass unter dem hautengen Rock kein Platz für eine Pistole war.

»Alles clean«, sagte ich zu Karl.

»Umdrehen!«, befahl er der Frau. Wie Espenlaub zitternd, drehte sich die Angesprochene um.

»Wie heißen Sie?«, fragte mein Kollege die Frau in barschem Ton.

»Marion Krawuttke«, erwiderte sie, und ihre Stimme klang irgendwie komisch.

»Weisen Sie sich bitte aus!« Der Ton, den Karl anschlug, ließ keinen Widerspruch zu. Die Dame deutete wortlos auf ihre Handtasche, die neben ihr auf einer Kommode stand. Seine Pistole immer noch auf den Kopf der Frau gerichtet, nahm Karl die Handtasche, öffnete sie mit einer Hand und kramte darin herum. Schnell wurde er fündig.

»Aha«, sagte er, und ich dachte schon, dass er jetzt eine Schusswaffe herausziehen würde. Doch es war nur ein Bundespersonalausweis. Auch ich hatte die ganze Zeit meine Pistole im Anschlag, um Karl abzusichern. Er schlug den Ausweis auf, machte große Augen und schrie laut:

»Moment mal! Das ist doch …!«

Nun ist uns tatsächlich ein Terrorist ins Netz gegangen, frohlockte ich innerlich. Es ist zwar nicht Christian Klar und auch nicht Verena Becker. Aber es könnte vielleicht Brigitte Mohnhaupt mit gefärbten Haaren sein, dachte ich.

Dann tat Karl etwas, was mich völlig überraschte. Er griff der immer noch zitternden Frau an den Kopf, riss an ihren Haaren, und schon hatte er eine blonde Perücke in der Hand. Vor uns stand ein junger Mann mit dunklem Igelschnitt.

Doch Christian Klar, schoss es mir durch den Kopf! Ich hatte mir auf den Fahndungsbildern die markante Mundpartie des Terroristen eingeprägt und war mir in diesem Moment ganz sicher.

»Von wegen Marion Krawuttke!«, herrschte Karl den jungen Mann an.

»Wie heißen Sie wirklich?«

»Mario Krawuttke«, antwortete der Angesprochene kleinlaut. Mit seinen grellrot geschminkten Lippen, den übergroßen Wimpern und den Frauenkleidern gab er ein jämmerliches Bild ab. Mir kamen die ersten Zweifel.

Während mir Karl befahl, den Mann weiter in Schach zu halten, gab er über das Handfunkgerät die Daten des Mannes und die Ausweisnummer an die Funkleitzentrale durch. Kaum eine Minute später schnarrte es aus dem Funkgerät:

»Person negativ. Kein aktueller Fahndungsbestand. Geht als Transvestit der Prostitution nach.«

In mir brach eine Welt zusammen. Nicht nur, dass wir keinen Terroristen gefangen hatten, sondern dass ein Mann der Prostitution nachging, wollte nicht in meinen Kopf. Wie soll denn das gehen?, fragte ich mich.

»Haben Sie eine Bockkarte?«, raunzte Karl den Mann an.

Mario Krawuttke schüttelte den Kopf. »Ich … ich wollte … ich habe doch erst angefangen«, entschuldigte er sich.

»Verbotene Ausübung der Prostitution, nennt man das!«, sagte mein Kollege streng.

»Ich schwöre es, Herr Wachtmeister, ich hatte vor, heute noch zum Gesundheitsamt zu gehen, um mir die Bockkarte zu holen.«

»Papperlapapp, wer's glaubt, wird selig. Seit wann sind Sie hier gemeldet, und seit wann schaffen Sie in der Wohnung an?«

»Gemeldet? So richtig gemeldet bin ich eigentlich noch nicht, und wie gesagt, ich wollte heute erst anfangen.«

Drohend baute sich Karl vor Krawuttke auf.

»Wenn Sie noch einmal lügen, sperre ich Sie wegen Irreführung der Behörden, falscher Namensangabe, Verstoß gegen die Meldepflicht und verbotener Ausübung der Prostitution auf der Stelle ein! Haben Sie mich verstanden?«

»Jawohl, Herr Wachtmeister«, antwortete Krawuttke.

»Also raus damit! Wie lange schaffen Sie hier schon an?«

»Seit drei Wochen, aber nur … nur ganz sporadisch.«

Ich hätte mich kugeln können vor Lachen, denn seine Stimme wechselte ständig von Hoch auf Tief.

»Jetzt haben Sie mich wieder angelogen, Herr Krawuttke! Ich habe Sie gewarnt. Dafür begleiten Sie uns auf die Dienststelle. Doch zuerst schauen wir uns Ihre Wohnung an.«

Der junge Mann ging uns mit wackelndem Po voraus und zeigte uns die Räumlichkeiten. Ich hatte so etwas noch nie gesehen. In dem einen Zimmer befand sich eine regelrechte Folterwerkstatt, und das andere glich der Praxis eines Gynäkologen.

Als wir später mit Krawuttke das Polizeirevier betraten, verstauchten sich einige Kollegen ihren Hals, denn Karl hatte dem Transvestit erlaubt, die Perücke wieder aufzusetzen. Die langen, blonden Haare und die tadellosen Beine von »Marion« waren es wohl, die die Blicke der Männer auf sich zogen und für alles andere blind werden ließen.

Es war eine Lehrstunde für mich, wie Karl mit dem jungen Mann umging. Krawuttke plauderte nicht nur über die Dauer seiner »Arbeit« in der Liebigstraße 10, sondern über seine Technik, mit der er, je nach Bedarf, sowohl Männer als auch Frauen beglückte. Mit Krawuttke ging uns zwar kein Terrorist ins Netz, doch ich konnte mich damit trösten, dass ich um einen Erfahrungsschatz reicher war.

Etwa eine Woche danach rief eine ältere Frau aufgeregt an und sagte, sie habe soeben im Ringcafé gegenüber dem Hauptbahnhof den Terroristen Günter Sonnenberg gesehen. Sie sei sich absolut sicher, dass es Sonnenberg wäre.

Was die Dame aber offenbar nicht wusste, war die Tatsache, dass der Terrorist bereits am 7. Mai 1977 bei einem Schusswechsel mit der Polizei gefasst werden konnte und aktuell, schwer bewacht, in einem Gefängniskrankenhaus lag, weil er bei der Schießerei unter anderem einen Kopfschuss erlitten hatte.

Karl versuchte diesen Umstand der Anruferin so verständnisvoll wie nur möglich beizubringen.

»Das ist ein Terrorist, da bin ich mir ganz sicher. Und die anderen beiden an dem Tisch auch«, beharrte die Frau. »Ich habe nämlich ihre Pistolen gesehen, die sie unter ihren Jacken trugen.«

»Was haben Sie?«

»Ja, ich habe die Pistolen ganz genau gesehen!«

Karl brauchte keine 20 Sekunden, um vier Mann zusammenzutrommeln. Ich war dabei. Mit Maschinenpistolen bewaffnet, hechteten wir in zwei Dienstfahrzeuge und rasten zum Ringcafé. Blaulicht und Martinshorn schalteten wir nicht ein, da die Terroristen nicht gewarnt werden sollten. Als wir die Gaststätte stürmten, saßen die von der Anruferin beschriebenen Männer noch an einem Tisch.

»Polizei, Hände hoch!«, rief Karl, und ich erschrak, wie laut er schreien konnte. Wir hatten unsere Maschinenpistolen im Anschlag und zielten direkt auf das Trio.

»Keine Bewegung, sonst machen wir von der Schusswaffe Gebrauch!«, schrie ein anderer Kollege, während ich unter höchster Anspannung fast das Atmen vergaß.

Die drei Männer schauten sich gegenseitig an und hoben langsam ihre Hände in die Höhe, während die übrigen Gäste sich teils auf den Boden fallen ließen und teilweise auch die Hände in die Höhe streckten. Dann war erst einmal Stille.

»Hey, macht keinen Scheiß! Wir sind Kollegen vom LKA«, stieß einer der drei hervor und ließ dabei seine Arme nach unten sinken.

»Und ich bin der Weihnachtsmann«, schrie Karl. »Lassen Sie die Hände oben!«

Der Angesprochene streckte artig seine Hände wieder in die Höhe. Karl gab uns ein Zeichen, und wir wussten genau, was wir zu machen hatten. Wir näherten uns vorsichtig den vermeintlichen Terroristen. Während zwei Kollegen absicherten, führten Karl und ich die Leibesvisitationen durch. Als Erstes förderten wir ihre Waffen zutage. Es waren keine Pistolen, wie wir sie hatten, sondern absolut atypische Handfeuerwaffen, weshalb ich sofort zu dem Schluss kam, dass uns endlich ein paar große Fische ins Netz gegangen waren.

Doch als wir schließlich ihre Dienstausweise in den Händen hielten, musste ich meine Hoffnung wieder einmal begraben.

»Ihr habt uns einen ganz schönen Schrecken eingejagt«, sagte einer der LKA-Beamten, als sich die Mündungen unserer Maschinenpistolen in Richtung Boden senkten.

»Habt ihr nichts Besseres zu tun, als hier herumzusitzen und alten Frauen eure Knarren zu zeigen?«, brummte Karl. »Durch eure Unvorsichtigkeit hätte die schlimmste Schießerei entstehen können.«

»Entschuldige mal, Kollege, weißt du überhaupt, wen du vor dir hast? Ich bin …«

»Das ist mir egal, wer du bist!«, schnitt Karl ihm das Wort ab. »Fakt ist, dass euch Helden eine ältere Dame beobachtete und dabei eure Waffen sah. Mehr ist zu diesem Thema wohl nicht zu sagen.« Danach warf Karl den Ausweis, den er in der Hand hatte, auf den Tisch und sagte zu uns: »Kommt Jungs, wir gehen.«

Die drei schauten wie begossene Pudel drein, während sich die anderen Gäste langsam entspannten. Ohne uns auf ein weiteres Wortgefecht mit den LKA-Beamten einzulassen, verließen wir das Ringcafé.

In der Folgezeit nahm ich im Rahmen der Terroristenfahndung noch an zahlreichen anderen Einsätzen teil, doch ich habe nie einen dieser Staatsfeinde, wie sie auch genannt wurden, zu Gesicht bekommen. Erst viel später, es war inzwischen 1983 und die meisten Terroristen saßen im Gefängnis, musste ich gelegentlich die sogenannte Besuchsüberwachung bei zwei RAF-Topterroristen in der Bruchsaler Vollzugsanstalt übernehmen.

Den ersten Begegnungen mit den beiden Terroristen fieberte ich regelrecht entgegen, erschienen sie mir doch lange Zeit wie Phantome, die im Untergrund lebten und es immer wieder schafften, durch das engmaschige Netz der Polizei zu schlüpfen.

Anfangs beeindruckte mich einer der beiden in besonderer Weise. Durch seinen Kopfschuss hatte er einen bleibenden Hirnschaden davongetragen. Er sprach wie in Zeitlupe und brauchte oft Sekunden, bis er auf eine Frage antworten konnte. Aber er hatte noch ein sehr gutes Gedächtnis und ein unglaubliches Detailwissen über politische Zusammenhänge, die er gern mit seinen Besuchern diskutierte.

Politisch nicht ganz so versiert erschien mir der andere. Doch auch er wusste viel über den Filz in der Politik und die damit einhergehende Korruption, deren Auswüchse sie als Terroristen zu bekämpfen versuchten.

Bei den Gesprächen mit ihren Besuchern wurde aber insbesondere ihre erschreckende Intoleranz deutlich. Sie verloren sich oft in Phrasen, die sie ständig wiederholten. Ihre Verblendung machte sie für mich zu lächerlichen Figuren. Auch ihr äußerliches Erscheinungsbild war keineswegs beeindruckend. Einer der beiden war sehr blass und hager, und irgendwann konnte ich mich des Eindruckes nicht mehr erwehren, dass dieser Mann ein Feigling war, der nur mit einer Schusswaffe in der Hand stark sein konnte.

Der andere hingegen stellte rein optisch etwas mehr dar. Doch im Grunde genommen war auch er im Knast ein erbärmlicher Verbrecher ohne Charisma, ja fast sogar ohne Würde.

In den Augen dieser beiden Topterroristen suchte ich vergeblich das Feuer der Revolution. Wenn sie keine gemeinen Mörder gewesen wären, hätte ich fast Mitleid mit ihnen haben können. Das ständige Wiederholen von Phrasen erinnerte mich an einen gefangenen Vogel, der nicht müde wird, den ganzen Tag in seinem engen Käfig auf zwei dünnen Stäben hin und her zu hüpfen. Auch das Gefieder der beiden Vögel litt offensichtlich sehr unter der Gefangenschaft. Ihr Teint war sonderbar gelblich-weiß und die Muskulatur bis auf ein Minimum geschrumpft. An ihnen haftete der typische Knastgeruch.

Ich habe schon mit vielen Häftlingen in Gefängnissen zu tun gehabt, und ich kann sagen, dass sich diese beiden Männer kaum von den üblichen Verbrechern abgehoben haben, wenn man einmal davon absieht, dass sie politisch überdurchschnittlich gebildet waren.

Noch heute ist der Mord an Generalbundesanwalt Siegfried

Buback und seinen beiden Begleitern nicht gänzlich geklärt. Erst hieß es, Günter Sonnenberg und Knut Folkerts seien die Täter. Später sollte Christian Klar der Schütze gewesen sein. Ende August 2009 kam die ehemalige Terroristin Verena Becker in Untersuchungshaft, nachdem sie bereits im Jahr 1977 zu lebenslänglicher Haft verurteilt und nach zirka 13 Jahren entlassen worden war.

In ihrer Wohnung fanden Ermittler des BKA im August 2009 zahlreiche handschriftliche Aufzeichnungen, in denen sie sich mit ihrer Schuld auseinandersetzte und die Hinweise auf ihre Beteiligung am Mord des GBA enthielten. Obwohl belastende und protokollierte Aussagen des Ex-Terroristen Peter-Jürgen Boock vorlagen, Verena Becker bei ihrer Festnahme im Jahr 1977 die Tatwaffe mit sich führte und an der Briefmarke eines Bekennerschreibens DNA-Spuren von ihr gefunden werden konnten, wurde die Ex-Terroristin im Dezember 2009 wieder auf freien Fuß gesetzt, da nach Ansicht des zuständigen Richters keine Fluchtgefahr mehr besteht.

Es bleibt zu hoffen, dass bei der bevorstehenden Gerichtsverhandlung endlich die ganze Wahrheit um die Ermordung Siegfried Bubacks und seiner beiden Begleiter ans Licht kommt.

Frühstück mit einer Leiche

Oskar Decker feierte an jenem Samstag, dem 12. Mai 1985, zu Hause mit drei Freunden seinen 32. Geburtstag. Es ging lustig und fröhlich zu. Die Stimmung war auf dem Höhepunkt, als das Geburtstagskind gegen 23.20 Uhr die Rollläden an den Fenstern seiner Wohnung herunterlassen wollte. Fast zwangsläufig schaute er dabei auf die schwach beleuchtete Straße. Auf der gegenüberliegenden Seite sah er eine Frau, die mit einem kleinen Handkarren zwischen den geparkten Autos seiner Gäste rangierte und einen großen, länglichen Gegenstand auf den Karren hieven wollte. »Was macht denn die da?«, murmelte er vor sich hin. Da Decker befürchtete, die geparkten Fahrzeuge könnten beschädigt werden, rief er seine Freunde herbei.

»Die spinnt ja total!«, entfuhr es Roland Betz, als er auf die Straße schaute. »Die rammt mir ja 'ne Schramme in meinen nagelneuen BMW! Der werde ich mal den Marsch blasen!«

Die vier Männer begaben sich hinaus auf die Straße. Schon aus der Distanz riefen sie der Frau zu: »Heh, was machen Sie denn da?«

Gleichzeitig erkannte Oskar Decker, dass es sich bei der Frau um Irene Mack handelte, die im Haus gegenüber wohnte. Sofort versuchte er die Situation zu entspannen, indem er die Frau höflich grüßte und ihr seine Hilfe anbot. Der längliche Gegenstand lag neben dem Handkarren, und Irene Mack versuchte verzweifelt, ihn vom Boden hochzuheben.

»Darf ich Ihnen behilflich sein?«, fragte Oskar Decker freundlich.

»Nein, nein, das schaffe ich schon alleine«, erwiderte Irene Mack hastig und ohne ihren Nachbarn anzuschauen.

Den Männern kam das Verhalten der Frau äußerst suspekt vor. Unter Aufbietung aller Kräfte versuchte sie vergeblich, den offensichtlich in einer Plane eingewickelten Gegenstand auf den Anhänger zu hieven.

Nun boten auch die anderen drei Männer ihre Hilfe an. Wiederum lehnte Irene Mack in harschem Ton ab, und auf die Frage, was sich denn in der Plane befände, erklärte sie mit wenigen Worten, es sei Campingzubehör und sie warte auf ihren Freund, der ihr dann schon behilflich wäre. Ohne sich auf eine weitere Diskussion einzulassen, ließ sie nach dieser Erklärung alles stehen und liegen und begab sich in ihr Haus.

Stefan Kohl, der dritte im Bunde, meinte lachend:

»Mensch, Jungs, am Ende ist da noch eine Leiche drin!« Dabei bückte er sich zu dem verschnürten Paket hinunter und zog daran.

»He, ich glaube, mich knutscht ein Elch! Ohne Blödsinn, da ist tatsächlich ein Toter drin!«

»Red keinen Scheiß, mit so etwas macht man keine Witze«, meinte Oskar Decker, der Irene Mack als biedere, aber auch als etwas heruntergekommene Nachbarin kannte.

»Wenn ich dir sage, Oskar! Das fühlt sich genau wie eine Leiche an!«

Bevor die vier Männer weitersprechen konnten, kam Irene Mack wieder aus dem Haus. Sie wirkte äußerlich völlig ruhig. Oskar Decker sprach sie an:

»Frau Mack, wir helfen Ihnen selbstverständlich, würden aber gern wissen, was sich in dieser Plane befindet. Mein Freund hier meint, da ist ein Toter drin.«

»Das ist doch wohl ein Scherz, oder?«, gab Irene Mack gelassen zur Antwort.

Nun schaltete sich Stefan Kohl ein:

»Nein, das ist kein Scherz! Es fühlt sich an wie eine Leiche, und wenn Sie uns jetzt nicht auf der Stelle zeigen, was sich in der Plane befindet, rufe ich die Polizei.«

»Tun Sie, was Sie nicht lassen können!« Mit diesen auffallend cool ausgesprochenen Worten drehte sich Irene Mack um und begab sich abermals in ihr Haus.

Jetzt beugte sich Roland Betz zu dem Paket hinunter und fühlte mit beiden Händen vorsichtig am dünneren Ende.

»Stefan, du hast Recht, das könnte der Kopf sein«, stieß er ungläubig hervor. »Freunde, wir rufen die Polizei!«

Die bereits nach kurzer Zeit eintreffenden Beamten des Streifendienstes verschafften sich schnell Gewissheit. Sie öffneten vorsichtig die Plane einen Spalt breit und stellten schon allein des Geruches wegen fest, dass sich in diesem länglichen Paket eine Leiche befand, die offensichtlich schon deutlich in Verwesung übergegangen war.

Kriminalkommissar Daum und ich hatten Bereitschaftsdienst. Ich lag schon längst in meinem Bett und schlief fest, als kurz nach Mitternacht das Telefon klingelte.

Schlaftrunken nahm ich den Hörer ab und brummte ein »Ja« in die Muschel.

»Wir haben mal wieder eine Leiche. Sie liegt auf der Straße«, hörte ich meinen Kollegen vom Streifendienst wie aus weiter Ferne sagen.

»Menschenskind, für Leichen auf der Straße ist doch die Verkehrsunfallaufnahme zuständig«, erwiderte ich.

»Aber nicht, wenn die Leiche schon in Verwesung übergegangen und in einer Plane verpackt ist«, war die lakonische Antwort.

»Mist, verdammt nochmal!«, fluchte ich ärgerlich. Meine Frau neben mir war natürlich auch schon wach.

»Nicht schon wieder eine Leiche«, murmelte sie verschlafen. »Muss dann wieder deine ganzen Klamotten zur Reinigung bringen. Dieser ekelige Geruch! Geh mir ja unter die Dusche, bevor du wieder ins Bett kommst.«

Eine halbe Stunde später war ich am Leichenfundort. Es war meine erste Leiche als neues Mitglied der Mordkommission. Wenn ich ehrlich bin, hatte ich mir einen Mordfall damals ganz anders vorgestellt.

»Üble Sache. Der riecht ja, als hätte er schon tagelang in der Sonne gelegen«, presste mein Kollege zwischen den Lippen hervor, während er krampfhaft versuchte, den Atem anzuhalten.

Ich leuchtete mit der Taschenlampe auf den Kopf des Toten und sah eine Reihe weißer Zähne, die mich anzulachen schienen. Dieses Lachen passte aber so gar nicht zu den beiden dunklen Löchern, in denen sich einst Augen befunden hatten.

»Da erübrigt sich zunächst einmal eine Leichenschau vor Ort. Der ist ja schon rabenschwarz. Eine Schuss- oder Stichverletzung siehst du da nicht mehr. Das kann man vergessen. Na ja, der Leichnam muss so oder so obduziert werden«, sagte mein Kollege, und ich nahm eine gewisse Erleichterung in seiner Stimme wahr, denn das ersparte uns, dass wir, wie sonst üblich, selbst die erste Leichschau vornehmen mussten.

»Mein Gott, so viele Maden auf einmal habe ich noch nie gesehen«, sagte ich, als ich etwas Abstand von dem halbgeöffneten, bestialisch stinkenden Bündel genommen hatte und wieder frei atmen konnte.

Inzwischen war es 1.30 Uhr. Wir hatten bereits die ersten Zeugenbefragungen vorgenommen und Verstärkung angefordert, um nach Irene Mack zu fahnden, denn die war spurlos verschwunden. Ein offenes Fenster in ihrer Erdgeschosswohnung deutete auf ihren Fluchtweg hin.

In der Wohnung roch es stark nach Verwesung. Ein in der Küche stehender Plastikeimer war halbvoll mit Wasser und Maden gefüllt, die teilweise braun und schon verpuppt waren. Andere, gelblich weiße, bewegten sich emsig hin und her und versuchten, aus dem Eimer zu krabbeln. Auf dem blauen Teppichboden des Wohnzimmers wimmelte es ebenfalls von Maden, die sich zum Teil in einer braunen Fäulnisflüssigkeit aalten.

Noch in der Nacht wurde die Wohnung gründlich durchsucht. Dabei wurden in der Küche lediglich ein offensichtlich bereitgelegter Klappspaten und in einer Kommode des Schlafzimmers ein Personalausweis gefunden, der auf einen Konrad Scherer ausgestellt war. Der Genannte war 58 Jahre alt. Sollte es sich bei dem Toten etwa um Scherer handeln? Eine Identifizierung anhand der Fotografie war nicht mehr möglich, da die Verwesung der Leiche schon zu weit fortgeschritten war.

Am frühen Morgen des gleichen Tages wurde die bis dahin immer noch als unbekannt geltende Leiche am Gerichtsmedizinischen Institut in Heidelberg obduziert. Zusammen mit einem Beamten der Kriminaltechnik hatte ich das zweifelhafte Vergnügen, der Obduktion beiwohnen zu dürfen, oder besser gesagt, zu müssen. Es war meine zweite Leichenöffnung überhaupt. Die erste war ein Kleinkind, das elend verhungert, verdurstet und erfroren war, weil seine Eltern aufgrund fehlenden Verstandes nicht in der Lage waren, ihren acht Monate alten Jungen ordentlich zu versorgen, geschweige denn zu erkennen, dass das Baby wegen der Unterversorgung einen qualvollen Tod starb.

Mein Sohn war damals etwa im gleichen Alter, und ich dachte, mit dieser Obduktion hätte ich erst einmal das Härteste meiner Laufbahn als Kriminalbeamter hinter mir. Noch heute klingt das hohe Summen der elektrischen Schwingsäge und das nicht zu beschreibende Geräusch in meinen Ohren, als der Gerichtsmediziner die Säge ansetzte, um die Schädeldecke des Kindes aufzutrennen.

Was ich jedoch bei der Obduktion des in der Nacht aufgefundenen Toten erleben musste, übertraf alles Vorherige und auch Nachfolgende bei weitem. Im Sektionsraum stank es bestialisch. Ich weiß noch, dass ich mich wunderte, wie Menschen einen solchen Gestank überhaupt aushalten können. Es half auch nichts, dass ich mir ein Taschentuch vor Mund und Nase hielt. Jede Sekunde dachte ich, ich müsste mich übergeben. Doch ich wollte keine Schwäche zeigen und riss mich mit aller Gewalt zusammen. Am Schlimmsten war für mich, als die Bauchdecke der Leiche geöffnet wurde. Mir strömte ein Schwall des übelsten Geruches entgegen, den man sich überhaupt vorstellen konnte. Er stellte alles in den Schatten, was ich noch bei dieser Leichenöffnung hatte erdulden müssen.

Die inneren Organe waren zu meinem Erstaunen noch erkennbar, wenn auch schon deutlich in Verwesung übergehend. Während der Obduzent ständig bemüht war, sein Vorgehen und seine vorläufigen Schlussfolgerungen zu erklären, konnte ich nichts anderes tun, als gelegentlich zu nicken, obgleich er von mir in dem einen oder anderen Fall sicher eine Antwort erwartet hätte. Doch mir blieb zum Sprechen regelrecht die Luft weg. Jedes vorsichtige Luftholen barg die Gefahr, mich übergeben zu müssen. Wie sollte ich da auch nur ein Wort hervorbringen?

Der Gerichtsmediziner hatte diese Probleme offenbar nicht. Er diktierte unter anderem Folgendes in sein kleines Tonbandgerät:

»Der Leichnam ist in einer der Länge nach aufgeschnittenen Luftmatratze verpackt, die mit Schnüren zusammengebunden ist. Nach Freilegung der Leiche wird festgestellt, dass es sich um eine zirka 60-jährige männliche Person im fortgeschrittenen Verwesungszustand handelt. Am gesamten Körper ist die Oberhaut bereits dunkelbraun bis schwarz gefärbt. Der Madenbefall ist ausgeprägt. Es tritt an mehreren Stellen Körperflüssigkeit aus. Der Leichnam ist 182 Zentimeter groß und 87 Kilogramm schwer. Am Kopf sind mittelblonde, stark gelichtete Haare zu erkennen. Beim Röntgen der Leiche sind im Thoraxbereich mehrere unterschiedlich große Geschossteile zu sehen.

Der Tote trägt am Oberkiefer eine Vollprothese. Die Zähne am Unterkiefer sind vollständig. Ober- und Unterkiefer werden zur Erstellung eines späteren Zahnschemavergleiches entfernt und asserviert.

Im rechten oberen Brustbereich wird ein fünf mal zehn Zentimeter großes Loch festgestellt. Beim Öffnen des Brustkorbes werden mehrere Rippenfrakturen sichtbar. Ein zunächst als Madenöffnung angesehenes Loch, acht Zentimeter unterhalb des rechten Oberarmes, wird als Einschuss lokalisiert. Der Schusskanal verläuft horizontal von rechts nach links durch den gesamten Thorax.

Das Herz, die Leber, die Lunge, das Zwerchfell und die Aorta sind durch Geschossteile und deren zweifellos hohe Absorptionsenergie zerfetzt worden. Da der Tod sofort eintrat, ist trotz der deutlichen Verwesung noch reichlich Blut im Körper.«

Erst als die Obduktion beendet war und ich zusammen mit den anderen den Sektionsraum verlassen hatte, konnte ich dem Obduzenten die alles entscheidende Frage nach dem Todeszeitpunkt stellen. Der Gerichtsmediziner wollte sich nicht genau festlegen. Aber er vertrat die Auffassung, der Mann müsse vor etwa drei Wochen in der Wohnung der Irene Mack zu Tode gekommen sein.

Der Leichengeruch setzte mir den ganzen Tag und auch noch

die folgenden zwei Tage zu. Er hatte sich in meinen Schleimhäuten festgesetzt, und der Versuch, ihn mit allen möglichen Flüssigkeiten zu beseitigen, schlug fehl. Das wirkte sich natürlich sehr negativ auf meinen Appetit aus. Ich konnte in den folgenden drei Tagen so gut wie nichts essen.

Unmittelbar nach der Obduktion wurde eine 15-köpfige Sonderkommission einberufen, die ihre Arbeit noch am selben Tag aufnahm. Nachbarn, Bekannte und andere mögliche Zeugen wurden befragt. Die Fahndung nach der spurlos verschwundenen Irene Mack wurde mit Hochdruck vorangetrieben.

So nach und nach konnte in Erfahrung gebracht werden, um was für einen Menschen es sich bei der Flüchtigen handelte und welchen Umgang sie pflegte.

Irene Mack war 43 Jahre alt. Sie lebte von der Sozialhilfe. Ihre kleine Parterrewohnung wurde ebenfalls vom Sozialamt bezahlt. In letzter Zeit wirkte sie etwas heruntergekommen, doch fanden sich in ihrer Wohnung Bilder, auf denen man sehen konnte, dass sie in früheren Tagen eine äußerst adrette und hübsche Frau gewesen war. Sie hatte weit über die Schulter reichende, leicht gewellte, rotbraune Haare. Ihr ebenmäßig geschnittenes Gesicht strahlte auf den Bildern Glück und Zufriedenheit aus. Lange Beine und eine wohlgeformte Bikinifigur ließen bestimmt einmal viele Männerherzen höher schlagen.

Ihr Vater fiel 1945 im Krieg. Die Mutter litt so sehr darunter, dass sie einige Jahre später für ihr restliches Leben in die Psychiatrie eingewiesen werden musste. Irene Mack war damals acht Jahre alt und kam dann in mehrere Kinderheime. Im Alter von elf Jahren wurde sie schließlich bei einer Pflegefamilie untergebracht. Ihre schulischen Leistungen waren trotz der nicht gerade günstig verlaufenden Kindheit erstaunlich gut. Die pubertierende Teenagerin war ehrgeizig und wollte aus sich etwas machen.

Nachdem ihr Pflegevater nicht bereit war, eine weitere Schulbildung zu fördern, besuchte das Mädchen nach der Hauptschule eine Handelsschule, wo sie ohne Unterstützung der Pflegeeltern die mittlere Reife machte. Als sie danach das Gymnasium besuchen wollte, um das Abitur zu machen, wurde ihr das von ihrem Pflegevater verboten. So begann sie eine Lehre als Reisebürokauffrau, die sie wegen guter Leistungen vorzeitig abschließen konnte.

Zunächst arbeitete sie einige Jahre erfolgreich in diesem Beruf. Durch einen Umzug der Pflegeeltern im Jahr 1964 gab sie ihre Stelle auf. Am neuen Wohnort fand sie einige Monate später Arbeit im Büro eines Autohauses. Ein Jahr später verstarb ihre Pflegemutter und zwei Jahre darauf der Pflegevater.

In dem Autohaus begann nun das tragische Schicksal der Irene Mack. Sie verliebte sich unsterblich in den 21 Jahre älteren Besitzer des Autohauses. Jakob Fahler war natürlich von seiner inzwischen 23-jährigen, überaus hübschen Angestellten sehr angetan. Allerdings war er auch bedacht, durch dieses Verhältnis seine Ehe nicht zu gefährden. Doch fanden sich immer wieder Gelegenheiten zu reizvollen Schäferstündchen. Man konnte sogar gelegentlich zusammen verreisen.

Irene Mack betete ihren Chef an. Zumindest eine Zeit lang war sie sehr glücklich. Vermutlich suchte und fand sie in dem wesentlich älteren Jakob Fahler zum einen den Vater, den sie in ihrer Kindheit so vermisst hatte, und zum andern den erfahrenen Liebhaber, der sie sexuell in eine Welt entführte, die sie bislang noch nicht gekannt hatte.

Ihr Glück schien vollkommen, als sie 1966 einen Volltreffer im Lotto landete und die damals unvorstellbare Höchstsumme von 500 000 D-Mark gewann. Jetzt konnte sie sich teure Kleider und auch mehrere schöne Autos leisten. Außerdem ging sie auf Reisen, womit sie die Träume verwirklichte, die sie als kleine Angestellte eines Reisebüros einmal hatte. Sie bereiste nahezu alle Länder der Welt.

Es stellte sich nun sehr bald heraus, dass Jakob Fahler zwar der feurige Liebhaber, nicht aber der väterliche Freund war, der schützend die Hand über sie hielt. Dem gewieften Autohändler kam die Idee, seine Geliebte so weit zu bringen, dass sie über einen Anlageberater 200 000 D-Mark in einen dubiosen Investmentfonds investierte, dessen Kurs alsbald ins Bodenlose fiel, bis er schließlich bei null angelangt war. Jakob Fahler kassierte für diese mehr als anrüchige Vermittlung 20 000 D-Mark, was er aber stets in Abrede stellte. Dieses Geld reichte ihm jedoch nicht. Er wollte das Hühnchen noch mehr rupfen und lieh sich von seiner Geliebten größere Summen, die er nur teilweise oder gar nicht zurückzahlte.

Als Fahlers Frau endlich hinter das Verhältnis der beiden kam und Druck auf ihren Mann ausübte, trennten sich die Wege dieses ungleichen Liebespaares. Irene Mack kündigte ihre Stellung und fing bei einem anderen Autohaus an.

Im Jahr 1972 lernte sie den geschiedenen Gestütsleiter Konrad Scherer kennen. Vermutlich suchte sie wieder einen väterlichen Freund und erfahrenen Liebhaber, denn Scherer war genau 20 Jahre älter als die inzwischen 35-jährige Irene Mack. Er war eine imposante Erscheinung. Groß, kräftig, aber keinesfalls dick. Und er hatte das gewisse Etwas, das Irene Mack an älteren Männern schätzte. An ihn würde sie sich anlehnen können, wenn es ihr schlechtginge, so dachte sie. Sicher war er mit schon stark gelichteten Haaren kein Adonis, doch einen solchen wollte sie auch nicht. Die waren nur schwer zu halten. Das hatte sie inzwischen herausgefunden.

Obwohl Scherer von Anfang an manchmal kräftig dem Alkohol zusprach und dann auch recht unangenehm werden konnte, war das Verhältnis der beiden lange Jahre fast ungetrübt.

Als der Lottogewinn längst schon aufgebraucht war und Irene Mack im Jahr 1981 arbeitslos wurde, kam es in dieser Zeit und in den folgenden Jahren immer öfter zum Streit zwischen ihr und Konrad Scherer, wobei der Gestütsleiter auch gewalttätig wurde.

Es begann der soziale Abstieg der Irene Mack. Sie trank jetzt immer mehr Alkohol und hielt sich nur noch mit Gelegenheitsarbeiten über Wasser. Ab und zu bekam sie von Konrad Scherer ein paar Mark. Als sie die Miete nicht mehr zahlen konnte und sie einige Monatsmieten schuldig war, wurde ihr schließlich die Wohnung gekündigt. Vom Sozialamt wurde ihr eine kleinere und vor allem dunklere Wohnung zugewiesen.

Konrad Scherer hielt weiter an Irene Mack fest. Gleichwohl übernachtete er nur gelegentlich bei ihr. Er selbst bewohnte ein möbliertes Zimmer. Oft war er geschäftlich unterwegs und kam wochenlang nicht zurück. Zu seiner geschiedenen Frau und seinem erwachsenen Sohn hielt er regelmäßig Kontakt. Entgegen dieser Gewohnheit hatte er sich jedoch schon monatelang nicht mehr bei ihnen gemeldet.

Wir arbeiteten in den ersten Tagen nach dem Leichenfund auf Hochtouren. Im Rahmen der Nachbarschaftsbefragung wurde bekannt, dass Konrad Scherer im Haus von Irene Mack ebenfalls schon seit mehreren Monaten nicht mehr gesehen worden war. Ein Zeuge berichtete mir, Irene Mack habe ihm erzählt, Scherer sei nach einem gemeinsamen Autounfall Anfang November so schwer verletzt worden, dass er immer noch im Krankenhaus liege. Sie selbst sei damals mit leichten Verletzungen davongekommen. In welchem Krankenhaus Scherer liege, habe ihm Irene Mack nicht gesagt.

War Scherer nun der Tote oder nicht? Dagegen sprach, dass er schon monatelang nicht mehr gesehen worden war, wohingegen der Todeszeitpunkt der Leiche laut Gerichtsmedizin nur etwa drei Wochen zurücklag. Er konnte sich doch nicht von Anfang November bis April in Luft aufgelöst haben, um dann plötzlich am 12. Mai als halbverweste Leiche wieder aufzutauchen.

Wie schon in vielen anderen Fällen brachte die vergleichende Untersuchung der an der Leiche herausgetrennten Kieferknochen samt Zähnen Gewissheit. Wir konnten über die Krankenkasse Scherers nämlich dessen Zahnarzt ausfindig machen. Per Fax übersandte er der Gerichtsmedizin das sogenannte Zahnschema seines Patienten. Der Obduzent benötigte nur wenige Minuten, um festzustellen, dass es sich bei der Leiche tatsächlich um Konrad Scherer handelte. Rätselhaft blieb weiterhin, warum Scherer Monate vor seinem Tod nicht mehr gesehen worden war.

Während wir uns darüber den Kopf zerbrachen, trug zwischenzeitlich die stark intensivierte Öffentlichkeitsfahndung nach Irene Mack in Presse, Rundfunk und Fernsehen die ersten Früchte. Es meldeten sich gleich mehrere Zeugen, die die Gesuchte gesehen haben wollten. Schließlich kristallisierte sich heraus, dass sie sich wohl im Raum Speyer aufhalten könnte.

Immer wieder fragten wir uns, ob es sich bei Irene Mack tatsächlich um eine Mörderin handelte, die ihren Liebhaber kaltblütig umgebracht hatte. Denn nur etwa zehn Prozent der Morde werden von Frauen begangen, wobei die Zahlen je nach Statistik und Erfassungszeitraum schwanken. Doch eines ist sicher: Es gibt nur sehr, sehr wenig Fälle, bei denen eine Frau einen Mann mit einer Schusswaffe tötet. Das mag vielleicht daran liegen, dass einer Frau die Technik einer Schusswaffe suspekt erscheint und sie sich auch vor dem lauten Knall sowie der Wirkung fürchtet. Ein Mord mit einer Schusswaffe ist für sie eine Bluttat.

Viel lieber töten Frauen mit Gift oder anderen unblutigen Mitteln. Laut Statistik sind Mörderinnen meist jünger als 40

Jahre. Sie sind verheiratet oder leben in einer festen Beziehung, stammen aus ungünstigen Familienverhältnissen, haben ein geringes bis durchschnittliches Intelligenz- und Bildungsniveau, leiden unter Minderwertigkeitsgefühlen und Beziehungsstörungen, kennen das Opfer persönlich und begehen die Tat im häuslichen Bereich. Das Opfer ist sehr häufig der Intimpartner, von dem sie betrogen, enttäuscht, gekränkt, sexuell missbraucht oder geschlagen werden.

Neben der Ermittlung des Täters zählt zu den wichtigsten Aufgaben eines Kriminalbeamten die Motivforschung. Denn je nach Motiv kann sich bei gleicher Sachlage der Straftatbestand gravierend ändern. So kann nach den Buchstaben des Gesetzes aus einer vorsätzlichen Tötung, die sich für den Laien unzweifelhaft als Mord darstellt, beispielsweise eine Körperverletzung mit Todesfolge, ein Totschlag oder vielleicht auch eine Tötung auf Verlangen werden.

Wir waren alle sehr gespannt, ob Irene Mack tatsächlich zu den ganz wenigen Frauen gehörte, die mit einer Schusswaffe töteten, und welches Motiv der Tötung schließlich zugrunde lag.

Fünf Tage nach ihrer Flucht konnte die des Mordes Verdächtige dann tatsächlich in Speyer nach dem konkreten Hinweis eines Autofahrers von einer Polizeistreife festgenommen werden. Bei ihrer Festnahme hatte sie keinerlei Ausweispapiere bei sich und gab einen falschen Namen an. Es nützte ihr nichts. Sie wurde von den Beamten anhand der vorliegenden Fahndungsfotos und individueller Merkmale eindeutig erkannt. Unmittelbar nach ihrer vorläufigen Festnahme wurde sie der Soko überstellt.

Zu gern hätte ich als junger Kriminalmeister die Tatverdächtige vernommen, um meine Fähigkeiten als Ermittler unter Beweis zu stellen. Doch diese wichtige Aufgabe wurde selbstverständlich erfahrenen Kollegen übertragen.

Als Kriminalkommissar Daum das Vernehmungszimmer betrat, war Kriminalhauptmeister Brecht bereits da. Er lehnte sich an die Wand neben der Tür. Irene Mack saß mit gesenktem Blick und vor dem Körper verschränkten Armen auf einem der drei Stühle. Auf dem kleinen Tisch lag die von der Mordkommission angelegte Akte.

Wie es das Gesetz verlangt, musste Daum die Tatverdächtige zuerst über ihre Rechte aufklären. Dazu gehörte, dass er ihr den Tatvorwurf bekanntgab und sie darauf hinwies, sie habe ein Aussageverweigerungsrecht, könne jederzeit einen Rechtsanwalt zur Vernehmung hinzuziehen oder auch ohne Rechtsanwalt Angaben machen, die später jedoch vor Gericht gegen sie verwendet werden können.

Viele Tatverdächtige verzichten auf einen Anwalt. Gleichwohl machen sie aber Angaben, weil sie durch eisiges Schweigen nicht den Eindruck erwecken wollen, etwas zu verbergen. Denn wenn sie ihre eigene Geschichte oder Wahrheit an den Mann bringen, hoffen sie, damit den Kopf aus der Schlinge ziehen zu können. Ist es eine Lügengeschichte, so glauben sie, müssen sie nur die dumme Polizei und nicht auch noch einen cleveren Rechtsanwalt anlügen, der sie eventuell gleich durchschaut.

Kaum hatte Daum die sogenannte Beschuldigtenbelehrung bei Irene Mack durchgeführt, als er auf gehörigen Widerstand stieß. Die Tatverdächtige weigerte sich, ihre Unterschrift unter das vom Gesetzgeber verlangte Belehrungsformular zu setzen, weil der Tatvorwurf auf Mord lautete und sie mit einem Mord, wie sie sagte, nichts zu tun habe. Daum ließ sich dadurch jedoch nicht aus der Ruhe bringen und fing mit der Vernehmung an, die auf Tonband aufgezeichnet wurde.

Irene Mack begann damit, dass sie am 8. November des Vorjahres in der Nähe von Essen einen Verkehrsunfall gehabt habe, bei dem sie verletzt worden sei. Man habe sie deshalb vorübergehend ins Krankenhaus gebracht.

Wörtlich gab sie zu Protokoll:

»Als ich zwei Tage danach, spätabends, nach Hause kam, saß Konrad, wie so oft, mit dem Rücken zur Tür am Küchentisch. Seinen Kopf hatte er auf der Tischplatte abgelegt, so dass ich den Eindruck hatte, er ist am Tisch eingeschlafen. Ich begrüßte ihn, doch er gab mir keine Antwort, weshalb ich annahm, dass er wieder mal betrunken war. Weil ich hundemüde war, begab ich mich ins Schlafzimmer.

Am nächsten Morgen kam ich in die Küche, und er gab mir wieder keine Antwort. Da bin ich zu ihm hin und berührte ihn am Kopf. Er fühlte sich ganz kalt an, und ich merkte, dass er tot war. Ich vermutete, er könnte einen Herzschlag bekommen haben, weil er mir einmal erzählte, er habe Herzprobleme.

Da ich ihn sehr liebte und ich mich nicht von ihm trennen wollte, ließ ich ihn so auf dem Stuhl sitzen. Er war zwar tot, und das war ganz schlimm, aber er saß dann immerhin noch bei mir, wenn ich in der Küche war und frühstückte. Zehn oder elf Tage ließ ich ihn so sitzen.

Weil er immer brauner im Gesicht wurde, konnte ich ihn schließlich nicht mehr ansehen. Ich nahm ihn vom Stuhl herunter und legte ihn auf den Küchenboden. Danach deckte ich Konrad mit einer blauen Decke zu. So konnte ich ihn mir jederzeit anschauen, wenn mir danach war. Es war um diese Jahreszeit schon sehr kalt draußen, und ich hatte in meiner Wohnung keine Heizung. Wohl aus diesem Grund roch Konrad nicht allzu sehr. Den ganzen Winter über, also fast genau sechs Monate, leistete er mir Gesellschaft.

Erst jetzt, als es im Mai wärmer wurde, begann er stärker zu riechen. Ich nahm deshalb meine alte Luftmatratze, schnitt sie der Länge nach auf und packte Konrad da hinein. Das war ein schweres Stück Arbeit. Konrad fühlte sich schon ganz weich und matschig an. Außerdem war er an verschiedenen Stellen feucht. Obwohl ich die Luftmatratze anschließend mit Schnüren zusammenband, krochen sehr bald kleine weiße Würmer heraus. Ich nehme an, es waren Maden. Ich wusste nicht mehr, was ich machen sollte, denn der Geruch wurde immer stärker, und vor allem wurden die Maden immer mehr.

Mir blieb dann nichts anderes mehr übrig, als Konrad aus der Wohnung zu schaffen. Ich machte mich auf die Suche nach einem Transportmittel und fand auf einer Baustelle einen kleinen Handkarren, den ich vor dem Haus abstellte. Dann trank ich mir Mut an. Schließlich zerrte und schleifte ich Konrad aus der Wohnung. Draußen auf dem Gehweg gelang es mir aber nicht richtig, ihn auf den Karren zu heben.

Dann kamen auch schon die vier Männer und sprachen mich an. Der eine davon schimpfte mit mir, weil er befürchtete, ich könnte sein Auto beschädigen. Ich ging daraufhin in meine Wohnung und überlegte, was ich tun könnte. Mir fiel jedoch nichts ein, weshalb ich wieder nach draußen ging. Einer der Männer verlangte nun, ich solle die Luftmatratze öffnen, weil er vermutete, es könnte sich darin eine Leiche befinden, was ja auch stimmte. Gleichzeitig drohte er mir, er würde die Polizei rufen, wenn ich seinem Ansinnen nicht nachkäme. Da bin ich wieder in meine Wohnung gegangen, habe ein paar Sachen zusammengepackt und bin über das rückwärtige Fenster abgehauen.

Gleich zu Anfang meiner Flucht kam mir der Gedanke, mich umzubringen. Deshalb ging ich zuerst zum Bahnhof. Dort wollte ich mich unter einen Zug werfen. Ich stand ziemlich lange da. Als der Zug schließlich kam, verließ mich der Mut. Ich bin dann ziellos weggelaufen, irgendwohin, bis ich in Speyer landete. So gut es ging, versteckte ich mich vor den Leuten. Aber einige sahen mich trotzdem, und ich hatte immer das Gefühl, erkannt zu werden. Nachts schlief ich unter Brücken. Am fünften Tag erwischte mich dann eine Polizeistreife.«

Kommissar Daum und Kriminalhauptmeister Brecht hörten sich die Geschichte von Irene Mack mit viel Geduld an, bevor sie ihr konkrete Fragen stellten. Inzwischen hatten wir herausgefunden, dass Irene Mack am 8. November des Vorjahres in stark alkoholisiertem Zustand einen Verkehrsunfall verursacht hatte.

Hierbei könnte es sich um einen missglückten Selbstmordversuch gehandelt haben, warf ich bei einer Besprechung ein, und meine Kollegen von der Mordkommission stimmten mir zu. Damals wurde im Unfallfahrzeug, es war Konrad Scherers Auto, auf dem Rücksitz ein in einem Tuch eingewickelter, schussbereiter Karabiner gefunden.

Damit konfrontiert, gab Irene Mack an, das mit dem Unfall würde zwar stimmen, aber von einem Karabiner wisse sie nichts. Sie habe nicht auf im Fahrzeuginnern abgelegte Gegenstände geachtet. Wenn sich die Waffe tatsächlich im Auto befunden habe, könne sie eigentlich nur Konrad Scherer gehören, da das Fahrzeug von anderen Personen nicht benutzt worden wäre. Im Übrigen könne sie sich an die Umstände und Einzelheiten des Unfalles nicht mehr erinnern, da sie eine Gehirnerschütterung mit gleichzeitigem Gedächtnisverlust erlitten habe.

Mein Kollege Daum hakte ein:

»Kann es dann sein, zumindest theoretisch, dass Sie etwas mit dem Tod des Konrad Scherer zu tun haben und dass Sie sich daran nicht mehr oder nicht mehr richtig erinnern können?«

»Theoretisch könnte es sein, aber glauben tue ich es nicht«, antwortete Irene Mack, und Daum wusste in diesem Augenblick, wie er die Frau nun anzupacken hatte.

»Wie kommt es, dass Sie trotz dieser nicht unerheblichen Kopfverletzung und der damit verbundenen Amnesie bereits am nächsten Tag aus dem Krankenhaus entlassen wurden?«

»Ich wollte so schnell wie möglich wieder nach Hause und habe die Klinik auf eigenen Wunsch verlassen. Daheim habe ich keinen Arzt mehr aufgesucht, weil ich nicht krankenversichert bin. Doch war mir monatelang schwindelig und übel. Außerdem bekam ich Schlafstörungen. Ich kann nachts nur noch zwei, drei Stunden schlafen.«

»Frau Mack, wir wollten uns diesbezüglich gern in der Klinik erkundigen. Entbinden Sie die Ärzte von ihrer Schweigepflicht?«, fragte Daum.

»Nein, ich bin damit nicht einverstanden, dass die Ärzte befragt werden. Meine Krankheiten gehen niemanden etwas an«, erwiderte die Tatverdächtige trotzig.

»Unsere Schusssachverständigen haben festgestellt, dass die Kugel, die Konrad Scherer tötete, aus dem Karabiner abgefeuert wurde, den man bei dem Unfall im Auto fand. Konrad Scherer muss also schon vor Ihrem Unfall getötet worden sein. Und da Sie angaben, dass niemand anderes mit dem Fahrzeug fuhr, steht somit fest, dass nur Sie die Waffe ins Auto gebracht haben können!«

»Nein, nein, ich weiß nicht! Wie ich schon sagte, hatte ich bei dem Unfall mein Gedächtnis verloren.«

Daum wusste, dass er Irene Mack jetzt in der Falle hatte. So fuhr er fort:

»Nehmen wir an, das entspricht der Wahrheit. Dann können Sie doch nur ab dem Zeitpunkt des Unfalles bis höchstens dahin, als Sie wieder die Klinik verließen, eine Amnesie gehabt haben. Wie sonst hätten Sie wieder allein nach Hause gefunden, und wie sonst hätten Sie damals der Polizei in Essen Angaben darüber machen können, wie Sie vor dem Unfall von Ihrem Wohnort zu dem Unfallort kamen?«

Nun schaltete Irene Mack auf stur:

»Ich habe die Wahrheit gesagt und werde nun nichts mehr

sagen!«, meinte sie trotzig, verschränkte die Arme vor dem Körper und schaute nur noch auf die Tischplatte.

Daum musste wohl oder übel die Vernehmung abbrechen. Er wusste, dass er an diesem Tag nicht mehr weiterkam. Außerdem musste die Tatverdächtige noch dem Haftrichter vorgeführt werden. Hier wiederholte sie ihre Aussage und beschwor nochmals inbrünstig, mit dem Tod von Konrad Scherer nichts zu tun zu haben. Doch wegen ihres Verhaltens nach dem Tötungsdelikt und aufgrund anderer, schwerwiegender Indizien kam Irene Mack in Untersuchungshaft.

Zwei Tage später wurde sie erneut verhört. Es ist immer wieder beeindruckend, was die ersten Tage in der Haft bei einem Menschen bewirken können. Selbst die ganz Stummen und Hartgesottenen werden oft urplötzlich gesprächig und singen wie die Lerchen.

Irene Mack, die noch nie in einem Gefängnis gesessen hatte, traf die Haft wie ein Keulenschlag. So war es für Kriminalkommissar Daum nicht verwunderlich, dass die Tatverdächtige, kaum dass sie auf dem Stuhl saß, mit der Beichte ihres Lebens begann.

»Ich habe mich entschlossen, heute die Wahrheit zu sagen«, begann sie mit fester Stimme. »Das Gewehr hat Konrad irgendwann einmal in meine Wohnung gebracht. Er sagte, es sei ein Karabiner K 98. Woher er die Waffe hatte und ob sie ihm gehöre, sagte er nicht. Ich bewahrte sie in einem Kleiderschrank auf. Die Munition lag in einer Kommode.

In der letzten Zeit vor Konrads Tod kam es zwischen uns immer wieder zu heftigen Auseinandersetzungen. Er ging dabei mit Fäusten auf mich los und schlug mir auch ins Gesicht. Meistens war er betrunken. Einmal schlug ich auch zurück und drohte ihm, ihn aus der Wohnung zu werfen. Danach ging es eine Zeit lang gut. Doch dann fing alles wieder von neuem an.

Irgendwann beim Umräumen fiel mir das Gewehr wieder in die Hand. Ich habe Konrad angerufen und gefragt, ob ich es wegwerfen soll. Er meinte, ich solle die Waffe weiter aufbewahren. Als ich sie in eine Decke einwickeln wollte, löste sich plötzlich ein Schuss, der in die Decke meines Schlafzimmers schlug und dort ein faustgroßes Loch hinterließ. Überall lagen danach kleine Metallsplitter herum. Ich habe das Loch mit Mörtel zugeschmiert, damit es der Vermieter nicht sieht. Das Gewehr habe ich wieder in den Schrank gestellt und nicht mehr angerührt.

Anfang Oktober 1984 rief mich Konrad mal wieder an und fragte, ob er mich besuchen könne. Auch fragte er, ob er bei mir einziehen und mit mir fest zusammenleben könne. Ich war einverstanden und dachte, wir könnten uns dann eine neue Wohnung suchen.

Am 7. November, das war der Tag vor meinem Autounfall, waren wir zusammen einkaufen. Anschließend machten wir noch eine kleine Spazierfahrt. Gegen 17.00 Uhr kamen wir nach Hause.

Konrad gab sich plötzlich missgelaunt und begann, Bier und Schnaps zu trinken. Er nörgelte an allem herum, an der Wohnung, an mir, einfach an allem. Ich trank mit, um seine Nörgelei besser ertragen zu können.

Inzwischen hatte ich uns Kartoffeln und Spinat gekocht. Wir begannen zu essen. Als Konrad auch noch über mein Essen meckerte, platzte mir der Kragen und ich schrie ihn an, er solle doch selber kochen, wenn ihm mein Essen nicht schmecke. Daraufhin warf Konrad ein Glas gegen die Wand. Ich schrie ihn wegen der beschädigten Tapete an, worauf er wiederum den noch halbvollen Teller nahm und ihn mit den Worten: ›Friss dein Zeug doch selbst!‹, auf den Boden warf. Anschließend erhob er sich, kam auf mich zu und versetzte mir mehrere Faustschläge ins Gesicht. Mir wurde schwarz vor Augen, und ich fiel vom Stuhl. Mein Gesicht schmerzte höllisch.

Auf einmal kam in mir unbändiger Hass hoch. Ich ging ins Schlafzimmer und holte den Karabiner. Damit wollte ich Konrad einschüchtern. Keinesfalls wollte ich ihn umbringen. Als ich aus dem Schlafzimmer kam, saß Konrad wieder am Tisch. Ich hob das Gewehr hoch und zielte auf ihn. Gleichzeitig schrie ich ihn an: ›Wenn du mich noch einmal schlägst, drücke ich ab!‹

Zunächst antwortete Konrad nicht. Nach ein paar Sekunden sagte er schließlich kleinlaut, er würde mich nie mehr schlagen. Ich ließ kurz das Gewehr sinken, weil es mir auch zu schwer geworden war. Als ich es wieder anhob, um nochmals auf Konrad zu zielen, löste sich plötzlich ein Schuss. Ich erschrak fürchterlich. Der Knall war so laut, dass mir die Ohren zufielen. Dann sah ich nur noch, wie sich das Gesicht von Konrad verzerrte und sich seine Augen schlossen. Sein Oberkörper kippte seitlich nach hinten und sein Kopf schlug auf die links neben ihm befindliche Anrichte auf. Er blieb jedoch auf dem Stuhl sitzen.

Ich war vor Schreck wie gelähmt und nicht fähig, einen klaren Gedanken zu fassen oder irgendetwas Sinnvolles zu tun. Um Konrad kümmerte ich mich nicht. Ich dachte mir, dass er tot war.

Dann geriet ich in Panik und fasste den Plan, Selbstmord zu begehen. Ich packte drei Flaschen Bier und eine Schnapsflasche in eine Einkaufstasche, nahm Gewehr sowie Munition und verließ die Wohnung. Das Gewehr habe ich in ein Badetuch gewickelt. Mit Konrads Opel Rekord fuhr ich ohne bestimmtes Ziel weg. Ich kam auf die Autobahn. Plötzlich hatte ich die Idee, mich von der Essener Ruhrtalbrücke zu stürzen. Ich kenne diese Brücke und weiß, dass sie über 100 Meter hoch ist und dass sich dort schon viele Menschen heruntergestürzt haben. Während der Fahrt begann ich, mir Mut anzutrinken.

Es war schon Nacht, als ich auf einem Parkplatz hinter Köln anhielt. Dort kam ich von meinem Plan ab, mich von der Brücke zu stürzen. Ich fasste nun den Entschluss, mich mit dem Karabiner zu erschießen. Das wollte ich aber nicht auf dem Parkplatz tun. Irgendwo in einem Wald sollte es sein. Ich verließ deshalb die Autobahn und fuhr weiter, bis ich zu einem Waldstück kam.

Nachdem ich angehalten hatte, nahm ich den Karabiner und lud ihn durch. Ich musste zuerst die leere Patronenhülse herausnehmen, um danach das Gewehr mit zwei Patronen zu laden. Zunächst legte ich die Waffe auf den Beifahrersitz. Die Mündung des Laufes nahm ich in den Mund. Sie fühlte sich kalt und hart an. Doch weil der Lauf so lang war, kam ich mit dem Finger nicht mehr an den Abzug. Aus diesem Grund stellte ich den Kolben der Waffe auf den Boden vor dem Beifahrersitz. Abermals nahm ich den Lauf in den Mund. Dann wollte ich mit dem rechten großen Zeh den Abzug betätigen. Wegen des Getriebetunnels kam ich wiederum nicht an den Abzug, weshalb ich den Karabiner wieder in das Badetuch wickelte und auf den Rücksitz legte. Anschließend fuhr ich weiter.

Ich hatte nun fest vor, mich die Ruhrtalbrücke hinunterzustürzen. Inzwischen hatte ich alle drei Flaschen Bier und auch viel Schnaps getrunken. Noch auf dem Weg zur Autobahn kam es dann zu dem Unfall. Wie das passierte, kann ich nicht sagen. Ich war bewusstlos und bin erst wieder im Krankenhaus zu mir gekommen. Die Polizei in Essen sagte mir, ich sei frontal gegen einen Lichtmasten geprallt. Sie fragten mich wegen des Karabiners, und ich gab vor, nichts von der Waffe zu wissen. Wenn das Gewehr im Auto gelegen habe, würde es wohl meinem Freund Konrad Scherer gehören. Er sei auch der Fahrzeugbesitzer. Das Auto hätte ich kurzzeitig von ihm geliehen bekommen.

Die Beamten gaben sich damit zufrieden und beschlagnahmten meinen Führerschein. Wie ich später mitbekam, versuchten sie, Konrad ausfindig zu machen, was ihnen natürlich nicht gelang. Dazu muss ich sagen, dass er nicht bei mir gemeldet war und eine Nachschau in seiner eigenen Wohnung natürlich keinen Erfolg haben konnte.

Nach den Formalitäten im Krankenhaus und bei der Polizei fuhr ich mit dem Zug nach Hause. Die Wohnung war in dem gleichen Zustand, wie ich sie verlassen hatte. Auch Konrad saß noch genau so da. Ich ging erst einmal zu Bett und schlief mich aus.

Am nächsten Morgen musste ich mir ja mein Frühstück machen. Ich ging in die Küche. Inzwischen hatte ich mich schon etwas an die Situation gewöhnt. Noch bevor ich mir mein Frühstück zubereitete, ging ich zu Konrad hin und berührte ihn am Kopf. Er fühlte sich ganz kalt an. Auch in der Wohnung war es sehr kalt. Ich besaß lediglich einen kleinen elektrischen Heizer, den ich im Schlafzimmer stehen hatte und nur einschaltete, wenn ich nachts fror. In der Küche hatte ich ein Thermometer, das um diese Zeit zwischen vier und sechs Grad Celsius anzeigte.

Wie ich schon bei meiner ersten Vernehmung angab, liebte ich Konrad, und ein toter Konrad war mir lieber als kein Konrad. So ließ ich ihn bis zum elften Tag auf dem Stuhl sitzen. Er veränderte fast täglich sein Aussehen. Als er schließlich ganz dunkelblau wurde, konnte ich ihn nicht mehr anschauen. Ich gab ihm einen Schubs, so dass er vom Stuhl fiel und auf dem Fußboden zu liegen kam. Dann schlug ich eine Decke über ihn.

Ab diesem Tag hielt ich mich kaum noch zu Hause auf. Tagsüber habe ich Bekannte besucht oder bin in ein Warenhaus gegangen, wo es warm war.

Etwa eine Woche, bevor ich Konrad wegschaffen wollte, habe ich erstmals intensiven Leichengeruch wahrgenommen. Ich ging in die Küche und schaute nach Konrad. Als ich die Decke hochhob, erschrak ich. Er war ganz braun, fast schwarz geworden und hatte keine Augen mehr. Außerdem krochen aus seinem Mund, der Nase und den Augenhöhlen Maden hervor.

Fieberhaft überlegte ich, was nun zu tun sei. Da kam mir die Idee mit der alten Luftmatratze. Ich holte sie aus dem Keller und schnitt sie etwa bis zur Hälfte der Länge nach auf, so dass ich eine Art Leichensack hatte. Es war wirklich ein hartes Stück Arbeit, bis Konrad endlich in der Luftmatratze verstaut war. Er war sehr schwer und roch furchtbar. An den Beinen fing ich an. Am schlimmsten war der Moment, als ich sein Becken hochheben musste, um die Luftmatratze unter seinen Oberkörper zu bringen. Seine Kleidung war hinten ganz durchnässt, und er fühlte sich schon richtig verfault an.

Nachdem ich Konrad in der Luftmatratze verschnürt hatte, ließ ich ihn noch etwa eine Woche so liegen. Doch der Gestank wurde immer unerträglicher und die Maden krochen überall in der Wohnung herum. Anfangs versuchte ich, ihnen mit einem Handfeger und einer kleinen Dreckschaufel Herr zu werden. Ich fegte sie auf und tat sie in einen Plastikeimer, in dem ich etwas Wasser eingefüllt hatte. Die meisten ertranken, aber einige schafften es, aus dem Eimer zu kriechen. Als der Gestank und die Maden überhaupt nicht mehr auszuhalten waren, entschloss ich mich, Konrad aus der Wohnung zu schaffen. Dazu entwendete ich einen kleinen Handkarren. Das Weitere wissen Sie ja.«

Kommissar Daum und Kriminalhauptmeister Brecht schauten sich stirnrunzelnd an, als Irene Mack mit ihrer Beichte zu Ende war. Dann nickten sie sich zu. Daum blickte auf die Uhr.

»Für heute lassen wir es mal genug sein«, sagte er. »Es ist schon spät. Wir kommen morgen wieder.«

Nachdem die beiden Kollegen das Frauengefängnis verlassen hatten, blieben sie vor dem Eingang kurz stehen.

»Glaubst du, dass sie die Wahrheit gesagt hat?«, fragte Daum.

»Ich denke, ein Teil ist wahr, und ein Teil ist gelogen«, antwortete Brecht.

»Was mir überhaupt nicht gefällt, ist die Geschichte mit dem Todeszeitpunkt. Glauben wir unserem Gerichtsmediziner, ist Konrad Scherer vor etwa drei Wochen ums Leben gekommen. Zwischen drei Wochen und sechs Monaten liegen doch gerichtsmedizinisch gesehen Galaxien, meinst du nicht auch?«

»Ich wollte in diesem Punkt schon vorhin einhaken. Doch eine Lerche soll man nicht stören, wenn sie zu singen beginnt«, gab Daum nachdenklich zur Antwort.

Am nächsten Tag rief ich im Auftrag Daums den Gerichtsmediziner an und schilderte ihm, was Irene Mack hinsichtlich des Todeszeitpunktes angegeben hatte. Zuerst beharrte der Pathologe auf seinen bisherigen Feststellungen, Konrad Scherer sei bei seinem Auffinden erst etwa drei Wochen tot gewesen. Als ich jedoch berichtete, dass die Wohnung den ganzen Winter über nicht oder nur sehr wenig beheizt war, kam der Obduzent ins Wanken.

Um zu einem zuverlässigen Ergebnis zu kommen, suchte er schließlich mit mir die Tatwohnung auf. Dort legte ich nochmals dar, dass Irene Mack mit an Sicherheit grenzender Wahrscheinlichkeit, zumindest was die Tatzeit anbelangte, die Wahrheit sagte. Der Gerichtsmediziner ging durch die kleine Wohnung und sah sich alles genau an. Mit dem Rücken zu mir, schaute er dann aus dem Fenster. Dann drehte er sich um und brummte ärgerlich:

»Es war mein Fehler, dass ich mich vor der Berechnung des Todeszeitpunktes nicht über die Temperaturverhältnisse des Leichenfundortes umfassend informiert habe. Dann hätte ich nämlich gesehen, dass sich in der gesamten Wohnung nur ein kleiner, elektrischer Heizer befindet, der zudem auch noch im

Schlafzimmer steht. So etwas hätte mir nicht passieren dürfen«, tadelte er sich selbst.

»Wäre die Wohnung normal beheizt gewesen, hätte die Verwesung nach über sechs Monaten Liegezeit viel ausgeprägter sein müssen. Die unbeheizte Wohnung hat den Verwesungsprozess extrem verlangsamt«, gestand der Gerichtsmediziner ein und korrigierte den Todeszeitpunkt auf den von Irene Mack angegebenen Tattag.

Die Beschuldigte wurde einen Tag später zum dritten Mal vernommen. Sie blieb überaus hartnäckig bei ihrer Version, dass die Schussabgabe nicht vorsätzlich geschah, sondern ein Versehen beziehungsweise ein Unfall war.

Daum zog alle Register seines Könnens, doch es nützte nichts. Sobald er die Täterin in eine Ecke drängte, zog sie sich in ihr Schneckenhaus zurück und verweigerte die Aussage.

So blieb uns nichts anderes übrig, als in einem ausführlichen Schlussbericht auf die Ungereimtheiten in der Aussage der Beschuldigten hinzuweisen. Insbesondere wurde in aller Deutlichkeit vermerkt, dass Irene Mack mit hoher Wahrscheinlichkeit das Gewehr vor der Tat selbst geladen hatte, da sie ja aussagte, ihr sei etliche Zeit vor der Tat ein Schuss losgegangen. Bei dem Karabiner handelte es sich um keine automatische Waffe, die bei einer Schussabgabe selbst nachlädt. Also musste sie sie nachgeladen und damit genau gewusst haben, wie sie mit der Waffe umzugehen hat.

Weiter führten wir an, dass sie, eigenen Angaben zufolge, zur Tatzeit einen unbändigen Hass auf Konrad Scherer gehabt habe und deshalb die Aussage, sie habe ihn nur einschüchtern wollen, äußerst unglaubwürdig wirke. Und schließlich habe sie sich nach der Schussabgabe zu keiner Zeit um Konrad Scherer gekümmert. Wäre es tatsächlich ein Unfall gewesen, hätte sie zumindest zu dem tödlich Verletzten hingehen müssen, um ihm irgendwie Hilfe zu leisten. Hierzu habe sie jedoch nicht einmal den Versuch gemacht.

Last, but not least spreche ihr gesamtes Verhalten nach der Tat, die Flucht, der Selbstmordversuch sowie die neuerliche Flucht nach Entdeckung der Leiche dafür, dass Irene Mack ihren 20 Jahre älteren Freund während eines gewalttätigen Streites wohl im Affekt, aber vorsätzlich getötet hat.

Bei der Hauptverhandlung blieb die Angeklagte nach wie vor und äußerst stur bei ihrer Unfallversion. Und wie so oft in vergleichbaren Fällen fand sie milde Richter, die den Grundsatz »in dubio pro reo«, im Zweifel für den Angeklagten, anwendeten. Irene Mack wurde wegen fahrlässiger Tötung lediglich zu einer Freiheitsstrafe von zwei Jahren verurteilt. Da ihr die Untersuchungshaft angerechnet und die Reststrafe zur Bewährung ausgesetzt wurde, verließ sie den Gerichtssaal als freie Frau.

Ich musste schmunzeln, als ich das Urteil hörte. Denn irgendwie tat mir die Frau leid. Sie hatte mit Männern so einiges erlebt und war eigentlich immer in der Opferrolle. Eine Verurteilung wegen Mordes oder auch nur wegen Totschlags wäre aus meiner Sicht unangebracht gewesen.

Szenarium eines Amoklaufes

Meine Kollegin Simone Carlsen machte alles richtig. Die 34-jährige Kriminalhauptmeisterin hatte genügend Erfahrung, und es war nicht der erste »Kunde«, der mit solch einer Geschichte zu ihr kam. Jeder Polizeibeamte an der »Front« bekommt es früher oder später mit einer solchen Person zu tun.

So war es für sie nichts Besonderes, als am Vormittag des 31. Juli 1985 der 32-jährige Manfred Öhler zur Kriminalpolizei kam, um eine äußerst dubiose Anzeige zu erstatten. Öhler behauptete, seine Nachbarn hätten seine Wasserleitung angezapft und würden ihn über das Trinkwasser mit Arsen vergiften. Immer wenn er Essen zubereite und dabei Wasser aus der Leitung verwende, bekäme er danach Bauchkrämpfe sowie Zuckungen in den Augenlidern. Zum Arzt sei er deswegen aber noch nicht gegangen.

Kriminalhauptmeisterin Carlsen schaute sich den Anzeigeerstatter genauer an. Er war etwa 175 Zentimeter groß und von normaler Statur. Seine Bekleidung wirkte auffallend schmuddelig. Der Dreitagebart und die strähnigen, fettigen, schon etwas lichten Haare verstärkten den ungepflegten Eindruck. Außerdem hatte der Mann einen penetranten Körpergeruch. Der Beamtin fiel auch gleich ein gewisser Gesichtsausdruck auf, der ihr signalisierte, dass von dieser Person Gefahr ausgehen könnte. Sein Blick schien der Polizistin so undurchdringlich, zeitweise wirr und vor allem auch gefährlich zu sein, dass bei ihr sofort die berühmten Alarmglocken zu läuten begannen.

Simone Carlsen wusste bereits nach wenigen Minuten, dass es sich bei Manfred Öhler um eine psychisch kranke Person jenen Typs handelte, die Polizisten mit ihren endlosen Geschichten unter Umständen den letzten Nerv rauben können. Weil sie aber ihren Job gut machen wollte und weil sie eben von dem untrüglichen Gefühl beschlichen wurde, dass von dem Mann eine Gefahr ausgehen könnte, hörte sie sich seine Geschichte eine ganze Zeit lang geduldig an. Sie fertigte mit ihm sogar ein vierseitiges Vernehmungsprotokoll an, das sie von ihm unterschreiben ließ.

Manfred Öhler erzählte, er sei alleinstehend und bewohne in einem kleinen Ort unweit von Karlsruhe eine Doppelhaushälfte, die er von seiner Mutter geerbt habe. Sein Haus sei jedoch nur aus Holz gebaut, während die zweite Hälfte ein Massivbau sei. Außer einer Halbschwester, namens Brunhilde Koch, habe er niemand, der sich um ihn kümmere. Aber Brunhilde wolle ihn ständig bevormunden, ja sogar terrorisieren, weshalb er nicht gut mit ihr auskomme.

Er habe den Beruf des Drehers erlernt. Seit fünf Jahren sei er jedoch arbeitslos. Brunhilde würde ihm ab und zu Heimarbeit vorbeibringen. Zurzeit würde er Manschettenknöpfe zusammenbauen. Für 1000 montierte Manschettenknöpfe bekäme er 35 D-Mark. Mit diesem Geld würde er sich einigermaßen über Wasser halten.

Tagsüber würde er schlafen und nachts sei er immer wach. Das würde wegen seiner Krankheit so sein. Er habe es an den Nieren und an der Leber. In den Jahren 1983 und 1984 sei er alkoholsüchtig gewesen. Jetzt aber nicht mehr, weil er dafür kein Geld mehr habe.

Die Mutter sei 1977 gestorben, sein Vater drei Jahre später. Seitdem lebe er allein in dem Haus. Freunde habe er nicht. Von seinem Vater habe er 18 500 D-Mark geerbt. Das Geld habe eine ganze Zeit lang gereicht. Jetzt sei aber nichts mehr davon da.

Eine Überprüfung des Anzeigeerstatters ergab, dass gegen Manfred Öhler bereits im Februar 1981 wegen mehrfacher Verstöße gegen das Waffengesetz ermittelt worden war. Bei einer Hausdurchsuchung wurden fünf Gewehre und zwei Faustfeuerwaffen sowie eine größere Menge Munition gefunden. Wegen dieses Deliktes erhielt er eine zehnmonatige Freiheitsstrafe, die zunächst auf drei Jahre Bewährung ausgesetzt wurde. Später wurde die Bewährung bis zum 20. April 1986 verlängert.

Unmittelbar nach der Vernehmung fuhren Simone Carlsen, ein Kollege und ich mit dem unverkennbar psychisch kranken Anzeigeerstatter nach Hause. Wir wollten uns ein Bild von dessen häuslichen Verhältnissen machen. Uns ließ das Gefühl nicht los, dass dieser Verrückte zu allem fähig sein könnte. Letztlich sollte bei ihm auch der Eindruck erweckt werden, dass man die Sache mit der angezapften Wasserleitung ernst nimmt. Oft hilft das in solchen Fällen und die Betroffenen geben sich dann für eine Weile zufrieden.

Manfred Öhlers Haus befand sich äußerlich in einem heruntergekommenen Zustand. Uns fiel sofort auf, dass am helllichten Tag sämtliche Fensterläden geschlossen waren. Im Innern fanden wir chaotische Verhältnisse vor. Überall lagen Hausrat, Zeitschriften und Müll herum. Zahlreiche Illustrierte waren so abgelegt und aufgeschlagen, dass man die darin abgebildeten nackten Frauen auf Anhieb sehen konnte. Auch an Wänden und Schranktüren hingen aus Zeitschriften ausgeschnittene Bilder nackter oder halbnackter Frauen.

Am rechten Gehäuseteil des Fernsehers hing ein Bild aus der Illustrierten *Stern,* das seinerzeit um die ganze Welt ging. Es zeigte den südvietnamesischen Polizeichef Loan, wie er am 1. Januar 1968 einem gefangenen Vietcong einen Revolver an die

Schläfe hält und abdrückt. Der Vorgang wurde damals gefilmt und in allen Nachrichtensendungen gezeigt.

In Büchern, auf Kartons oder auf Zetteln befanden sich mehrfach Notizen, dass man die Leiche des Manfred Öhler obduzieren soll, falls er zu Tode kommt.

Auf einem Zettel war folgender Text vermerkt:

»Ich bin am Ende meiner Kräfte, von allen verlassen, alle sind gegen mich. Mein Leben kann ich nicht mehr unter Kontrolle bringen. Ich bin fertig!«

Auffällig war auch, dass in der Küche eine Hängematte hing, über der eine Plane angebracht war. Das Ganze sah wie eine Art schwebendes Zelt aus. Als ich Manfred Öhler darauf ansprach, gab er an, das sei seine Schlafstätte. Mit der Plane würde er sich gegen giftige Dämpfe und Schwefelsäure schützen, die seine Nachbarn in sein Haus leiten bzw. spritzen würden. Ich musste mich sehr beherrschen, nicht zu grinsen, denn das wäre bei Öhler sicher nicht gut angekommen.

Nach der Besichtigung der Wohnung zog Kriminalhauptmeisterin Carlsen bei Öhlers Schwester, seinem Bewährungshelfer und seinem Arzt Erkundigungen über ihn ein. Es stellte sich heraus, dass verschiedene Versuche, ihn einer stationären nervenärztlichen Behandlung zuzuführen, fehlgeschlagen waren, weil er sich beharrlich dagegen verwahrt hatte. Zwangsmaßnahmen seien noch nicht eingeleitet worden, da man in dem sonderbaren Verhalten des Betroffenen noch keine Gefährdung anderer beziehungsweise der Allgemeinheit begründen konnte.

Gleichwohl sagte die Schwester aber aus, sie habe von einem Antrag auf Entmündigung ihres Stiefbruders abgesehen, weil er ihr drohte, ihrer Familie etwas anzutun, falls er entmündigt und in eine Psychiatrie eingewiesen werde. Diese Drohung nehme sie sehr ernst. Zusammen mit dem Bewährungshelfer sei sie immer bestrebt gewesen, ihrem Stiefbruder zu helfen und ihn wieder einem geregelten Leben zuzuführen, was jedoch bis jetzt nicht gelungen sei.

Brunhilde Koch sagte weiterhin aus, dass ihr Bruder Manfred nach wie vor ein Waffennarr sei und eventuell auch wieder Waffen besitze. Daraufhin suchten wir Öhler noch einmal zu Hause auf und fanden tatsächlich ein Luft- sowie ein Vorderladergewehr mit Perkussionszündung, die Öhler freiwillig herausgab. Er stellte in Abrede, noch weitere Waffen zu besitzen.

Auf der Grundlage dieser Ermittlungen regte Simone Carlsen einen Tag später bei der zuständigen Behörde eine amtsärztliche Untersuchung mit dem Ziel an, dass Manfred Öhler so schnell wie möglich in eine Psychiatrie eingewiesen wird. Doch die Mühlen von Behörden mahlen bekanntlich oft sehr langsam. Die Sache wurde nicht als absolut dringlich eingestuft, was durchaus verständlich war, da ja keine nachweisbare, akute Gefährdung eines Einzelnen oder der Allgemeinheit vorlag.

Etwa eine Woche später ging bei der Kriminalpolizei ein vertraulicher Hinweis ein, dass Manfred Öhler immer noch im Besitz von Waffen sei, die er bisher erfolgreich vor der Polizei versteckt habe.

Bereits am nächsten Tag hatte meine tüchtige Kollegin einen Durchsuchungsbefehl zur Hand. Als wir nun zum dritten Mal bei Manfred Öhler erschienen, zeigte er sich überrascht und vermutete, man habe ihn observiert und dabei gesehen, wie er beim Einkaufen eine Vorderladerpistole mitführte. Die Aussage verblüffte uns und bereitete uns gleichermaßen Sorgen. Öhler hatte sich verraten. Er ging also seelenruhig mit einer Schusswaffe einkaufen! Nicht auszudenken, was da hätte passieren können, wenn er in seinem Verfolgungswahn auf eine Person getroffen wäre, die seiner Vorstellung eines ihm nach dem Leben trachtenden Menschen entsprochen hätte.

Bei der anschließenden Durchsuchung seines Hauses fanden wir dann tatsächlich diese schussbereite Vorderladerpistole vom Kaliber 45, von der er gesprochen hatte. Auch diese Waffe gab Öhler ohne Widerspruch freiwillig heraus. Weitere Schusswaffen konnten wir trotz gründlicher Suche nicht finden.

Der Besitz dieser Waffe und sein abnormes Verhalten genügten aber nicht, Öhler in Haft zu nehmen. Dazu muss man wissen, dass damals der Besitz von Vorderladerwaffen nicht strafbar war, obwohl sie zweifellos genauso tödlich wirken können wie moderne Schusswaffen.

Es vergingen nun drei Wochen trügerischer Ruhe, bis sich am 29. August 1985 bei der Einsatzleitstelle des Polizeipräsidiums Karlsruhe die Ereignisse überschlugen. In kurzen Abständen gingen dort folgende Notrufe ein:

17.02 Uhr: Ein Mann teilt über Notruf mit, dass bei der Araltankstelle in Karlsruhe-Grünwettersbach geschossen wurde.

17.04 Uhr: Mit weinerlicher Stimme ruft eine Frau an und teilt mit, dass eine männliche Person die Araltankstelle in Grünwettersbach überfallen und dabei einen Mann niedergeschossen habe.

17.05 Uhr: Ein Amokschütze habe drei Menschen niedergeschossen und sei mit einem grünen Passat geflüchtet.

17.10 Uhr: In der Bergwaldsiedlung sind Schüsse gefallen. Hilfeschreie seien zu hören gewesen.

17.13 Uhr: In der Bergwaldsiedlung sei drei- bis viermal geschossen worden.

17.14 Uhr: In Höhe der Straße des Roten Kreuzes wurde aus einem grünen Pkw geschossen.

17.15 Uhr: Vor einem Haus in der Straße des Roten Kreuzes wurde jemand erschossen.

17.16 Uhr: Auf der Straße Richtung Karlsruhe-Hohenwettersbach liegt eine verletzte Frau.

17.30 Uhr: An der Bushaltestelle der Bergwaldsiedlung wurde ein verdächtiges Fahrzeug gesehen.

17.37 Uhr: Eine Frau teilt mit, dass man auf sie geschossen habe. Es sei aber nur ihr Fahrzeug getroffen worden.

17.41 Uhr: Ein Anrufer aus Karlsruhe-Hohenwettersbach meldet, er habe fünf Schüsse und danach Schreie einer Frau gehört.

17.42 Uhr: Eine Anruferin berichtet, in Hohenwettersbach vor einem Haus in der Rosengartenstraße liegen mehrere verletzte Personen. Der Täter sei mit einem grünen Passat geflüchtet.

17.43 Uhr: Ein weiterer Anrufer macht die gleiche Mitteilung.

Das ist nur ein ganz kurzer Abriss der Notrufe, die bei der Polizei eingingen.
 Die Leitzentrale des Polizeipräsidiums Karlsruhe löste sofort über Funk eine Ringalarmfahndung aus. Jede Streifenwagenbesatzung, die unterwegs war, musste sich melden und wurde daraufhin an eine fest vorgeschriebene Kontrollstelle im Umkreis von 20 Kilometern beordert. Ich war gerade auf dem Rückweg von Stuttgart und befand mich in Höhe Pforzheim, als der ers-

te Funkspruch kam. Meine reguläre Dienstzeit war schon längst zu Ende, doch ich war auf der Autobahn sehr lange in einem Stau gestanden.

Wie es bei Ringalarmfahndungen oft der Fall ist, überschlugen sich die ersten Meldungen im Sekundentakt. Was sind denn das für Verrückte, schoss es mir durch den Kopf, als zum ersten Mal durchdrang, dass es offensichtlich Tote gegeben hat. Ich stellte das Blaulicht auf das Autodach und schaltete das Martinshorn ein. Ein paar Minuten später war ich schon an der Ausfahrt Karlsbad. Von dort waren es nur wenige Kilometer bis nach Palmbach und Grünwettersbach.

Obwohl sich die beiden Sprecher der Funkleitzentrale große Mühe gaben, Ruhe zu bewahren, um den Einsatz sinnvoll zu koordinieren, herrschte sehr viel Hektik im Funkverkehr. Ständig kamen neue Meldungen über weitere Tatorte, Tote und Verletzte.

Ich war allein in meinem Fahrzeug und hatte zunächst vor, zur Araltankstelle in Grünwettersbach zu fahren, die der Täter als Erstes überfallen hatte. Doch dann kam über Funk die Beschreibung des Tatfahrzeuges durch. Da ich zuvor mitbekommen hatte, dass bereits sämtliche zur Verfügung stehenden Notärzte und Sanitäter unterwegs waren, fasste ich den Entschluss, mich an der Fahndung nach dem oder den Tätern zu beteiligen, denn anfangs sah es aufgrund der unterschiedlichen Aussagen der Anrufer so aus, als ob es mehrere Täter und Tatfahrzeuge seien.

So gut es meine Ortskenntnisse zuließen, versuchte ich aufgrund der Funksprüche herauszufinden, wo sich das Fluchtfahrzeug im Moment befinden könnte. Doch kaum hatte ich mich in einer Ortschaft einigermaßen orientiert, kam auch schon die nächste Meldung, dass wieder an einem ganz anderen Ort geschossen wurde.

Wie viele meiner Kollegen, die sich an der sogenannten Raumfahndung beteiligten, fuhr ich kreuz und quer durch die Karlsruher Randgemeinden und war wohl immer einen Tick zu spät.

Schließlich kam ich zu der Stelle, an der eine Frau mittleren Alters auf der Straße lag. Ein Bein befand sich unter ihrem Fahrrad und ich dachte zuerst an einen Verkehrsunfall. Uniformierte Kollegen regelten bereits den Verkehr und weitere zwei oder drei standen um sie herum.

Ich hielt an, stieg aus und ging hin. Es gibt Bilder, die ich wohl mein Lebtag nicht vergessen werde. Und dazu gehört der Anblick dieser am Boden in seltsamer, fast bizarrer Haltung liegenden Frau. Ich sah die Einschüsse in ihrem Rücken, ihr bleiches, durch blondes Haar teilweise verdecktes Gesicht und ihre gebrochenen Augen und wusste sofort, dass sie tot war.

An der Fahndung nach dem Tatfahrzeug habe ich mich nicht mehr beteiligt. Ich blieb bei der Toten, bis die Kollegen von der Spurensicherung eintrafen. Zwischendurch kam über Funk, dass der Täter gefasst werden konnte.

Was war passiert?

Auf dem Höhepunkt seiner psychischen Erkrankung fasste Manfred Öhler am 29. August 1985 einen folgenschweren Entschluss: Da er kein Geld mehr hatte und von seiner Halbschwester sowie von seinen Nachbarn, wie er sich ausdrückte, terrorisiert wurde, entschloss er sich, eine Bank zu überfallen.

Sein Plan war, ein Auto zu stehlen, anschließend irgendwo eine Frau als Geisel zu nehmen, diese Frau dann zu vergewaltigen und erst danach mit ihr zu einer Bank zu fahren, wo er die Bankbediensteten zur Herausgabe von Geld zwingen wollte, indem er der Frau einen Revolver an die Schläfe halten wollte. Die Geisel wollte er deswegen vergewaltigen, weil er sich an den Frauen rächen wollte, bei denen er bisher nie Glück gehabt hatte.

Trotz der zweifellos erheblichen psychischen Erkrankung, zeigte es sich in diesem Fall einmal mehr, dass solche Personen durchaus auch noch rationell denken können. Ein Polizist sollte sich das immer vor Augen halten, wenn er mit psychisch Kranken zu tun hat.

Manfred Öhler hatte nämlich wohlweislich seine gefährlichste Waffe samt 200 Schuss Munition hinter seinem Haus im Garten vergraben. Dort, wo sie die Polizei bei einer normalen Durchsuchung nie finden konnte. Es war ein sechsschüssiger Smith & Wesson-Revolver vom Kaliber 38, den er sich Jahre zuvor als sogenannte Dekorationswaffe gekauft hatte. Den Revolver konnte er frei erwerben, da die Waffe vom Händler durch längliches Aufsägen des Laufes sowie durch Festschweißen der Trommel und des Schlagbolzens unbrauchbar gemacht worden war. Für den gelernten Dreher war es jedoch kein Problem, sich einen neuen Lauf zu besorgen sowie eine neue Trommel und einen Schlagbolzen herzustellen.

Als sich Manfred Öhler an jenem Morgen des 29. August 1985 in seinem Verfolgungswahn wieder einmal einbildete, dass die Nachbarn Schwefelsäure in sein Haus leiteten, begab er sich mit einem Spaten in den Garten, öffnete das Erddepot und entnahm daraus die in einem wasserdichten Kunststoffbehälter aufbewahrte und in Ölpapier eingewickelte Waffe samt Munition. Zunächst dachte er noch daran, den Revolver bei der Polizei abzugeben, um so zu erreichen, dass er ins Gefängnis kommt. Dort, so glaubte er, würde man sich um ihn kümmern und er hätte keine Geldsorgen mehr. Außerdem würde er auf diese Weise den Giftanschlägen der Nachbarn entgehen können. Doch im Laufe des Tages entwickelte sein krankes Hirn die Idee mit dem Banküberfall. Um zu testen, ob die Waffe auch funktionierte, machte er um die Mittagszeit zwei erfolgreiche Schussversuche. Er schoss in die Matratze seines Bettes.

Es war etwa 16.45 Uhr, als Öhler begann, seine Idee in die Tat umzusetzen. Er lud die Waffe mit sechs Patronen, an denen er die Geschossspitzen kreuzweise eingesägt hatte. Diese sogenannten Dum-Dum-Geschosse verursachen bekannterweise im Körper eines Menschen eine verheerende Wirkung. Sobald sie auf einen Widerstand treffen, pilzen sie auf oder zerlegen sich sogar. Dabei reißen sie große Wunden und zerstören innere Organe, so dass das Opfer kaum eine Chance hat, zu überleben. Hinzu kam, dass es sich um Bleigeschosse handelte, die sich im Gegensatz zu den üblichen Vollmantelgeschossen ohnehin beim Auftreffen sehr leicht verformen.

Trotz sommerlicher Temperaturen zog Öhler seinen alten, schäbigen Parka an. Den Smith & Wesson steckte er in die Innentasche. Weitere 20 bis 30 Patronen verstaute er in der linken Außentasche. Um seine Geisel zu fesseln, nahm er noch Leukoplast, Isolierband, eine Schere und ein Stilett mit.

Nun fuhr er mit seinem Mofa los. Zunächst wollte er sich irgendwo Milch kaufen, um sich von der vermeintlich eingeatmeten Schwefelsäure zu entgiften. Über einen Feldweg erreichte er den etwa zweieinhalb Kilometer entfernten Nachbarort Palmbach. Ein ihm bekanntes Lebensmittelgeschäft hatte jedoch geschlossen.

Jetzt nahm er sich vor, eine geeignete Bank auszusuchen. Dazu wollte er die umliegenden Ortschaften abfahren. Doch schon am Ortsausgang von Palmbach fiel seine Wahl auf die ihm günstig erscheinende Volksbank. Nun benötigte er nur noch ein Fluchtauto und eine Geisel. Er entschloss sich, in die zirka drei Kilometer entfernte Ortschaft Grünwettersbach zu fahren.

Dort sah er in einer Seitenstraße am Ortseingang einen grünen Mercedes stehen. Die beiden Insassen, ein Mann und eine Frau mittleren Alters, waren gerade dabei, Glasflaschen in einem Container zu entsorgen. Um die Lage zu peilen, fuhr Öhler zunächst vorbei, machte dann aber kehrt, weil er sich fest dazu entschlossen hatte, unter Waffengewalt das Fahrzeug an sich zu bringen und die Frau als Geisel zu nehmen. Mit der Frau wollte er anschließend in ein nahegelegenes Waldstück fahren, um sie erst einmal zu vergewaltigen.

Welch großes Glück das Ehepaar Walter und Irma Schuler an diesem Tag hatten, erfuhren sie erst Tage später. Als Öhler nämlich mit seinem Mofa auf die beiden zusteuern wollte, stiegen diese nichtsahnend in ihr Fahrzeug und fuhren davon.

Nach kurzer Zeit kam Öhler ein blauer BMW entgegen. Er sah, dass am Steuer eine junge, hübsche Frau saß. Sie hatte lange, blonde Haare. Er drehte um und folgte dem in die Ortschaft einfahrenden BMW.

Die 23-jährige Waltraud Ecker wollte zusammen mit ihrer kleinen Nichte Stefanie ihren Bruder abholen, der an einer Tankstelle in Grünwettersbach arbeitete. Waltraud Ecker hielt direkt vor der Tankstelle an und bat Stefanie, nach ihrem Vater zu schauen. Die Siebenjährige hatte bereits das Fahrzeug verlassen, als Öhler den BMW sichtete. Er hielt auf der gegenüberliegenden Straßenseite an, stellte sein Mofa ab und begab sich zur Fahrerseite des BMW. Dort angekommen, zog er seinen Revolver, riss die Fahrertür auf und bedrohte Waltraud Ecker mit der Waffe. Die junge Frau reagierte instinktiv. Sie zog den Zündschlüssel ab, rutschte blitzschnell auf den Beifahrersitz, öffnete die Tür und flüchtete in Richtung Tankstelle. Dort teilte sie hastig zwei Kunden mit, dass ein bewaffneter Mann ihr Fahrzeug stehlen will. Da sie Angst hatte, der Täter könnte sie wegen des abgezogenen Zündschlüssels verfolgen, versteckte sie sich auf dem Tankstellenareal. Aus ihrem Versteck heraus sah sie, wie der Täter aus ihrem Fahrzeug ausstieg und sich mit der Waffe in der Hand zur Tankstelle begab.

Öhler sagte später dazu Folgendes aus:
»Die Frau hat vermutlich gleich gemerkt, was ich vorhatte, und ist abgehauen. Erst als ich im Auto saß, stellte ich fest, dass sie den Zündschlüssel mitgenommen hatte. Da ich nicht gleich den Türöffner fand, vergingen einige Sekunden. Dann ging ich zur Tankstelle, um mir den Schlüssel zu holen. Vor dem Kassenraum stand ein Mann, mit dem die Frau zuvor gesprochen hatte. Ich dachte, es sei ihr Ehemann, bedrohte ihn mit dem Revolver und schrie ihn an, er solle den Schlüssel rausrücken. Er sagte jedoch zu mir, dass sich der Schlüssel drinnen befinden muss, weshalb ich dann in den Kassenraum stürmte und die Kassiererin unter Vorhalt der Waffe anschrie, sie solle mir den Schlüssel geben. Und dann passierte es! Plötzlich ging ein Mann auf mich los. Er versuchte, mir die Waffe aus der Hand zu schlagen, und schrie mich an. Ich habe sofort auf ihn geschossen und traf ihn mitten in die Brust. Nach dem ersten Schuss wollte ich gleich abhauen, aber der Schuss zeigte keine Wirkung und der Mann ging weiter auf mich los. Ich wich zurück und habe noch einmal geschossen. Auch danach griff mich der Mann noch an. Erst beim dritten Schuss sackte er langsam zu Boden.

Das alles ging aber sehr schnell. Noch im Liegen hat er mir mit der Faust gedroht. Ich rannte aus dem Kassenraum und dachte, dass ich nun nichts mehr zu verlieren habe. Deshalb habe ich draußen wahllos auf Menschen geballert.

Zuerst schoss ich auf einen jungen Mann, der an der Zapfsäule stand. Ich glaube, ich habe ihn am Bein getroffen. Dann sah ich eine junge Frau. In diesem Moment hatte ich einen furchtbaren Hass auf Frauen, weil mich meine Schwester und meine Nachbarn so terrorisiert haben. Mit beiden Händen brachte ich die Waffe in Anschlag und schoss auf die Frau. Ob ich sie getroffen habe, weiß ich nicht. Sie ging jedenfalls nicht zu Boden.

Danach wollte ich zuerst zu meinem Mofa rennen, dachte aber dann, dass ich nur mit einem Auto eine Chance habe. Plötzlich sah ich einen grünen VW-Passat. Er stand vor einer Zapfsäule und eine Frau saß auf dem Beifahrersitz. Ich rannte hin und die Frau verließ fluchtartig das Fahrzeug. Gott sei Dank steckte der Schlüssel, und ich fuhr mit quietschenden Reifen in Richtung Karlsruhe-Wolfartsweier davon.

Vor Wolfartsweier bog ich rechts in einen asphaltierten Weg und gelangte auf einen Waldparkplatz. Dort hielt ich an und lud den Revolver nach. Anschließend fuhr ich weiter. Ich hatte kein bestimmtes Ziel.

Nach kurzer Zeit kam ich auf die B 3. Ich bog rechts ab und an der nächsten großen Kreuzung dann nochmal rechts in Richtung Karlsruhe-Hohenwettersbach. Plötzlich sah ich vor mir eine Frau auf dem Fahrrad. Sie hatte eine dunkle Hose und eine helle Bluse an. Die Straße stieg leicht an und die Frau fuhr nicht besonders schnell. In mir kam wieder dieser Hass auf Frauen hoch. Mir fiel ein, dass mich die Frauen mein ganzes Leben lang verachtet haben und ich nie eine Chance hatte, eine richtige Beziehung aufzubauen. Wenn ich mal Tanzen war, bekam ich immer Körbe. Ich dachte, jetzt habe ich endlich mal so eine wirklich hübsche Frau vor mir, so eine mit guter Figur, die mich normalerweise nie anschauen, die mich nur verachten würde, und nun hatte ich die Möglichkeit, mich mit meiner Waffe an dieser Frau, an allen Frauen, zu rächen.

Als ich sie eingeholt hatte, hielt ich hinter ihr den Wagen an, stieg aus und rannte ihr ein Stück weit nach, da sie sich zwischenzeitlich schon wieder etwas entfernt hatte. Dann stellte ich mich breitbeinig hin, brachte mit beiden Händen die Waffe in Anschlag und zielte. Sie war nun etwa 20 bis 30 Meter von mir entfernt. Ich traf die Frau links in den Rücken. Sie zuckte zusammen und ihre Bewegungen wurden langsamer. Schließlich kippte sie nach vorne über ihr Fahrrad. Mit der Waffe in der Hand rannte ich zu ihr. Sie lag in seltsam verkrampfter Haltung auf dem Bauch und gab keinen Laut von sich. Ich beugte mich etwas nach unten und zielte aus kurzer Distanz auf den Kopf und drückte ab. Blut sah ich nicht. Mit der dritten Kugel schoss ich ihr abermals in den Rücken. Anschließend rannte ich zum Fahrzeug zurück.

Zwischenzeitlich hielt hinter meinem Fluchtfahrzeug ein blauer Wagen. Am Steuer saß ein junger Mann. Er wusste offensichtlich nicht, was er von der ganzen Sache halten sollte, und schaute mich nur mit großen Augen an. Ich stieg in den Passat und fuhr mit quietschenden Reifen davon. Kurz danach bog ich rechts in Richtung Bergwaldsiedlung ab.

Schließlich kam ich an eine Bushaltestelle, wo ich anhielt und meine Waffe nachlud. Mit der geladenen Waffe fuhr ich weiter zur nahegelegenen Bergwaldsiedlung.

Ich fuhr nur so herum. Dann sah ich eine ältere Frau und einen jüngeren Mann. Die beiden waren mit Gartenarbeiten vor einem Haus beschäftigt. Ich hielt in Höhe der beiden an, nahm den Revolver und zielte durch das offene Seitenfenster der Fahrerseite auf den Mann, ohne jedoch gleich zu schießen. Der Mann sah mich ganz verdutzt an und wollte wegrennen. Im selben Moment, als er sich umdrehte, schoss ich ihm in den Rücken. Der Mann hatte ein blauweißkariertes Hemd an und ich konnte den Einschlag der Kugel gut sehen. Trotz des Treffers rannte er weiter. Offensichtlich wollte er ins Haus flüchten, doch dann brach er zusammen.

Die Frau stand wie erstarrt da. Sie war regelrecht paralysiert. Ich brachte den Revolver in Anschlag und zielte auf die Frau. Das war nicht ganz leicht, weil die Frau in einem ungünstigen

Winkel zu mir stand und der Außenspiegel meines Fahrzeuges im Weg war. Schon beim ersten Schuss fiel die Frau sofort um. Am Boden liegend, begann sie fürchterlich zu schreien. Das war ganz schlimm für mich. Ich zielte noch einmal auf die Brust der Frau und drückte ab. Jetzt war die Frau ruhig und ich fuhr mit hoher Geschwindigkeit ziellos davon.

An einer Einmündung sah ich hinter einem grünen Auto zwei Frauen stehen. Ich hielt an, um auf sie zu schießen. Dazu musste ich durch die beiden Seitenfenster des stehenden Wagens schießen. Als ich das erste Mal abdrückte, rollte mein Fluchtfahrzeug noch ein wenig nach vorne, weshalb ich nicht traf. Die Kugel drang in die Fahrertür ein. Ich zielte ein zweites Mal, und jetzt hatte ich eine der Frauen genau im Visier. Doch als ich abdrückte, ging der Schuss nicht los. Das brachte mich irgendwie aus der Fassung. Ich brach die Aktion ab und fuhr weiter.

Nun kam ich wieder nach Hohenwettersbach. Ich fuhr durch den Ort hindurch und bog danach links in einen befestigten Weg ein, der in ein Waldstück führte. Im Wald hielt ich an und lud den Revolver nochmals nach. Anschließend fuhr ich weiter. Nach kurzer Zeit hielt ich wieder an, um eine Zigarette zu rauchen. Im Schutz der Bäume legte ich eine lange Pause ein.

Plötzlich kam ein weißer Ford Taunus angefahren. Am Steuer saß ein junger Mann. Im ersten Moment dachte ich, dass das einer von der Kripo sein könnte und nun alles aus wäre. Als der Ford wegen des engen Fahrweges ganz langsam an mir vorbeifuhr, kam mir der Gedanke, das Fahrzeug in meine Gewalt zu bringen. Aber dann sah ich davon ab.«

Obwohl sich Öhler später noch an erstaunlich viele Details der einzelnen Taten erinnern konnte, was trotz des enormen Stresses für ein sehr gutes Wahrnehmungsvermögen spricht, entging ihm kurioserweise in einer Phase der relativen Ruhe, dass auf dem Beifahrersitz des weißen Ford eine junge, hübsche Frau saß. Das könnte damit zusammenhängen, dass er selbst das Fluchtfahrzeug etwas zur Seite lenken musste, während sich der andere an ihm vorbeizwängte.

Bei seiner späteren Befragung gab Öhler zu Protokoll, wenn er die Frau gesehen hätte, dann hätte er den Wagen gestoppt und die Frau als Geisel genommen. Diese beiden jungen Menschen konnten also in Zukunft den 29. August als ihren zweiten Geburtstag feiern. Übrigens handelte es sich bei dem Fahrzeugführer zufälligerweise um einen Polizeibeamten, der dienstfrei hatte und mit seiner Verlobten an diesem Tag auf dem Nachhauseweg war. Er wollte nichtsahnend einen durch die Morde bereits hervorgerufenen Verkehrsstau umfahren.

Öhler fuhr ein Stück weiter in den Wald hinein, hielt wieder an und machte eine zweite Zigarettenpause. Anschließend kehrte er nach Hohenwettersbach zurück. Dort wollte er sich nun endlich ein neues Fluchtfahrzeug besorgen und zu seinem Schutz eine Frau als Geisel nehmen.

Bei seiner Vernehmung gab er zu Protokoll:

»Ich sah drei Personen am Straßenrand stehen. Es waren zwei Frauen und ein Mann. Sie unterhielten sich. Ich hielt direkt neben ihnen an, stieg aus und bedrohte die dickere der beiden Frauen ganz massiv mit dem Revolver. Ich wollte sie zwingen, in den Wagen einzusteigen. Die Frau nahm meine Drohung jedoch nicht ernst. Sinngemäß sagte sie zu mir: ›Was willst du denn mit dem Schießding, das ist ja doch nicht echt!‹ Ich schrie sie weiter an, doch sie reagierte nicht. Passanten riefen aus der Entfernung der Frau mehrfach zu, sie solle einsteigen, das sei kein Spaß. Dann mischte sich der Mann irgendwie ein und kam drohend auf mich zu. Ich richtete meine Waffe auf ihn, und als er immer näher kam, schoss ich ihm in die Brust.

Die beiden Frauen rannten in Panik weg. Ich hätte sie fast aus dem Blickwinkel verloren. Doch dann habe ich blitzschnell den Revolver in Anschlag gebracht und habe der einen Frau, die ich anfänglich als Geisel nehmen wollte, zweimal in den Rücken geschossen. Ich sah, dass die beiden Einschüsse sehr eng beieinander lagen. Sie lief noch ein paar Schritte, dann wurden ihre Bewegungen aber sehr schnell langsamer. Schließlich ging sie zu Boden.

Daraufhin stieg ich in den Passat und brauste davon. Plötzlich kam mir eine zivile Polizeistreife entgegen. Als ich an denen vorbei war, wendeten sie und nahmen die Verfolgung auf. Ich fuhr, was die Karre hergab, und konnte die Bullen ganz schön abhängen. Auf einmal sah ich vor mir wieder eine junge Frau auf einem Fahrrad. Spontan kam mir der Gedanke, bevor ich geschnappt werde, mich auch noch an dieser Frau zu rächen. Ich wusste, dass ich nichts mehr zu verlieren hatte, und ich dachte wieder daran, dass mich die Frauen ein Leben lang gedemütigt und ausgenützt hatten.

Da ich aber nicht mehr anhalten konnte, um zu schießen, beschloss ich, die Fahrradfahrerin zu rammen. Allerdings befürchtete ich, eine direkte Kollision könnte den Wagen derart beschädigen, dass ich nicht mehr weiterfahren kann. Deshalb fuhr ich seitlich ganz eng an sie heran und machte dann einen Schlenzer, so dass ich die Radfahrerin mit dem hinteren rechten Kotflügel zum Stürzen brachte. Das konnte ich im Rückspiegel genau beobachten.

Mit rasender Geschwindigkeit fuhr ich weiter. Die Verfolgungsfahrt machte mir richtig Spaß. Überall hörte ich das Tatütata der Polizeifahrzeuge. Auch sah ich einmal den Polizeihubschrauber über mir.

Ich fuhr kreuz und quer durch Ortschaften, über Straßen und Feldwege, bis ich schließlich wieder nach Karlsruhe-Grünwettersbach kam. Dort konnte ich noch die erste Straßensperre durchbrechen. Bei der zweiten Sperre sah ich kein Durchkommen mehr. Es war eigentlich keine richtige Sperre. Am Straßenrand standen Fahrzeuge und ein anderes kam mir entgegen. Ich fuhr mit mehr als 100 Stundenkilometer und wusste, dass ich die Stelle nicht passieren konnte, ohne mit dem Entgegenkommenden zusammenzustoßen.

Aus Angst, bei dem Aufprall aus dem Wagen geschleudert zu werden, bremste ich stark ab. Trotzdem hatte ich bei dem Zusammenstoß noch eine enorme Geschwindigkeit drauf. Ich hielt mir die Arme schützend vor das Gesicht. Unmittelbar nach dem Frontalaufprall wurde ich noch von einem Polizeifahrzeug von hinten gerammt. Trotzdem blieb ich nahezu unverletzt.

Zum Zeichen, dass ich aufgab, streckte ich sofort meine Hände in die Höhe und wurde dann auch gleich darauf aus dem Wagen gezerrt.«

Soweit die Aussage des Amokschützen, die sich in großen Teilen mit den Aussagen der Tatzeugen deckte.

Entgegen den in Kriminalfilmen gezeigten Verhören, werden Vernehmungen bei der Kriminalpolizei sofort protokolliert. Das heißt, der Täter erzählt und eine Schreibkraft tippt nach Anleitung des vernehmenden Kriminalbeamten den Text Satz für Satz in die Maschine. Als Öhler schilderte, wie er die Frau auf dem Fahrrad erschoss, nahm dies die Schreibkraft so mit, dass sie einen Schock erlitt und nahe daran war, das Bewusstsein zu verlieren. Sie musste durch eine Kollegin ersetzt werden.

Das blutige und überaus schreckliche Resultat des Amoklaufes waren fünf Todesopfer und vier schwer verletzte Menschen.

Am ersten Tatort, der Aral-Tankstelle in Karlsruhe-Grünwettersbach, starb der 66-jährige Reinhold Weber. Bei seiner Obduktion wurden insgesamt drei Schussverletzungen festgestellt. Es handelte sich hierbei ausnahmslos um Durchschüsse. Ein Projektil hatte seinen rechten Oberschenkel durchschlagen und dabei teilweise den Oberschenkelknochen zertrümmert. Eine weitere Kugel drang an der Außenseite des Ellbogens ein und zertrümmerte den Knochen, bevor sie an der Innenseite wieder austrat.

Todesursächlich war jedoch ein Durchschuss im Thoraxbereich. Das Geschoss drang an der linken Seite in Höhe der zehnten Rippe ein und suchte sich seinen Weg durch Zwerchfell, Milz, Bauchspeicheldrüse und Leber. An der rechten Bauchseite trat die Kugel wieder aus dem Körper.

Durch die eingesägte Geschossspitze zerlegte sich das Projektil teilweise und beschädigte die inneren Organe in erheblichem Maße.

Reinhold Weber war jedoch nicht sofort tot. Trotz der schweren Verletzungen war er noch einige Zeit ansprechbar. Er wurde unverzüglich in die Klinik gebracht und notoperiert, konnte jedoch nicht mehr gerettet werden.

Zu den Schüssen auf Reinhold Weber befragt, sagte die Kassiererin der Tankstelle Folgendes aus:

»Ich habe gerade den mir bekannten Herrn Weber bedient. Er wollte nur eine Wertmarke zum Waschen seines Autos kaufen. Plötzlich stand dieser Mann vor mir. Er richtete seine Waffe direkt auf mein Gesicht und fragte mich mit lauter Stimme, wo der Schlüssel für den draußen stehenden BMW sei. Während ich mich bemühte, ruhig zu bleiben, schaute ich aus dem Fenster und antwortete ihm, dass draußen kein BMW stehe.

Bis zu diesem Zeitpunkt hatte Herr Weber offensichtlich noch nicht bemerkt, dass ich bedroht wurde. Er war mit seiner Geldbörse beschäftigt. Als er schließlich aufschaute und den Mann wegen der Waffe zur Rede stellen wollte, schoss dieser aus kürzester Distanz sofort auf ihn. Ich habe zwei Schüsse wahrgenommen. Herr Weber kam nicht mehr dazu, den Täter anzusprechen. In panischer Angst rannte ich aus dem Kassenraum. Während meiner Flucht zu dem gegenüberliegenden Haus hörte ich es noch zwei- oder dreimal knallen.«

Riesiges Glück hatte Lothar Spitzer. Er war derjenige, auf den Öhler unmittelbar nach dem Verlassen des Kassenraumes aus zirka fünf Metern Entfernung schoss. Im Krankenhaus gab Spitzer später zu Protokoll:

»Ich hatte gerade mein Fahrzeug betankt und wollte bezahlen, als ich aus dem Kassenraum einen Knall hörte. Anschließend kam ein junger Mann heraus. Er hatte einen Revolver in der Hand. Plötzlich und ohne Vorwarnung zielte der Mann auf mich und schoss. Ich bemerkte den Einschlag des Geschosses in der rechten Hüfte und fiel zu Boden. Doch ich konnte sofort wieder aufstehen und hinter mein Fahrzeug flüchten. Kurz darauf hörte ich einen weiteren Schuss. Als ich dann zu dem Nachbaranwesen einer Firma rannte, um Schutz und Hilfe zu suchen, sah ich eine Frau am Boden liegen. Sie lag leblos in einer seltsam gekrümmten Haltung da.«

Wie bei der Notoperation festgestellt werden konnte, erlitt Lothar Spitzer lediglich einen Hüftdurchschuss, der zu keiner Zeit lebensbedrohlich war, da hierbei weder Arterien noch wichtige innere Organe verletzt worden waren.

Die Frau, auf die Öhler an der Tankstelle geschossen hatte, war die 30-jährige Maria Pieper. Auch sie hatte großes Glück. Die Kugel drang zwei Zentimeter neben ihrem Bauchnabel ein, verletzte im Bauchraum Darm, Magen und Harnleiter und blieb im Beckenknochen stecken. Die Verletzungen wurden zunächst als lebensgefährlich eingestuft. Nur durch eine erfolgreiche Notoperation konnte Maria Pieper gerettet werden. Sie war jedoch lange Zeit nicht vernehmungsfähig, da sie unter einem schweren Schock stand. Erst einen Monat später konnte sie schließlich befragt werden.

Zusammengefasst erklärte Maria Pieper Folgendes:

»Ich wollte gerade mein Fahrzeug betanken, als ich es knallen hörte. An Schüsse habe ich nicht gedacht. Aus Richtung Kassenhaus sah ich einen Mann auf mich zukommen. Er war nicht sehr groß, und ich hatte den Eindruck, dass ihm seine Kleidung etwas fällig war. An sein Gesicht kann ich mich nicht erinnern.

Mit beiden Händen umklammerte er eine Waffe, die er unvermittelt auf mich richtete. Ich schaute direkt in den Lauf des Revolvers. Reflexartig hielt ich meine linke Hand, in der ich die Geldbörse hatte, vor den Bauch. Dann hörte ich auch schon den Schuss. Zunächst spürte ich überhaupt nichts. Nicht einmal den Einschuss habe ich bemerkt.

Als ich an mir herunterschaute, sah ich, dass mein linker Daumen ganz zerfetzt war. Mein Pullover wies in Bauchhöhe ein Loch auf. Ich bin dann nach hinten getaumelt und umgefallen. Nun begann ich laut um Hilfe zu rufen. Explosionsartig setzten plötzlich wahnsinnige Schmerzen ein. Es dauerte eine Ewigkeit, bis endlich der Notarztwagen erschien.«

Einen Monat nach der Tat stand fest, dass der linke Daumen von Maria Pieper für immer entstellt und steif bleiben wird. Da ein innerer Bluterguss auf einen Nerv drückte, konnte sie außerdem bis zu diesem Zeitpunkt noch nicht richtig gehen.

Der zweite Tatort befand sich auf der Kreisstraße zwischen Wolfartsweier und Hohenwettersbach. Wie Öhler angegeben hatte, erschoss er hier eine Fahrradfahrerin. Es war die 43-jährige verheiratete Monika Ahlers.

Hier Auszüge des sogenannten Tatortbefundsberichtes, der von den Beamten der Kriminaltechnik geschrieben wurde:

»Auf der westlichen Seite der Kreisstraße 9652 liegt in Seitenlage die Leiche der Monika Ahlers. Das Gesicht ist zunächst nicht zu erkennen, weil es größtenteils zum Boden gewandt ist und die halblangen, blonden, leicht gewellten Haare den übrigen Teil verdecken.

Die Beine sind stark angewinkelt und der linke Arm ist sonderbar nach außen gedreht, so dass die Handfläche der linken, auf dem Boden liegenden Hand nach oben zeigt. Der rechte Arm befindet sich fast gänzlich unter dem Körper. Am Fußende der Leiche liegt ein metallicrotes Damenfahrrad. Die Füße reichen in das Einstiegsdreieck des Fahrrades hinein.

Die Frau ist mit einer schwarzen Stoffhose und einer rosafarbenen, leicht gestreiften Bluse bekleidet. Sie trägt braune, offene Sandalen. Am rechten Ringfinger steckt ein Ehering. Der Mund ist spaltbreit offen. Leichenstarre ist noch nicht eingetreten, jedoch beginnen Totenflecken sichtbar zu werden.

An der rechten Rückenseite ist die Bluse insgesamt dreimal mit zirka zwölf Millimeter großen, kreisrunden Einschusslöchern perforiert. Sie liegen in nahezu gerader, vertikaler Linie untereinander. Der erste Einschuss befindet sich am oberen linken Schulterblatt. Etwa zehn Zentimeter darunter ist der zweite und 21 Zentimeter darunter der dritte zu sehen.

Bei genauerer Untersuchung der Leiche wird ein vierter Einschuss im Genick, knapp unter dem Kopfansatz festgestellt. Die Ausschusswunde befindet sich an der linken Hinterkopfhälfte, schräg über dem Ohr.

Eine weitere Ausschusswunde wird an der rechten Körperseite unterhalb der Achselhöhle festgestellt. Das hier ausgetretene Geschoss drang anschließend in die Innenseite des rechten Oberarmes und blieb dort, deutlich sichtbar, unmittelbar unter der Haut stecken. In der näheren Umgebung sind trotz intensiver Suche keine Geschosshülsen oder Projektile zu finden.«

Soweit Auszüge aus dem Bericht der Kriminaltechnik.

Obwohl Öhler für diesen Mord nur wenig Zeit benötigte, gab es erstaunlich viele Zeugen, die zum Tathergang wichtige Aussagen machen konnten.

Die 57-jährige Erika Brauner sagte aus:

»Gegen 17.10 Uhr befuhr ich von der Bergwaldsiedlung kommend mit meinem VW-Golf die Straße nach Karlsruhe-Durlach. Plötzlich sah ich einen grünen Passat und eine Radfahrerin entgegenkommen. Die beiden fuhren fast nebeneinander. Ich hatte den Eindruck, der Pkw-Fahrer wollte die Radfahrerin abdrängen. Dann hielt der Passat an und der Fahrer sprang heraus. Er hatte eine Waffe in der Hand und rannte der Fahrradfahrerin nach. Ich dachte, dass es sich wohl um einen Ehestreit handelte, und fuhr weiter.«

Der von Öhler als junger Mann beschriebene Fahrzeugführer, der nach den Schüssen als Erster an den Tatort kam, gab zu Protokoll:

»Ich wollte gegen 17.10 Uhr von Durlach kommend nach Hohenwettersbach fahren. Nach der ersten Kurve sah ich vor mir einen grünen Passat auf der rechten Fahrbahn stehen. Etwa zehn oder 20 Meter davor konnte ich einen Mann erkennen. Während ich in verlangsamter Fahrt an dem Passat vorbeifuhr, sah ich, dass der Mann bei einer reglos am Boden liegenden Frau stand. Er hatte einen Revolver in der Hand und schoss aus unmittelbarer Nähe auf die Frau. Als er mich sah, drehte er sich zu mir um und zielte mit der Waffe auf mich. Ich duckte mich nach unten und drückte aufs Gaspedal. So schnell ich konnte fuhr ich nach Hohenwettersbach.

Am Ortseingang hielt ich an und überlegte, was zu tun sei. Ich entschloss mich, die Polizei zu verständigen. In diesem Moment kamen auch schon mehrere Polizeifahrzeuge, die in Richtung des Tatortes fuhren. Ich stieg in meinen Pkw und fuhr ihnen nach. Unten angekommen, habe ich den Beamten meine Beobachtungen mitgeteilt.«

Eine 45-jährige Zeugin, die ebenfalls Sekunden nach dem Mord mit ihrem Pkw an den Tatort kam, berichtete Folgendes:

»Ich fuhr mit meinem Pkw auf der Straße nach Hohenwettersbach, als ich nach der ersten leichten Kurve vor mir einen grünen Passat am rechten Fahrbahnrand stehen sah. Einige Meter davor lagen eine Person und ein Fahrrad auf der Straße. Mir kam die Sache komisch vor. Ich drosselte meine Geschwindigkeit, und als ich etwa 25 Meter von dem Passat entfernt war, sah ich an dessen Fahrertür einen Mann stehen. Mit beiden Händen hob er eine große Pistole hoch und zielte direkt auf mich. Ich dachte, jetzt werde ich erschossen, und wartete nur noch auf den Knall. Doch ich hörte nichts. Aus mir nicht ersichtlichen Gründen ließ der Mann die Waffe sinken, stieg in seinen Pkw und fuhr davon.

Ich überlegte, ob ich aussteigen sollte, um der verletzten Person Hilfe zu leisten, oder ob ich den Passat verfolgen sollte. Da ich hinter mir mehrere Fahrzeuge sah, beschloss ich, den Täter zu verfolgen. Ich fuhr ihm in einem Abstand von 50 Metern hinterher. Mit der Lichthupe versuchte ich, entgegenkommende Fahrzeuge aufmerksam zu machen. Doch niemand reagierte. Der Passat fuhr in Richtung Bergwaldsiedlung.

Da ich zwischendurch mal anhielt, um eine am Straßenrand stehende Pkw-Fahrerin zu bitten, unverzüglich die Polizei zu verständigen, verlor ich den Passat einige Zeit aus den Augen. Ich fuhr verschiedene Straßen der Bergwaldsiedlung ab und plötzlich sah ich ihn wieder vor mir. Um ihn einzuholen, beschleunigte ich mein Tempo. Doch dann sah ich, dass auf dem linken Gehweg eine Frau lag, die sich krümmte und offensichtlich vor Schmerzen schrie. Ich verlangsamte meine Geschwindigkeit und hielt auch kurz danach mein Fahrzeug an, da ich einen mir bekannten Mann auf der Straße sah. Ihm teilte ich mit, was ich erlebt hatte, und plötzlich hatte ich das Kennzeichen des VW-Passat vergessen. Aus diesem Grund nahm ich nochmal die Verfolgung auf, sah aber sehr schnell ein, dass es keinen Sinn mehr machte.«

Der dritte Tatort befand sich in einer relativ wenig befahrenen Straße der Bergwaldsiedlung. Obwohl mitten im Wohngebiet, gab es hier keinen einzigen unmittelbaren Zeugen.

Die 60-jährige Anna Lohmann und ihr 29-jähriger Sohn Kuno waren gerade vor ihrem Haus mit Gartenarbeiten beschäftigt, als Öhler angefahren kam. Mit quietschenden Reifen hielt er an und zielte sofort auf Kuno Lohmann. Dieser erkannte wohl noch die Gefahr und wollte wegrennen. Er wurde jedoch von zwei Kugeln in den Rücken getroffen. Ein Projektil drang in die Wirbelsäule ein und das andere etwas weiter rechts. Beide Schüsse waren in der Folge absolut tödlich, da sie wichtige Nervenbahnen und innere Organe massiv verletzt hatten.

Eine Hausärztin, die in der Nachbarschaft wohnte und die Schüsse hörte, eilte sofort zu dem Schwerverletzten. Sie konnte anfangs zwar noch einen ganz schwachen Puls bei dem jungen Mann feststellen und noch Reanimationsmaßnahmen durchführen, doch Kuno Lohmann war nicht mehr zu retten.

Seine Mutter allerdings war bis zum Eintreffen des Notarztes und bis zu ihrem Abtransport in die Klinik noch voll ansprechbar. Immer wieder fragte sie nach ihrem Sohn.

Inzwischen hatten sich viele Anwohner, die die Schüsse gehört hatten, am Tatort eingefunden. Doch niemand konnte sachdienliche Angaben zum Tathergang oder zum Täter machen. Lediglich zwei Zeugen sahen einen grünen Passat mit hoher Geschwindigkeit davonfahren.

Obwohl die Ärzte in der Klinik sofort eine Notoperation vornahmen und dabei ihr ganzes Können aufboten, konnte auch Anna Lohmann nicht mehr gerettet werden. Sie war von drei Kugeln des Amokschützen im Unterbauch getroffen worden. Die Dum-Dum-Geschosse hatten schwerste innere Verletzungen hervorgerufen.

Der vierte Tatort befand sich auf derselben Straße, nur etwa 300 Meter vom dritten entfernt. Nachdem Öhler die tödlichen Schüsse auf Anna Lohmann und ihren Sohn abgegeben hatte, fuhr er mit hoher Geschwindigkeit weiter, um jedoch kurz darauf wieder mit quietschenden Reifen anzuhalten. Er sah nämlich auf dem Gehweg hinter einem parkenden Auto drei Frauen stehen. Karin Reiber und Paula Soder waren bei Magdalene Wiederer zu Besuch. Sie wollten sich gerade auf der Straße verabschieden.

Als Öhler die drei Frauen sah, kam in ihm abermals dieser unbändige Hass auf das weibliche Geschlecht hoch. Kaum war sein Fahrzeug zum Stillstand gekommen, brachte er seine Waffe in Anschlag. Er hatte den Bauchbereich von Paula Soder ganz deutlich im Visier, obwohl er durch die beiden Seitenscheiben des parkenden Pkw zielen musste. Ohne irgendwelche Vorwarnung drückte er ab.

Paula Soder hatte in diesem Moment in zweifacher Hinsicht unwahrscheinliches Glück. Ihr Schutzengel hatte wohl seine Hand im Spiel gehabt, denn wie durch ein Wunder rollte das Fahrzeug des Amokschützen genau in dem Bruchteil einer Sekunde ein Stück nach vorne, als Öhler schoss. Die Kugel schlug zirka fünf Zentimeter unter der linken Seitenscheibe in die Tür ihres Fahrzeuges ein und blieb in der Innenverkleidung stecken.

Das, was den anderen Opfern zum Verhängnis wurde, war für Paula Soder die Rettung. Denn eine weitere Eigenart von Blei- oder sogenannten Weichkerngeschossen ist der Umstand, dass sie sich beim Auftreffen auf harte Materialien sehr stark verformen, dabei einen hohen Anteil ihrer Bewegungsenergie abgeben und deshalb bei einem weiteren Widerstand nicht zuletzt auch wegen ihres vergrößerten Umfanges steckenbleiben. Ein Vollmantelgeschoss hingegen hätte mit Leichtigkeit die beiden Fahrzeugtüren durchschlagen und auf der anderen Seite bei einem Menschen noch schwere Verletzungen hervorrufen können.

Öhler begriff blitzschnell, dass er nicht getroffen hatte. Er trat auf die Bremse und zielte wieder durch die Seitenscheiben des stehenden Autos. Dabei sah er über Kimme und Korn den Bauchbereich von Karin Reiber. Paula Soder hatte sofort die Gefahr erkannt und sich rasch hinter ihrem Pkw auf den Boden geworfen.

Wahrscheinlich hatte der Allmächtige an diesem Tag zwei Schutzengel der Extraklasse für die beiden Frauen abgestellt. Öhler war sich nämlich absolut sicher, dieses Mal zu treffen, als er den Abzug seines Revolvers betätigte. Doch der Schuss löste sich nicht. Wie in einem billigen Krimi oft dargestellt, war dem Amokschützen nicht bewusst, dass er zuvor mit dem Schuss auf Paula Soder die sechste und letzte Patrone, die sich in der Trommel befand, abgefeuert hatte.

Paula Soder gab Folgendes zu Protokoll:

»Wir verließen alle drei das Haus. Ich ging voraus zu meinem Fahrzeug. Als ich gerade die Beifahrertür aufschloss, hielt aus der entgegenkommenden Richtung ein grünes Auto mit quietschenden Reifen an. In einem Abstand von etwa zwei Metern kam es parallel zu meinem Fahrzeug zum Stehen. In dem Auto saß ein Mann, der mich mit kalten, stechenden Augen ansah. Dann sah ich auch schon den Revolver, den er auf mich richtete. Ich schrie noch: ›Um Gottes willen!‹, und in diesem Moment hörte ich auch schon einen lauten Knall.

Als ich auf dem Boden lag, wusste ich zunächst nicht, ob ich getroffen war. Ich schrie Karin und Magdalene zu, sie sollen sich auch zu Boden werfen. Dann fiel noch ein Schuss. Unmittelbar danach fuhr der Schütze davon. Ich hatte großes Glück, denn ich wurde nicht getroffen.«

Karin Reiber sagte aus:

»Das grüne Fahrzeug sah ich erst später, da ich zunächst mit dem Rücken zur Straße stand und mich noch mit Magdalene Wiederer unterhielt. Plötzlich hörte ich einen Schuss. Ich drehte mich um und sah, dass ein grünes Auto angehalten hatte und der Fahrer mit einem bösen Blick zu mir herschaute. Paula lag auf dem Boden und schrie: ›Runter! Runter! Der schießt!‹ Ich kann nicht sagen, ob der Mann nur einen oder mehrere Schüsse abfeuerte. Es ging alles so schnell.«

Magdalene Wiederer berichtete, sie sei auf den Vorfall trotz eines lauten Knalls nicht gleich aufmerksam geworden. Erst als Paula Soder rief, sie solle sich zu Boden fallen lassen, habe sie begriffen, dass wohl jemand auf sie geschossen hatte. Dann sah sie, wie der Schütze nun genau auf sie zielte. Ohne noch reagieren zu können, wollte sie dann den Knall eines zweiten Schusses gehört haben. Kurioserweise bestätigten andere Zeugen ebenfalls zwei Schüsse, was jedoch nie zutreffen konnte, da Öhler, wie schon erwähnt, bereits alle sechs Patronen in seinem Revolver abgefeuert hatte.

Durch den Misserfolg stark irritiert, sah Öhler von einem weiteren Angriff auf die Frauen ab und fuhr weiter.

Am fünften Tatort hatten die Opfer weniger Glück. Von der Bergwaldsiedlung aus fuhr Öhler in die zwei Kilometer entfernte kleine Ortschaft Karlsruhe-Hohenwettersbach und von dort in ein nahegelegenes Waldstück. Er lud seine Waffe nach und machte auch zwei längere Zigarettenpausen. Dann fuhr er wieder in den Ort hinein.

Was dann geschah, schilderte der 72-jährige Karl Fischer so:
»Wir standen vor dem Haus meiner Schwester und unterhielten uns. Wir, das waren meine Frau Klara, meine Schwester Käthe, mein Schwager Rudolf und meine Schwägerin Hedwig. Plötzlich fuhr in rasantem Tempo ein grünes Auto heran. Zuerst fuhr es an uns vorbei. Kurz danach kam es aus der anderen Richtung. Mit einer Vollbremsung hielt es direkt neben uns an. Der Fahrer sprang aus dem Wagen und richtete sofort über das Autodach eine Waffe auf uns. Mit der Waffe schwenkte er hin und her, so, als ob er jeden Einzelnen von uns einmal ins Visier nehmen wollte.

Hedwig war die Erste, die reagierte. Sie flüchtete in den Hof. Mit der Waffe im Anschlag ging der Mann nun auf meine Frau zu und versuchte, sie in sein Fahrzeug zu ziehen. Klara wehrte sich jedoch und wollte nicht einsteigen. Ich höre sie jetzt noch deutlich sagen: ›Warum denn gerade ich?‹

Mein Schwager forderte den Mann auf: ›Lass doch die Frau gehen!‹ Daraufhin hat der Mann sofort auf Rudolf geschossen.

Diesen Moment wollten meine Frau und ich nutzen. Wir rannten gemeinsam über die Straße, um irgendwo Schutz zu suchen. Dann hörte ich zwei Schüsse. Ich spürte, dass ich getroffen war, und sah auch gleich das Blut an meinem rechten Oberschenkel. Dann fiel ich um. Ich hörte noch, wie das Auto davonraste. Meine Frau sah ich nicht mehr. Sie muss aber ganz in meiner Nähe auch zu Fall gekommen sein. Als man mir kurze Zeit später Erste Hilfe leistete, wurde ich ohnmächtig. Nach einer vierstündigen Operation erlangte ich erst im Krankenhaus wieder das Bewusstsein.«

Der 66-jährige Rudolf Meier, Schwager von Karl Fischer, sagte aus:
»Als das Fahrzeug nach einer Vollbremsung zum Stehen gekommen war, stieg der Fahrer aus und ging direkt auf Klara zu.

Er hatte einen großen Revolver in der Hand und zielte auf sie. Dann schrie er Klara an, sie solle sofort in sein Fahrzeug einsteigen. Mehrmals schrie er: ›Einsteigen! Einsteigen! Sofort einsteigen, sonst schieße ich!‹

Klara wusste gar nicht so recht, wie ihr geschah, und reagierte nicht. Ich wandte mich dem Mann zu und fragte ihn, was das soll. Daraufhin richtete er seinen Revolver auf mich und schoss sofort. Ich spürte einen Schlag an meiner rechten Hüfte, drehte mich um und rannte um mein Leben. Während meiner Flucht hörte ich noch einen Schuss. Eigentlich rechnete ich damit, dass der Mann mir in den Rücken schießt, aber ich wurde nicht mehr getroffen. Ich konnte schließlich in ein Haus flüchten, wo man sich später um mich kümmerte. Das Geschoss, das mich traf, drang von vorne in meiner Hüfte ein und blieb im Hüftknochen stecken.«

Ein Zeuge, der aus dem gegenüberliegenden Anwesen die Szene beobachtete, gab zu Protokoll:

»Ich mähte gerade meinen Rasen, als ich sah, dass der Mann Frau Fischer in sein Auto zerren wollte. Frau Fischer wehrte sich. Dann fiel auch schon ein Schuss und Frau Fischer schrie auf. Die Personengruppe sprang auseinander und der Täter schoss auch noch auf Herrn Fischer. Frau Fischer brach anschließend zusammen. Ich ging in Deckung und wartete, bis der Mann weggefahren war. Dann rief ich meiner Frau zu, sie solle die Polizei und den Notarzt verständigen. Ich selbst begab mich zu den Verletzten. Frau Fischer lag mit dem Gesicht auf dem Boden. Sie gab keinerlei Lebenszeichen mehr von sich. Herr Fischer war am rechten Oberschenkel getroffen. Er blutete sehr stark und ich vermutete, dass eine Vene getroffen war. Zusammen mit einem zufällig anwesenden Sanitäter leistete ich Erste Hilfe. Ich drückte meinen Handballen ganz fest auf die Schusswunde, um den Blutfluss zu stoppen, was mir auch gelang. Herr Fischer fragte immer wieder nach seiner Frau. Da ich vermutete, dass sie tot war, brachte ich es nicht fertig, ihm eine Antwort zu geben.«

Die 62-jährige Ehefrau von Rudolf Meier reagierte wohl instinktiv richtig. In ihrer Vernehmung gab sie unter anderem Folgendes an:

»Ich schaute sofort zu dem stark abbremsenden Fahrzeug hin und sah, dass der Fahrer nach einer auf dem Armaturenbrett abgelegten Waffe griff und ausstieg. Sofort schrie ich laut: ›Der hat einen Revolver!‹ Danach rannte ich schnell weg. Beim Laufen hörte ich noch den Mann: ›Einsteigen! Einsteigen!‹, schreien. Ich konnte in den Hof meiner Schwester flüchten und versteckte mich im dortigen Hühnerstall. Dann hörte ich mehrere Schüsse. Es waren mindestens vier oder fünf. Als ich kurz danach hörte, wie ein Fahrzeug schnell wegfuhr, traute ich mich so langsam aus meinem Versteck. Dann sah ich, was passiert war.«

Als die ersten Sanitäter eintrafen, lag Klara Fischer noch am Straßenrand. Sie gab kein Lebenszeichen von sich. Schnell stellte man fest, dass sie noch Puls hatte und dass sie von zwei Kugeln getroffen war. Ein Projektil hatte ihren linken Unterarm durchschlagen und ein weiteres Einschussloch war am Rücken zu sehen, links, knapp oberhalb der Niere. Ein Ausschuss war nicht erkennbar. Doch noch bevor man mit den ärztlichen Nothilfemaßnahmen beginnen konnte, verstarb die Frau, ohne das Bewusstsein wiedererlangt zu haben.

Warum gerade Klara Fischer, sie, die selbst keiner Fliege was zuleide tun konnte? Die mit ihren grauen, ja fast schon weißen Haaren, ihrem gutmütigen Gesicht und ihrer etwas korpulenten Figur das typische Bild einer großherzigen Oma abgab? Einer Oma, die ihren Enkelkindern jeden Wunsch von den Augen ablas?

Warum Reinhold Weber, Monika Ahlers, Anna Lohmann

und ihr Sohn Kuno? Warum? Diese Frage kann wohl niemand, nicht einmal der Täter, vielleicht der am allerwenigsten, eindeutig und befriedigend beantworten.

Hätten diese sinnlosen Morde verhindert werden können? Auch diese Frage bleibt offen! Meine Kollegin Simone Carlson, die bis zum Zeitpunkt des Amoklaufes den Fall Manfred Öhler bearbeitete, machte aus polizeilicher Sicht nicht einen einzigen Fehler. Doch allein ihr und unser aller Gefühl, Öhler könnte gefährlich werden, reichte eben nicht aus, ihn in Haft zu nehmen. Anderen staatlichen Stellen oder den Ärzten, die mit Manfred Öhler zu tun hatten, waren auch keine Fehler anzulasten, die unmittelbar mit den Morden in Zusammenhang zu bringen waren.

Im Nachhinein könnte man sagen, man hätte dieses oder jenes anders beurteilen müssen. Man hätte den kranken Manfred Öhler und seine Wahnvorstellungen ernster nehmen müssen. Aber wie ernst hätte man sie oder ihn nehmen müssen, um das Richtige zu tun? Hätte es ausgereicht, ihn zeitlich befristet in die geschlossene Abteilung einer Psychiatrie einzuweisen? Zwangsweise versteht sich, denn freiwillig wäre er nicht gegangen. Was wäre passiert, wenn er zwangsläufig irgendwann – ohne geheilt zu sein – entlassen worden wäre? Denn eine Heilung war nicht möglich, das stellte ein Gutachter später zweifelsfrei fest.

Sicherlich kann man bei einem Biertischgespräch zu dem Schluss kommen, dass man solche Menschen frühzeitig und für immer wegsperren muss, insbesondere wenn man feststellt, dass es sich bei dem Betroffenen um einen Waffennarren handelt. Doch in einer freiheitlich-demokratischen Grundordnung gibt es wohlweislich Gesetze, die auf der einen Seite zwar die Menschen vor Verbrechen schützen, die aber auf der anderen Seite ein Höchstmaß an persönlicher Freiheit des Einzelnen garantieren sollen. Das gilt auch für Geisteskranke.

In der polizeilichen Praxis kommen immer wieder Fälle vor, bei denen die Logik und der gesunde Menschenverstand das Gegenteil von dem vorgeben, was die zur Verfügung stehenden Gesetze zulassen.

Ein besonders gravierendes und vor allem tragisches Beispiel war der Fall einer Iranerin, die vor einiger Zeit bei Staatsanwaltschaft und Kriminalpolizei erschien, um ihren Mann wegen Körperverletzung und Bedrohung anzuzeigen. Die Mutter von zwei Kindern bat um Schutz und Hilfe. Sie sagte aus, ihr Mann würde sie ständig schlagen und konkret mit dem Tode bedrohen. Außerdem sei ihr bekannt, dass er einen schwunghaften Rauschgifthandel betreibt. Die Anschuldigungen klangen zwar äußerst glaubwürdig, waren aber zunächst durch nichts zu beweisen.

Nach dem Gesetz reichte es keinesfalls aus, sofort einen Haftbefehl gegen den Mann zu erwirken. Die Frau war drei Tage später tot. Ihr Mann hatte sie mit mehreren Messerstichen getötet, als er erfuhr, dass sie bei der Polizei war.

Im Fall Öhler war vielen Personen bekannt, dass er geistig verwirrt war. Einige wussten auch, dass er Waffen besaß. Wir beschlagnahmten seine Waffen, konnten aber nicht wissen, dass er noch einen Revolver hinter dem Haus vergraben hatte. Und vor dem Amoklauf lagen die gesetzlichen Voraussetzungen für einen Haft- oder Unterbringungsbefehl einfach noch nicht vor, weil Öhler nie als gewalttätig aufgefallen war und weil die bei ihm gefundenen Waffen erlaubnisfrei waren. Sein geistiger Zustand war aufgrund der vorhandenen Erkenntnisse von niemandem, auch nicht den Ärzten, als so ernst und gefährlich eingestuft worden, dass man ihn zwangsweise und für längere Zeit in einer Psychiatrie unterbringen konnte. Man schätzte ihn lediglich als armen Irren ein.

Nach seiner Festnahme wurde Öhler in die psychiatrische

Abteilung des Vollzugskrankenhauses in Hohenasperg gebracht. Dort blieb er bis zur Hauptverhandlung. Die Beweislage schien klar. Öhler war in unmittelbarem räumlichen und zeitlichen Zusammenhang mit den Taten festgenommen worden, hatte ein Geständnis abgelegt, und es gab viele Zeugen, die ihn als den Mann identifizierten, der fünf Menschen erschossen und vier Personen zum Teil schwer verletzt hatte.

Sein weiteres Schicksal hing ganz allein davon ab, wie das psychiatrische Gutachten ausfiel. Dieses Gutachten wurde von einem anerkannten Fachmann und Arzt der Forensischen Abteilung der Psychiatrischen Klinik an der Universität Heidelberg erstellt. In mehreren Sitzungen mit dem Probanden sollte im Auftrag der Staatsanwaltschaft die Frage der Schuldfähigkeit des Manfred Öhler zur Tatzeit geprüft werden und inwieweit gegebenenfalls die Unterbringung in einer geschlossenen Abteilung eines psychiatrischen Krankenhauses erforderlich erscheint.

Das 114 Seiten umfassende Gutachten stützte sich auf die vorhandenen Polizeiakten, einschließlich eines Video-Bandes der mit Öhler selbst durchgeführten Tatrekonstruktion, vier ausführliche Untersuchungen des Täters im Vollzugskrankenhaus, computertomographische und elektroenzephalographische Untersuchungsbefunde sowie vorhandene Krankenunterlagen aus der Vergangenheit. Dieses äußerst umfangreiche Gutachten kann ich natürlich nur auszugsweise wiedergeben.

Bei der Verhaltensbeobachtung und der Erstellung des psychopathologischen Befundes wurde zum Beispiel festgehalten, dass es sich bei dem Täter um einen kleinen, unscheinbaren Probanden mit geduckter Körperhaltung handele. Er habe ein schütteres Haupt- und Barthaar, eine durch Akne unreine Gesichtshaut und sei stets in einem Trainingsanzug gekleidet. Sein Händedruck ist auffällig schlaff bei feuchtwarmer Haut.

Der Kopf ist beim Gespräch meist gesenkt. Seine gelegentlich leicht grimassierende Gesichtsmimik ist relativ unbewegt. Es fällt ein nervöses Augenzucken auf.

Anfangs noch scheu, entwickelte Öhler mit der Zeit eine geradezu vertrauliche Anhänglichkeit an den Gutachter. Das ging so weit, dass er ihn mit »Du« ansprach.

Den Ablauf der Tat schilderte er auffallend langsam, wobei er sorgfältig zu überlegen schien. Von einmal gewählten Formulierungen ließ sich Manfred Öhler kaum abbringen. Er verfolgte seine Darstellung eigensinnig und rigide, so dass es kaum möglich war, ihn zu unterbrechen oder die Schilderung unwichtig erscheinender Passagen abzukürzen.

Meist sprach er sachlich, nüchtern und in monotoner Tonlage. Während er keine Betroffenheit über seine schrecklichen Taten erkennen ließ, versuchte er in auffallendem Maße seine eigene Person in den Mittelpunkt zu stellen. Eine Einsicht über seine psychische Erkrankung hatte der Proband nicht.

Beispielsweise berichtete Öhler, er habe ein großes Problem, das er nur durch äußerste Willenskraft überwinden könne. Wenn etwas Trauriges, Schlimmes passiere, müsse er sich stark zusammenreißen, dass er nicht zu lachen anfange. Er befürchte deshalb, in ein Gelächter auszubrechen, wenn vor Gericht die Anklageschrift mit seinen schrecklichen Taten vorgelesen werde.

Dieses Problem habe er schon seit dem 16. Lebensjahr. Es ginge sogar so weit, dass wenn jemand freundlich zu ihm sei, in ihm auch das Gefühl hochkomme, diese Person töten zu wollen.

In vier langen Sitzungen gelang es dem psychiatrischen Gutachter, wissenschaftlich fundiert und für das Gericht nachvollziehbar, die Ursache für die schrecklichen Morde des Manfred Öhler herauszuarbeiten.

Demnach dürfte seine erhebliche psychische Erkrankung etwa vier Jahre vor den von ihm begangenen Verbrechen konkret begonnen haben. Damals kamen bei ihm erstmals die Vergiftungsgedanken hoch. Durch wahnhaft empfundene körperliche Schmerzen vermutete er, sich durch Medikamenteneinnahme eine Nierenvergiftung zugezogen zu haben. Die ständige Fortschreitung seiner Psychose ergab etwa ein Jahr vor der Tat für ihn immer größere Schwierigkeiten, die ausschließlich in seinen Wahnvorstellungen begründet waren. Er fühlte sich von seiner Halbschwester schlecht behandelt, ja sogar terrorisiert, und den Nachbarn unterstellte er, ihn mit Säure- und Giftdämpfen umbringen zu wollen. Mit diesen Halluzinationen begann die Entwicklung, die schließlich in dem schrecklichen Amoklauf endete.

Gestützt wurde die Vorstellungswelt seines Wahnsystems durch Trugwahrnehmungen auf allen fünf Sinnesgebieten. So sah er weiße, imaginäre Pulverwolken, roch Gas, spürte ätzende Salzsäure auf der Haut, schmeckte Verunreinigungen des Wassers sowie der Speisen und hörte Drohungen seiner Nachbarn über Radio. Für Öhler ergaben sich zu keinem Zeitpunkt Zweifel an seinen Wahrnehmungen, so dass sich die Lage für ihn immer mehr zuspitzte. In seinem wahnhaften Überlebenskampf sah er sich an die Wand gedrängt. Er fürchtete, dass man ihn umbringen oder ihm zumindest sein Haus und damit seine Bleibe wegnehmen wolle. So kamen in ihm Verzweiflung und starke Wut hoch. Durch einen Banküberfall wollte er seine finanzielle Misere wieder in den Griff bekommen. Auch wollte er sich einen Wohnwagen kaufen, um den Giftanschlägen der Nachbarn zu entgehen.

Das zielstrebige, leistungsfähige, im äußeren Handlungsablauf geordnet erscheinende Verhalten während der Tat und auch später bei der Rekonstruktion sowie bei den polizeilichen

Vernehmungen kommt bei schizophrenen Kranken nicht selten vor. Bewusstseinsklarheit, situative Orientiertheit und gutes Gedächtnis sind bei dieser Krankheit häufig ohne deutlich erkennbare Beeinträchtigung.

Insgesamt bot Öhler das Bild eines durch chronische, abnorme, psychische Erlebnisse erheblich in der Persönlichkeitsstruktur veränderten Menschen, der offenbar schon seit Jahren das Leben eines verschrobenen Sonderlings führte.

Aus nervenärztlicher Sicht gab es keinerlei Zweifel, dass Manfred Öhler an einer geistig-seelischen Erkrankung leidet, die unter der Diagnose einer schweren paranoid-halluzinatorischen, schizophrenen Psychose zu fassen ist. Aus diesem Grund, so der Gutachter, ist der Proband aus medizinischer Sicht als schuldunfähig im Sinne des § 20 StGB einzustufen. Gleichwohl erscheint es fraglos, dass er, statt in ein Gefängnis, in die geschlossene Abteilung einer Psychiatrie einzuweisen ist. Der Proband ist nach wie vor höchst gefährlich und auch auf lange Sicht nicht oder nur zu kleinen Teilen zu therapieren. Auf freiem Fuß belassen, stellt er eine hohe Gefahr für die Allgemeinheit dar.

Das Schwurgericht folgte den umfangreichen Ausführungen des Gutachters. Es stellte in seinem Urteil zwar die Schuldunfähigkeit des Angeklagten fest, veranlasste aber auf unbestimmte Zeit gemäß § 63 StGB die Einweisung in die geschlossene Psychiatrie. Dort befindet sich Manfred Öhler heute noch. Es wird sich wohl auch kein Gutachter finden, der das Risiko eingeht, seine Entlassung zu befürworten, solange dieser Mensch noch körperlich in der Lage ist, anderen zu schaden.

Während ich Manfred Öhlers Geschichte niederschrieb, fand vor dem Schwurgericht Karlsruhe ein Prozess gegen den 24-jährigen Amokläufer Stefan A. statt, der in einem Pforzheimer Versandhaus, in dem er arbeitete, mit einem Samuraischwert eine

Frau getötet und drei weitere Frauen lebensgefährlich verletzt hatte.

Im Gegensatz zu Manfred Öhler erhielt dieser Täter eine lebenslange Freiheitsstrafe. Außerdem wurde die besondere Schwere der Schuld erkannt, was zur Folge hat, dass der Täter selbst bei günstiger Prognose keine Chance hat, nach 15 Jahren entlassen zu werden.

Das Gericht stützte sich in seiner Urteilsbegründung zum einen auf das psychiatrische Gutachten des Sachverständigen, der diesen Täter als voll schuldfähig einstufte, und zum anderen auf die von der Polizei ermittelten Abläufe vor und während der Tat. Demnach hatte Stefan A. das grausame Verbrechen schon Tage zuvor minuziös geplant. Es sollte eine große »finale Aktion«, ein »bösartiger Abgang« von ihm werden, an deren Ende auch sein eigener Tod stehen sollte. Der japanischen Samurai-Tradition zufolge, trug er während des Blutbades die rituelle weiße Kleidung eines Samurais. Die Tat führte er mit absolutem Tötungswillen sowie äußerster Brutalität und Heimtücke aus. Seine Opfer waren arg- und wehrlos, als er mit dem rasiermesserscharfen Schwert auf sie einschlug.

Obwohl die forensisch-psychiatrischen Untersuchungen im Ergebnis völlig unterschiedlich ausfielen, sind bei einem groben Abgleich der Persönlichkeitsbilder von Stefan A. und Manfred Öhler doch einige erstaunliche Parallelen zu erkennen:

– Beide Männer waren Einzelgänger und lebten sehr zurückgezogen,
– sie hatten einen unbändigen Hass auf Frauen,
– sie waren in höchstem Maße narzisstisch geprägt,
– sie waren Waffennarren
– und sie verloren vor den Taten beide ihren Führerschein, was in ihrem narzisstischen Gefühlsleben einen großen negativen Einschnitt hervorrief.

Es stellt sich abschließend die Frage, ob die detaillierte Schilderung des von Manfred Öhler inszenierten Amoklaufes nicht dazu geeignet ist, bei potenziellen Tätern einen Nachahmungseffekt auszulösen oder zumindest als Informationsmaterial zu dienen. Dem steht entgegen, dass ich beim Verfassen des Textes sehr darauf geachtet habe, die Mordlust des Täters so niedrig wie nur möglich zu schildern. Absolute Priorität wurden der Aufklärung darüber gegeben, wie solch ein schlimmes Verbrechen geschehen konnte und wie sich Menschen unter Umständen verhalten sollten, um die tödliche Gefahr rechtzeitig zu erkennen, ihr auszuweichen oder ihr vielleicht sogar entgegenzusteuern. Dazu reicht es eben nicht, das Geschehen nur zu berichten, sondern man muss sich schon mit der Geschichte im Detail befassen, um zu begreifen, wozu Menschen, insbesondere psychisch gestörte, fähig sind.

Schließlich sollte die authentische Fallschilderung auch dazu dienen, Polizisten, Ärzte und Behörden zu noch mehr Wachsamkeit aufzurufen, so dass sich solche oder ähnliche Fälle nicht noch öfter als bisher wiederholen.

Ganz verhindern kann man sie auch bei bester Aufklärung (zum Beispiel in den Schulen), bei stärkster polizeilicher Präsenz, bei optimaler ärztlicher Behandlung nicht und auch nicht damit, dass man alle psychisch Kranken auf die Stufe von potenziellen Gewaltverbrechern stellt und sie bei den geringsten Anzeichen wegsperrt.

Der Freigänger

Der nun folgende Fall weist auf Gegebenheiten und Missstände staatlicher Stellen hin, die auch ein liberal denkender Mensch sicher in letzter Konsequenz nicht mehr akzeptieren kann. Gleichzeitig enthält er auch einiges an politischer Brisanz. Um dienst- oder privatrechtlichen Repressalien zu entgehen, wurde deshalb noch mehr als in den anderen Fällen auf die Abänderung von Orten, Zeiten und Namen geachtet. Und gerade auch aus diesem Grund war ich bedacht, die Geschehnisse mit dem höchstmöglichen Grad an Authentizität zu schildern.

»Also tschüss, meine beiden Goldhamster, ich gehe schwimmen.«

Es war Freitag, der 2. Oktober, um 19.05 Uhr, als sich Susi Bahm von ihrem Lebensgefährten und dem gemeinsamen Baby liebevoll verabschiedete, um in ein Hallenbad zu gehen. Die 36 Jahre alte Diplom-Volkswirtin schwamm regelmäßig, da sie Rückenprobleme hatte und ihr das Schwimmen guttat.

Mit ihrem Opel-Corsa fuhr Susi Bahm in die sechs Kilometer entfernte Stadt, und eine Zeugin sah, wie sie um 19.20 Uhr in die Einfahrt zum Hallenbadparkplatz einbog. Der Bademeister und andere Bedienstete sagten später aus, dass sich Susi Bahm bis etwa 20.30 Uhr im Bad aufgehalten habe. Niemand sah jedoch, wie sie es verließ und zu ihrem Fahrzeug ging, und niemand konnte sagen, ob und wann sie schließlich heimwärts fuhr.

Klaus Merz wurde gegen 21.30 Uhr allmählich unruhig. Susi

hatte doch versprochen, um 21 Uhr zu Hause zu sein. Das Baby musste noch gestillt und bettfertig gemacht werden. Die Zeit verrann, und schließlich gab Klaus Merz dem Kind einen Brei. Anschließend wickelte er es und legte es ins Bettchen.

Es war inzwischen 22.30 Uhr. »Wo Susi nur bleibt«, dachte er. »Vielleicht hat sie Bekannte getroffen und ist mit denen noch etwas Trinken gegangen. Das könnte durchaus sein. Obwohl es nicht ihre Art ist. Sie ist doch immer sehr zuverlässig, insbesondere wenn es um das Baby geht.«

Klaus Merz verkniff es sich, auch nur einen Gedanken daran zu verschwenden, dass seine Lebensgefährtin eine Beziehung zu einem anderen Mann haben könnte und sie vielleicht deshalb ihre Pflichten als junge Mutter vernachlässigte. Nein, das konnte einfach nicht sein. Nun ja, sie pflegten eine sehr freie und fast sogar etwas eigenartige Partnerschaft. Eigenartig deshalb, weil sie schon seit fünf Jahren zusammen waren, seit zwei Jahren eine gemeinsame Wohnung hatten, aber in getrennten Schlafzimmern schliefen und trotz des Babys nicht ans Heiraten dachten. Aber sie vertrauten sich gegenseitig, absolut.

Klaus Merz wollte den für ihn angenehmen Zustand dieser etwas seltsamen Beziehung nicht ändern. Aus diesem Grund vermied er es auch, sich an jenem Abend bei Bekannten nach Susi zu erkundigen. Er entschloss sich, einfach mal abzuwarten und seiner Lebensgefährtin einen schönen Abend, vielleicht auch die ganze Nacht zu gönnen. Spätestens um 5.00 Uhr würde sie zu Hause sein.

Weil er sich aber doch irgendwie Sorgen machte, setzte er sich ein Zeitlimit. Wenn Susi bis sieben Uhr nicht zu Hause ist, würde er die Polizei verständigen, egal, welche peinlichen Folgen das haben könnte. Da sie nur den Opel-Corsa hatten, mit dem aber Susi weg war, konnte er sie auch nicht suchen.

So kam es, dass Klaus Merz erst am nächsten Morgen, Punkt

7.00 Uhr, bei der Polizei anrief und berichtete, er mache sich Sorgen um seine Lebensgefährtin, die gestern Abend von einem Besuch des Hallenbades nicht zurückgekehrt sei, obwohl sie spätestens um 21 Uhr zu Hause sein wollte, um die kleine Tochter zu stillen. Polizeihauptmeister Brunner stellte die üblichen Fragen nach Namen, Alter, Aussehen, Bekleidung und Zuverlässigkeit der Vermissten und versprach, man werde der Sache sofort nachgehen. Dann beendete er das Gespräch mit der Zusicherung, sich bei Klaus Merz zu melden, sobald sich etwas ergeben würde.

Nachdem er eilig die umliegenden Krankenhäuser angerufen und von dort erfahren hatte, dass in der Nacht keine Frau eingeliefert worden war, gab der Beamte einer Streifenwagenbesatzung die Order, zum Hallenbad zu fahren, dort den Parkplatz und anschließend die Fahrstrecke bis zur Wohnung der Vermissten abzusuchen. Es dauerte keine zehn Minuten, als über Funk die Nachricht kam, dass der rote Opel-Corsa gefunden sei und in dem Fahrzeug die Leiche einer Frau liege. Allem Anschein nach sei die Person einem Gewaltverbrechen zum Opfer gefallen. So weit von außen erkennbar, sei sie stranguliert worden.

Kaum hatte Polizeihauptmeister Brunner die schlimme Nachricht erhalten, als sich auch schon Klaus Merz wieder bei ihm meldete und sich nach seiner Lebensgefährtin erkundigte. Der Kollege brachte zunächst keinen Ton hervor.

»Sie haben sie gefunden, stimmt's?«, hörte er den Anrufer fragen.

»Ja … nein … nein«, stammelte der Beamte.

»O mein Gott, was ist mit ihr, ist sie tot?«

»Wir wissen nicht, ob es Frau Bahm ist. Bleiben Sie in Ihrer Wohnung, Sie werden in nächster Zeit von den Kollegen der Kriminalpolizei abgeholt.«

Nachdem die Mordkommission informiert worden war, vergingen etwa 30 Minuten, bis die ersten Beamten der Moko und zwei, drei Kriminaltechniker am Tatort eintrafen.

Der anschließend von diesen Beamten gefertigte Tatort- und Leichenbefundsbericht liest sich auszugsweise so:

»Bei dem Tatort handelt es sich um den nordöstlichen, etwas abgelegenen Teil des Parkplatzes vor dem städtischen Hallenbad. Durch Gebüsch ist die Sicht von der Zufahrtsstraße auf den dort abgestellten roten Opel-Corsa größtenteils verdeckt. Das Fahrzeug ist vorwärts in eine der Parktaschen eingeparkt. Die Türen sind geschlossen, wobei die Verriegelung an der Fahrerseite allerdings offen ist. Der Schlüssel steckt im Zündschloss. Beide Vordersitze befinden sich in Liegestellung. Auf dem Rücksitz ist ein Kindersitz befestigt, auf dem diverse Badeutensilien abgelegt sind.

Die Leiche liegt etwas nach rechts geneigt in Rückenlage auf dem Beifahrersitz. Das linke Bein reicht in den Fußraum der Fahrerseite, während das rechte Bein etwas angewinkelt in den Fußraum der Beifahrerseite gestreckt ist. Die Hände liegen auf dem Bauch und sind mit einem weißen Streifen eines Frotteehandtuches gefesselt. Weiterhin ist der rechte Arm mit einem gleichen Stoffstreifen in Höhe des Ellenbogens an den Griff der Beifahrertür festgebunden.

Ein weiterer Stoffstreifen ist doppelt um den Hals geschlungen, zugezogen und im vorderen Bereich fest verknotet. Ebenso ist über Mund und Nase ein Handtuchstreifen als Knebel festgezurrt. Über den Kopf der Leiche ist eine weiße Badekappe gestülpt, die so weit ins Gesicht gezogen ist, dass sie das linke Auge ganz verdeckt.

Der Leichnam ist mit einer schwarzen Lederjacke, einem weißen T-Shirt und einer roten Jeans bekleidet. Die Kleidung ist insgesamt geordnet und unbeschädigt. Anzeichen eines Sexualdeliktes sind vorerst nicht erkennbar.

Die Leichenstarre ist an allen Gelenken ausgeprägt. Leichenflecken befinden sich lagegerecht an den rückwärtigen Körperpartien sowie an den Beinen. Rektal gemessen beträgt die Leichentemperatur 26,1 Grad Celsius.

In den Augen sind starke Stauungsblutungen erkennbar. An der Nase befindet sich angetrocknetes Blut. Blutabrinnspuren sind lagegerecht auf der Bekleidung feststellbar. Der Tod müsste im Zeitraum von 20 bis 22 Uhr eingetreten sein.«

Noch am selben Tag wurde die Leiche zur Gerichtsmedizin gebracht und dort obduziert. Hierbei wurde nach Entfernung des Handtuchstreifens am Hals eine tiefe Drosselfurche festgestellt, die eindeutig darauf hinwies, dass das Drosselwerkzeug mit großem Kraftaufwand zugezogen wurde.

Im Analbereich wurden deutliche Spuren von Lycopodium-Sporen sowie sogenannte Stärkekörner gefunden. Beide Substanzen verhindern das Verkleben des aufgerollten Latex bei Präservativen. Es lag somit der untrügliche Beweis vor, dass der Täter bei dem Opfer Analverkehr durchführte und dabei ein Kondom verwendete.

Wie üblich, wurden Beamte aus den verschiedensten Dezernaten zur Mordkommission berufen. Mich erreichte die Nachricht morgens um 9.30 Uhr. Bis zum Mittag waren schließlich 20 hochqualifizierte Kriminalbeamte im Einsatz. Hinzu kam noch eine Gruppe Kriminaltechniker, die den Tatort, das heißt den Parkplatz und das Fahrzeug, unter die Lupe nahmen.

Die Ermittlungen im Umfeld des Opfers und insbesondere im Bereich der Badegäste sowie hinsichtlich der männlichen Bediensteten des Hallenbades wurden in hektischer Betriebsamkeit aufgenommen.

Soweit möglich, wurden sämtliche Badegäste ausfindig gemacht. Das war nicht leicht, denn die Kassiererin und die Bademeister kannten zwar einige, aber bei weitem nicht alle. Doch durch die Befragungen der namentlich bekannten Besucher des Bades ergaben sich gute Ansatzpunkte zur Ermittlung eines Großteils der anderen Gäste. Die meisten von ihnen konnten sich jedoch nicht erinnern, Susi Bahm an dem Abend gesehen zu haben. Einige wenige gaben an, sie hätten gesehen, wie sie ein paar Bahnen geschwommen und dann wieder verschwunden sei. Einen männlichen Begleiter hätte sie nicht gehabt. Auch gab es keine Anhaltspunkte, dass sie von einem Mann angesprochen worden war. Einer der Bademeister konnte sich erinnern, dass Susi Bahm sich bei ihm nach dem Solarium erkundigt habe.

Ich hatte die Aufgabe, die Kassiererin zu befragen. Sie gab an, Susi Bahm wegen ihrer häufigen Besuche persönlich zu kennen. Ihrer Erinnerung nach, habe das Mordopfer das Bad um 20.35 Uhr verlassen. Sie sei ohne Begleitung gewesen. Dessen sei sie sich sicher, meinte die Zeugin.

Eine erste brandheiße Spur gab es, als wir auf einen Stammgast des Bades stießen, der schon einige Sittlichkeitsdelikte begangen hatte. Der Mann war in der Vergangenheit bereits mehrfach wegen Exhibitionismus, Spannerei und sexueller Nötigung straffällig geworden. Obwohl er sich sonst jeden Freitagabend in dem Hallenbad aufhielt, um vermutlich seinen sexuellen Trieben in irgendeiner Form zu frönen, war er ausgerechnet an diesem Abend nicht schwimmen. Etwa 15 Gäste einer Geburtstagfeier, zu der er eingeladen war, konnten ihm ein hieb- und stichfestes Alibi liefern.

Bereits in der Anfangsphase stellten wir alle möglichen Hypothesen auf. Einige Kollegen gingen davon aus, dass der Mörder ein sogenannter Fremdtäter war, der vorher nie Kontakt zu dem Opfer gehabt hatte. Andere waren der Meinung, dass es sich, wie bei den meisten Gewaltdelikten und Morden, um eine Beziehungstat handelte. Dieser Meinung schloss auch ich mich an.

Natürlich war Klaus Merz, der Lebensgefährte des Opfers, die Nummer Eins im Kreis der Verdächtigen. Hatte er doch über zehn Stunden verstreichen lassen, bis er Susi Bahm als vermisst meldete. Das zeichnete ihn nicht gerade als treusorgenden Lebenspartner und Vater eines Kleinkindes aus, zumal die junge Mutter ihr Kind noch stillte und als zuverlässig galt.

Der 34-Jährige wurde gründlich unter die Lupe genommen. Er war Student der Biologie und schrieb gerade an seiner Diplomarbeit. Um etwas Geld zu verdienen, jobbte er bei einem zoologischen Institut und bei einer Landschaftsgärtnerei. Weder an der Uni noch bei seinen Arbeitgebern verhielt er sich auffällig. Er wurde als ganz und gar normaler Mensch bezeichnet.

Zur Familie seiner Lebensgefährtin verhielt sich Merz distanziert. Man war nicht besonders gut aufeinander zu sprechen. Doch konnte niemand aus der Familie etwas wirklich Negatives über ihn sagen.

Bei mehreren, in kurzen Zeitabständen erfolgten Vernehmungen hinterließ Merz einen glaubhaften Eindruck. Er verwickelte sich in keinerlei Widersprüche. Abgesehen davon, dass er das Verschwinden seiner Partnerin viel zu spät anzeigte und er kein Alibi hatte, war ihm nicht das Geringste anzulasten.

Eine Wohnungsdurchsuchung nach eventuellen Hinweisen auf eine vorangegangene gewalttätige Auseinandersetzung oder sonstigen belastenden Indizien verlief auch negativ. Der sogenannte Anfangsverdacht gegen Merz konnte somit trotz intensiver Ermittlungsarbeit nicht weiter erhärtet werden.

Vielmehr sprach die Tatsache, dass Susi Bahm auf dem Hallenbadparkplatz getötet wurde, dafür, dass Klaus Merz kaum der Mörder sein konnte, zumal er sich zu Hause um das Baby kümmern musste und kein Fahrzeug zur Verfügung hatte.

Die Befürworter der Fremdtäter-Theorie erhielten Nahrung, als die Kriminaltechniker bei ihrer überaus akribischen Arbeit im Fahrzeug der Susi Bahm einen Fingerabdruck fanden, den sie weder dem Opfer noch irgendjemandem aus dessen Bekannten- und Verwandtenkreis zuordnen konnten. Die große Frage war, ob diese Fingerspur vom Täter hinterlassen worden war, oder ob sie von einer harmlosen Person stammte, die irgendwann einmal in dem Fahrzeug saß. Alle Hoffnungen, den Mord alsbald aufzuklären, ruhten auf dem sogenannten AFIS des Bundeskriminalamtes. AFIS ist die Abkürzung für Automatisches Fingerabdruck Identifizierungssystem. Einfach ausgedrückt, kann man bei diesem hochtechnisierten und computergesteuerten Verfahren eine in eine Formel aus Zahlen und Buchstaben gebrachte Fingerspur eines Täters in kurzer Zeit mit allen, ebenfalls verformelten Fingerabdrücken sämtlicher in der Bundesrepublik straffällig gewordenen Tätern abgleichen. Stimmen gewisse Merkmale überein, spuckt der Computer einen Treffer aus. Um absolut sicherzustellen, ob die Fingerspur tatsächlich einem bekannten Straftäter zugeordnet werden kann, wird anschließend noch eine manuelle Auswertung vorgenommen.

Zur eindeutigen Überführung eines Täters werden von deutschen Gerichten die Übereinstimmung von zwölf sogenannten Minutien gefordert. Wenn das Grundmuster des Fingerabdruckes erkennbar ist, werden auch acht Minutien anerkannt.

Unter Minutien versteht man kleine Verästelungen oder Beschädigungen an bestimmten Stellen der feinen Papillarlinien, die sich an der Oberhaut von Fingerkuppen befinden. Es ist wissenschaftlich bewiesen, dass es auf der ganzen Welt keine zwei Menschen gibt, die gleiche Papillarlinien an den Fingern haben. Auf dieser Erkenntnis beruht die Feststellung, dass vor Gericht eine dem Täter zugeordnete Fingerspur als absoluter Beweis gilt.

Die Hoffnungen, den Täter mit dem AFIS zu ermitteln, zerschlugen sich jedoch schon nach kurzer Zeit. Nachdem die in Susi Bahms Auto gefundene Fingerspur von einem Daktyloskopen, einem bei der Kriminalpolizei für die Identifizierung der Täter anhand von Fingerspuren zuständigen Experten, verformelt und in den AFIS-Computer eingegeben worden war, spuckte der Rechner nicht den erhofften Treffer aus. Somit war anzunehmen, dass der Fingerabdruck von keinem in Deutschland erfassten Straftäter hinterlassen worden war.

Parallel zu den Ermittlungen im Bekanntenkreis des Opfers wurden dennoch alle infrage kommenden ortsansässigen Straftäter überprüft. In diese Überprüfung wurden auch die Freigänger einer nur etwa 800 Meter Luftlinie vom Tatort entfernten Justizvollzugsanstalt einbezogen.

Freigänger sind Strafgefangene, die in aller Regel lange Haftstrafen abzusitzen haben, deren Entlassung jedoch in absehbarer Zeit bevorsteht und die etwa sechs bis neun Monate vor ihrer Freilassung so nach und nach wieder in die Gesellschaft eingegliedert werden sollen. Der Freigang soll unter anderem zu einer Arbeitsaufnahme, aber auch dazu genutzt werden, sich an die während ihrer langen Haftzeit meist stark veränderten Gegebenheiten des Alltags zu gewöhnen oder in eine noch bestehende Familie langsam zurückzukehren.

Die Grundziele des Freiganges erscheinen nachvollziehbar, wenn auch für den Laien oft schwer verständlich. Repräsentative Umfragen haben nämlich ergeben, dass der überwiegende Teil der Bevölkerung nichts von solchen Vergünstigungen für gefährliche Straftäter hält.

Man ist der Meinung, ein Mörder gehöre einfach lebenslang, also bis zu seinem Tode, hinter Gitter, und eine zeitlich befristete Freiheitsstrafe anderer Verbrecher müsste unbedingt bis auf den letzten Tag abgesessen werden.

Experten des Strafvollzuges haben jedoch festgestellt, dass

Straftäter, die insbesondere nach Langzeitstrafen in die Freiheit entlassen werden, einem hohen Rückfallrisiko unterliegen, dem nur mit dem Mittel eines vorher gestatteten Freiganges einigermaßen wirksam begegnet werden kann. Dazu muss man wissen, dass es in den Vollzugsanstalten die alltäglichen, in eigener Verantwortung zu bewältigenden Tätigkeiten, wie zum Beispiel Aufstehen, zur Arbeit kommen, essen gehen, nicht gibt. Alles Tun unterliegt einer Ordnung und wird von Vorschriften, Anweisungen sowie Befehlen bestimmt. Hinzu kommt, dass unter den Gefangenen eine brutale Rangordnung herrscht, der sich jeder zu fügen hat.

Ein schwerwiegendes Argument für die Gewährung von Freigang Langzeitgefangener ist die Tatsache, dass sich in unserer extrem schnelllebigen Zeit die Dinge rasant verändern. Jeder, der zum Beispiel nach Jahren wieder einen Ort besucht, in dem er einmal gelebt hat, wird feststellen, dass sich während seiner Abwesenheit sehr viel geändert hat. Wo einst Straßenbahnen fuhren, fährt jetzt eine U-Bahn, vertraute Geschäfte existieren nicht mehr, ganze Straßenzüge wurden abgerissen und neu errichtet. Wo einst der Verkehr toste, ist jetzt eine Fußgängerzone. Es dauert seine Zeit, bis man sich wieder in dem ehemaligen Wohnort zurechtfindet. Aber wie soll ein jahrelang isolierter Mensch eine derart veränderte Umgebung und seine wiedergewonnene Freiheit meistern?

Es klingt zwar unglaublich, aber es gibt tatsächlich Langzeitgefangene, die sich vor ihrer Entlassung fürchten. Manche verüben sogar unmittelbar vor ihrer Entlassung im Knast oder als bald nach Haftende Straftaten, um weiterhin in Haft zu bleiben beziehungsweise schnell wieder zu kommen. Sie haben einfach Angst vor dem Leben in Freiheit und werden damit nicht fertig.

So gesehen, macht eine Lockerung des Strafvollzuges in Form von kontrolliertem Freigang bei Langzeitgefangenen durchaus

Sinn, obwohl ein gewisses Risiko hierbei nicht außer Acht gelassen werden darf, da es sich bei Freigängern oftmals um gefährliche Gewaltverbrecher handelt und eine Kontrolle ihres Verhaltens in Freiheit derzeit kaum oder nur sehr bedingt erfolgen kann.

Zum Zeitpunkt des Mordes an Susi Bahm gab es in der sogenannten Übergangsabteilung der besagten Vollzugsanstalt insgesamt 61 Freigänger. Fünfzehn davon waren Mörder, hochgefährliche Verbrecher also. Abgesehen davon, waren alle 61 Aspiranten von schwerem »Kaliber«, die Polizisten nicht gerade als Freunde betrachteten. Umso mühsamer gestaltete sich natürlich die Überprüfung dieser Häftlinge.

Bei unseren Befragungen mussten wir Kriminalbeamten damit rechnen, nach allen Regeln der Kunst angelogen zu werden. Einige der Freigänger waren überhaupt nicht bereit, sich einer Vernehmung zu unterziehen. Wir stießen teilweise auf eine Wand der Ablehnung und des Schweigens.

Ein großer Vorteil war jedoch, dass die Freigänge jedes einzelnen Gefangenen nach Datum und Uhrzeit in Listen vermerkt waren. So konnte ein Teil der Häftlinge sofort als Tatverdächtige ausgeschlossen werden, da sie sich in der relevanten Zeit in der geschlossenen Übergangsabteilung befunden hatten.

Andere wiederum konnten ein mehr oder weniger gutes Alibi nachweisen, das natürlich aufs Genaueste überprüft wurde.

Fakt war, dass die Freigänger an jenem Freitagabend bis 23 Uhr Ausgang hatten. Man nannte das Kulturausgang, was in Anbetracht dessen, dass die Gefangenen alles andere als kulturelle Veranstaltungen besuchten, als reiner Sarkasmus bezeichnet werden musste.

Wir arbeiteten auf Hochtouren. Freizeit oder Privatleben waren Fremdwörter für uns. Das Team, in dem ich tätig war, hatte die Freigänger zu überprüfen. Nach einigen Tagen harter Arbeit waren wir mit der Überprüfung am Ende, ohne dass sich ein konkreter Verdacht gegen einen der Freigänger herauskristallisiert hätte.

Bei einigen hatten wir zwar den Eindruck, dass sie sehr wohl als Täter infrage kommen könnten. Sicherheitshalber wurden von diesen Gefangenen die Kleidung zwecks Faserspurenvergleich erhoben. Auch wurden ihre Namen an das BKA gemeldet, um nochmals einen AFIS-Abgleich durchführen zu lassen. Doch nach ein paar Stunden kam die Nachricht, dass die im Fahrzeug gesicherte Fingerspur keinem der Freigänger zugeordnet werden konnte.

Die Mordkommission trat auf der Stelle. Weder im Bekanntenkreis des Opfers noch sonst wie ergaben sich konkrete Hinweise auf einen möglichen Täter. In dieser Phase der Ermittlungsarbeit ist die Zähigkeit jedes einzelnen Mitgliedes der Kommission gefragt. Jeder ist aufgerufen, Spuren und Hinweise noch einmal zu prüfen, um eventuelle Ermittlungsfehler zu entdecken. Das erfordert manchmal unendliche Geduld und Ausdauer.

Oberkommissar Jürgen Kleber war sowohl Kriminaltechniker als auch Daktyloskope. Er konnte und wollte es einfach nicht glauben, dass die im Auto des Opfers gefundene Spur niemandem zuzuordnen war. Sein Instinkt sagte ihm, dass der Fingerabdruck mit hoher Wahrscheinlichkeit vom Täter stammen musste. Er befand sich nämlich an einer Stelle, die eigentlich kaum von einem normalen Fahrzeuginsassen angefasst wird. Noch einmal verglich er deshalb in akribischer Feinarbeit diese Spur mit den Fingerabdrücken der Personen, die zum engeren und weiteren Bekanntenkreis des Opfers zählten. Doch so sehr er sich auch Mühe gab, er konnte keine dieser Personen als Spurenverursacher identifizieren.

Kleber gab nicht auf. Vielleicht hatte sich der AFIS-Computer ja geirrt? Er besorgte sich die beim BKA hinterlegten Fingerabdruckblätter aller Freigänger der Justizvollzugsanstalt, um nochmals eine manuelle Prüfung vorzunehmen.

Für Kleber bedeutete dies, dass er bei 61 Freigängern insgesamt 610 Fingerabdrücke mit der im Fahrzeug gesicherten Spur vergleichen musste. Eine unglaubliche Sisyphusarbeit, bei der er bis an die Grenzen seiner physischen und psychischen Belastbarkeit ging.

Es war der 20. Tag nach dem Mord, als der Daktyloskope den 567. Fingerabdruck überprüfte. Der unter der Lupe 3,5-fach vergrößerte Abdruck eines linken Daumens stammte von dem Fingerabdruckblatt des wegen versuchten Mordes und mehrfacher Vergewaltigung zu zwölf Jahren Haft verurteilten Freigängers Ronny Budde. Wie schon einige Male zuvor, erkannte Kleber auf den ersten Blick, dass das Grundmuster des Daumenabdruckes mit der Fingerspur aus dem Pkw übereinstimmte. Es war eine sogenannte rechte Schleife mit einem kleinen, linken Delta. Immer wenn Kleber bei den vielen schon durchgeführten Vergleichen dieses Grundmuster sah, erhöhte sich kurzzeitig sein Puls, und bisher war es stets so, dass er sich nach einiger Zeit wieder normalisierte, sobald der Beamte nämlich feststellte, dass die Minutien von Spur und Abdruck keine weitere Übereinstimmung aufwiesen.

Manchmal war es so, dass zwei oder drei Übereinstimmungen vorlagen. Aber das reichte auf keinen Fall zur Identifizierung, zumal andere gravierende Minutien der vermeintlichen Täterspur an dem zu vergleichenden Fingerabdruck dann doch nicht zu finden waren.

Als Kleber dieses Mal die vierte Übereinstimmung feststellte, fingen seine Hände an zu zittern. Nachdem er die fünfte und gleich darauf die sechste Übereinstimmung entdeckt hatte, hielt er, ohne es bewusst wahrzunehmen, die Luft an.

Kleber fand unter unbeschreiblicher innerer Anspannung schließlich die siebte und achte Übereinstimmung. Seine Hände zitterten jetzt so stark, dass er nicht mehr fähig war, die Nadel zu halten, mit der er üblicherweise die identifizierten Minutien markierte. Er war auch sekundenlang nicht in der Lage, weiterzumachen. Nachdem er dann noch vier weitere übereinstimmende Minutien gefunden hatte, entfuhr ihm ein lauter Jubelschrei, der fast durch das ganze Polizeipräsidium zu hören war.

In dem allgemeinen Jubel, der sich später in der Mordkommission ausbreitete, ging die Frage zunächst völlig unter, wie es sein konnte, dass zuvor das computergesteuerte, hochentwickelte AFIS-Lesegerät des BKA die Fingerspur nicht identifiziert hatte. Nach einer genauen Untersuchung stellte man fest, dass es wirklich nur an winzigen Details lag, die das Gerät in die Irre geführt hatten. So gesehen, hatte Oberkommissar Kleber nicht nur eine unglaublich starke Leistung vollbracht, sondern auch gezeigt, dass der Mensch im Zeitalter hochentwickelter Computer diesen Maschinen in so manchen Fällen immer noch die Stirn bieten kann.

Als Martin Neumann, der Leiter der Mordkommission, von dem unglaublichen Erfolg unterrichtet wurde, befand er sich gerade auf dem Weg zum Rathaus der Kleinstadt. Er sollte dem Oberbürgermeister Rede und Antwort stehen und erklären, weshalb der Täter immer noch nicht gefasst war und wie dem inzwischen stark angewachsenen Druck der Öffentlichkeit wirksam zu begegnen sei. Neumann fiel ein Stein vom Herzen, und erleichtert wie noch nie zuvor in seinem Leben, betrat er Minuten später das Rathaus. Noch unter einem gewissen Vorbehalt überbrachte er dem Oberbürgermeister die gute Nachricht, was ihm ein anerkennendes Schulterklopfen und wohlwollende Worte einbrachte.

Die nun eindeutig dem Freigänger Ronny Budde zugeordnete Fingerspur war zwar ein Beweis erster Klasse, sie gab jedoch keinen Aufschluss darüber, wie der Mord geschah. Budde musste nicht einmal der Mörder sein. Er konnte ja auch nur Mittäter einer Vergewaltigung oder eines Raubes gewesen sein und ein zweiter Täter konnte anschließend den Mord begangen haben. Absolut sicher war, dass der Fingerabdruck von ihm stammte und dass er keinerlei Bezug zu Susi Bahm hatte, sich also nicht rausreden konnte, irgendwann einmal in ihrem Auto gesessen zu sein.

Budde wurde in seiner Zelle aufgesucht. Wie es die Strafprozessordnung verlangt, musste ihm sofort eröffnet werden, dass er im dringenden Verdacht des Mordes an Susi Bahm steht und er das Recht hat, Angaben, die ihn belasten, zu verweigern oder zu seiner Vernehmung einen Rechtsanwalt hinzuziehen kann. Mit einem verächtlichen Grinsen im Gesicht meinte Budde:

»Das ist doch wohl ein Witz! Was wollt ihr scheiß Bullen mir noch anhängen? Ich und eine Tussi umgebracht. He Leute, ich bin im Freigang und das heißt, dass ich bald aus diesem verdammten Knast rauskomme. Ihr glaubt doch nicht im Ernst, dass ich mir das mit 'ner Tussi versaue. Hab ich doch nicht nötig. Außerdem hab ich 'ne Freundin, bei der kann ich Dampf ablassen, so viel ich will. Die war erst letzte Woche wieder hier. Ich kann euch sagen, die ist ein echter Knaller! Ihr könnt mich mal, verstanden?! Sucht euch einen anderen Wichser und lasst mich in Ruhe!«

»Herr Budde, ich nehme an, Sie kennen eine Frau namens Susi Bahm, oder?«, fragte mein Kollege mit der ganzen Cleverness und Erfahrung, die er sich in langen Dienstjahren angeeignet hatte.

»Den Namen habe ich nie gehört. Wer soll das sein?«, entgegnete Budde grimmig.

»Nun, das ist die Frau, die ermordet wurde.«

»Und das wollen Sie mir jetzt anhängen? Ohne mich! Die Braut kenne ich nicht, mit der habe ich nichts zu schaffen!«

»Wie ist es dann zu erklären, dass ein Fingerabdruck von Ihnen im Auto des Opfers gefunden wurde?«, sagte der Kollege ganz ruhig.

»Ach so, mit solchen Tricks wird hier gearbeitet. Leckt mich doch am Arsch!« Das waren die letzten Worte, die der mit allen Wassern gewaschene Schwerverbrecher gegenüber den Kriminalbeamten von sich gab. Danach schwieg er wie ein Grab.

Ronny Budde war 37 Jahre alt und ein Mörder sowie Vergewaltiger der brutalsten Sorte. Dabei kam er aus gutem Hause und hatte eine unauffällige, geordnete Kindheit. Er hatte noch eine zwei Jahre jüngere Schwester, mit der er sich immer gut verstand. Sein Vater betrieb eine gutgehende Kfz-Werkstatt, während die Mutter den Haushalt und die Kinder versorgte. Die Buddes waren angesehene Leute. Ronny Budde schaffte den Hauptschulabschluss mit der Note befriedigend. Danach begann er eine Ausbildung im Betrieb seines Vaters, die er mit der Gesellenprüfung beendete. Anschließend musste er seinen Grundwehrdienst ableisten. Bei der Bundeswehr fiel er mehrmals wegen kleinerer Verstöße und Unregelmäßigkeiten auf. Er erhielt deshalb mehrere Disziplinarstrafen.

Als er nach dem Wehrdienst wieder in der Kfz-Werkstatt arbeiten sollte, überwarf er sich mit seinem Vater. Er fing dann bei verschiedenen Speditionen als Kraftfahrer an. Nirgends hielt er es lange aus. Aber die Arbeit als Fahrer gefiel ihm. Wenn er auf langer Tour in seinem Führerhaus saß, war er sein eigener Herr, konnte tun und lassen, was er wollte, so lange er seinen Auftrag einigermaßen pünktlich erledigte.

Als Fernfahrer kam Budde fast zwangsläufig mit Straßendirnen in Kontakt. Ein Großteil seines Verdienstes blieb bei diesen

Prostituierten hängen. Vor Bekannten prahlte er oft, wie gut er im Bett sei und was er so mit den Nutten mache.

Budde trank auch gerne Alkohol. Wenn er angetrunken war, erzählte er manchmal, er würde über eine größere Menge Bargeld verfügen, ein Hotel in Thailand und einen Ferrari besitzen.

Im Jahr 1981 heiratete Budde eine von ihm geschwängerte gleichaltrige Frau. Das Kind kam behindert zur Welt. Sechs Jahre später ließ sich seine Frau von ihm scheiden. Budde hatte sie mehrfach verprügelt. Außerdem kümmerte er sich kaum noch um seine Familie und brachte das Geld weiterhin bei Prostituierten durch.

Noch während seiner Ehe unterhielt er neben den Dirnen auch zu anderen Frauen sexuelle Kontakte. Er selbst bezeichnete sich als äußerst triebstark.

Bereits als 19-Jähriger kam er erstmals mit dem Gesetz in Konflikt. Es waren zunächst kleinere Vergehen, wie Diebstähle, fahrlässige Körperverletzung, exhibitionistische Handlungen, sexuelle Beleidigungen und sexuelle Nötigungen, die Budde bis zum Jahre 1988 beging.

Am 24. Juni 1988, gegen 19 Uhr, wurde Budde in der Innenstadt von Frankfurt auf eine junge hübsche Frau aufmerksam. Es war die 23-jährige Nicole Eisner, die mit einem roten, hautengen und rückenfreien Kleid vor ihm herging. Sie trug keinen Büstenhalter. Das sah Budde sofort, als er sie eingeholt hatte und von der Seite kurz anschaute. Und sie gefiel ihm, gefiel ihm sogar sehr. Er wollte sie haben und entschloss sich deshalb, diese Frau kurzerhand zu vergewaltigen, koste es, was es wolle.

Budde verfolgte sie bis zu einem Parkhaus. Als sie alleine in den Fahrstuhl stieg, zwängte er sich in letzter Sekunde durch die sich schon schließende Tür und stellte sich gleich in die hintere rechte Ecke. Bevor sich Nicole Eisner noch Gedanken über den Mann machen konnte, wurde sie von ihm angegriffen. Sie stand in diesem Augenblick vor der Tür, weil sie gleich wieder aussteigen wollte.

Im selben Moment, wie sie den Schatten eines Armes vor ihrem Gesicht sah, wurde sie auch schon von hinten massiv gewürgt. Sie hatte nicht den Bruchteil einer Sekunde Zeit, zu schreien oder sich gar zu wehren, da ihr sofort die Luft abgedrückt wurde. Ihr wurde schwarz vor Augen, doch dann konnte sie plötzlich wieder atmen. Als sie gerade zu schreien beginnen wollte, hörte sie ganz nah an ihrem Ohr eine zischende, drohende Stimme.

»Wenn du einen Laut von dir gibst, blase ich dir das Hirn weg!«

Gleichzeitig spürte sie einen starken Druck an der rechten Schläfe. Nicole Eisner war sofort klar, dass sie mit einer Schusswaffe bedroht wurde, und instinktiv machte sie in dieser Situation das wohl einzig Richtige. Sie verhielt sich ruhig. Selbst als sie die derb tastende Hand des Mannes auf ihren Brüsten spürte und sich die Fahrstuhltür im ersten Obergeschoss kurz öffnete, kam kein Ton über ihre Lippen. Sie zeigte keinerlei Regung.

Nicole Eisner kam es vor, als ob diese Fahrt nie enden würde, und doch wähnte sie sich einigermaßen sicher, so lange es nach oben ging, obwohl der stählerne Griff an ihrer linken Brust sehr schmerzte.

Der Fahrstuhl fuhr bis zum siebten Stockwerk. Sie hörte den stoßweisen Atem des Mannes an ihrem rechten Ohr und wagte nicht, auch nur ein Wort zu sagen. Als sich dann die Tür öffnete und sie niemanden sah, der ihr helfen konnte, ergab sie sich ihrem Schicksal.

Ronny Budde suchte sich eine dunkle Ecke aus. Auf diesem Deck standen nur ganz vereinzelt ein paar Fahrzeuge. Er konnte ziemlich sicher sein, dass er nicht gestört wurde.

»Wenn du tust, was ich dir sage, passiert dir nichts. Hast du verstanden?«, zischte der Mann. Immer noch die Waffe an der Schläfe und den harten Griff an ihrer Brust spürend, nickte Nicole Eisner kaum merklich.

»Ich will dich nur ficken, mehr nicht. Mach schon, zieh dein Kleid hoch und deinen Schlüpfer aus. Aber mach keine Dummheiten!«

»Das ... das ... geht nicht«, stotterte Nicole Eisner leise.

»Was geht nicht? Mach keine Zicken, Kleine, ich kann auch anders!«

»Ich habe meine Regel und blute sehr stark«, antwortete die junge Frau.

»Wenn das eine Ausrede ist, kannst du was erleben!« Ronny Budde streifte mit der linken Hand das Kleid hoch und riss grob den Schlüpfer nach unten. Ebenso grob tastete er das Geschlechtsteil seines Opfers ab, bis er den Faden eines Tampons spürte.

»Verdammt, dann holst du mir eben einen runter!«, stieß er hervor. Budde öffnete seine Hose und entblößte sein erigiertes Glied. »Auf, mach schon, oder meinst du, du kommst mir ungeschoren davon?«

Nicole Eisner hatte unwahrscheinliches Glück. Als Budde ejakuliert hatte, ließ er von ihr ab und verschwand spurlos. Die junge Frau war minutenlang nicht fähig, sich von der Stelle zu rühren. Dann musste sie sich übergeben. Als sie sich einigermaßen wieder gefasst hatte, wollte sie nur noch aus diesem Parkhaus hinaus. Sie traute sich jedoch nicht, den Fahrstuhl zu nehmen, und so ging sie zu Fuß, bis sie im zweiten Stockwerk auf ein älteres Ehepaar traf, dem sie sich anvertraute und das sie zur Polizei brachte.

Obwohl Nicole Eisner den Täter gut beschreiben und auch ein brauchbares Phantombild erstellen konnte, verliefen die Ermittlungen und die Fahndung nach dem unbekannten Täter erfolglos.

Bereits drei Wochen später beging Budde sein bis dahin schwerstes Verbrechen. Es war kurz nach 22 Uhr, als er wieder einmal zum Frankfurter Straßenstrich fuhr. Um zu vermeiden, dass sich die Dirnen das Kennzeichen seines Fahrzeuges merken konnten, suchte er sich eine Prostituierte aus, die etwas abseits von den anderen stand. Es war die 35-jährige Ilona Zabowski. Obwohl sie in der Branche schon zum alten Eisen zählte, war sie im Halbdunkel der Straßenlaterne immer noch eine auffallende Erscheinung. Sie war blond, groß, hatte eine tadellose Figur und war, wie alle ihre Arbeitskolleginnen, natürlich äußerst aufreizend gekleidet. Wie schon zuvor bei Nicole Eisner, fiel Budde sofort das rote, äußerst kurze Kleid ins Auge. Die Farbe Rot schien der Auslöser für seinen unbändigen Sexualtrieb zu sein.

Dass Ilo, wie sie in der Szene genannt wurde, schon etwas ausgezehrt aussah, weil sie über elf Jahre an der Nadel hing, konnte Budde auf den ersten Blick nicht sehen. Es wäre ihm auch gleich gewesen. Die Frau entsprach seinen Vorstellungen und nur das war wichtig.

Ilo hatte ihre Nachtschicht um 20 Uhr begonnen und hatte schon zwei Freier bedient. Die 200 D-Mark Dirnenlohn versteckte sie wie immer in ihrem rechten Schuh. Als Budde mit seinem Wagen neben ihr anhielt, die Scheibe herunterkurbelte und sie ansprach, dachte sie noch, dass es heute ausnahmsweise mal wieder gut lief. Der Freier machte zudem keinen schlechten Eindruck. Es war kein alter, schmieriger Knacker, sondern ein junger, gar nicht einmal schlecht aussehender Kerl. Bei dem dezenten Parfümgeruch, den sie wahrnahm, als sie sich durch das geöffnete Seitenfenster beugte, tippte sie auf Cerruti.

Wie schon so oft, wunderte sie sich, dass so ein Mann zu einer Nutte geht. Der hätte doch bestimmt keine Schwierigkeiten, auf die Schnelle eine andere Frau fürs Bett zu finden.

»Hallo, wie sieht's aus, Mädchen, bist du gut drauf?«

»Na klar doch, mein Großer«, antwortete Ilo.

»Was nimmst du denn fürs Blasen?«

»'nen Braunen, das ist Tarif«, erwiderte Ilo und dachte sofort: Aha, da liegt der Hase im Pfeffer. Das kriegt er wohl zu Hause nicht.

»Aber nicht, dass du mich enttäuschst, Mädchen. Ich will was für mein Geld, haben wir uns verstanden?«

»Du wirst zufrieden sein, das verspreche ich dir. Bei mir hat sich hinterher noch keiner beklagt.«

Ilo stieg zu Budde ins Fahrzeug. Wie üblich, dirigierte sie ihn zu ihrem in der Nähe gelegenen Stammplatz, und kaum war das Auto zum Stillstand gekommen, verlangte sie, wie üblich, gleich die 50 D-Mark von ihrem Freier. Budde gab ihr den Schein, und sie steckte ihn in den rechten Schuh. Anschließend verrichtete sie profihaft ihre Arbeit. Hierzu gehörte auch, dass sie dem Kunden ein Kondom überstreifte. Ilo gab sich alle Mühe, aber Budde kam auch nach 15 Minuten noch nicht zur Befriedigung.

»Das wird nichts«, stieß er schließlich verärgert hervor. »Ich will dich jetzt ficken.«

»Da musst du aber noch was drauflegen, Junge.«

»Sag mal, spinnst du!«, schrie Budde plötzlich äußerst aggressiv. »Du machst deine Arbeit unter aller Sau und willst dann nochmal abkassieren. Entweder du legst dich jetzt flach, oder es passiert etwas, hast du mich verstanden?«

Die letzten Worte kamen derart drohend über Buddes Lippen, dass Ilo wohlweislich jeden Widerstand aufgab und mit dem Kunden ohne Aufgeld den Geschlechtsverkehr vollzog. Nach ein paar Minuten verlangte er einen Stellungswechsel. Als Ilo zaghaft dagegen protestieren wollte, schlug ihr Budde mit voller Wucht die Faust ins Gesicht. Der Schmerz war so heftig, so furchtbar, dass sie für Sekunden meinte, das Bewusstsein zu verlieren.

Von da an machte Ilo alles, was der Freier von ihr verlangte. Sie wusste später nicht mehr, auf welche Weise sie von dem Täter im Einzelnen vergewaltigt wurde und wie lange alles dauerte. Irgendwann lag sie bäuchlings auf dem heruntergelassenen Beifahrersitz, als Budde ihr mit einem Stoffstreifen die Hände auf den Rücken band. Außerdem nahm er seinen Wollpullover, zog ihn über den Kopf seines Opfers und schlang dessen Ärmel um ihren Hals. Die Enden verknotete er so fest, dass Ilo kaum noch Luft bekam. Dann befahl Budde seinem Opfer sich vor den Beifahrersitz in den Fußraum zu zwängen und sich dort klein zu machen. Aus Angst vor weiteren Schlägen und weiterer Strangulation gehorchte die Prostituierte den Anweisungen ihres Peinigers.

Budde startete sein Fahrzeug und fuhr los. Während der Fahrt versuchte Ilo, ihre Hände aus der Fesselung zu befreien, um die Tür zu öffnen und sich aus dem Auto fallen zu lassen, egal wie schnell es gerade fuhr. Doch jedes Mal, wenn sie sich bewegte, zog Budde den Knoten an ihrem Hals fester zu.

Irgendwann lockerte er die Strangulation wieder ein wenig. Kaum hatte Ilo ein paarmal tief durchgeatmet, befahl ihr Budde, dass sie ihm schildern soll, was sie beim Geschlechtsverkehr mit ihren Freiern empfindet und welche Praktiken sie anwendet. Da Ilo dabei weinte und immer wieder nach Luft japste, überzog Budde sein Opfer mit den schlimmsten Schimpfwörtern.

Nach etwa 20 Minuten hielt er das Fahrzeug an einer entlegenen Stelle an. Die Prostituierte musste sich nun auf den Rücksitz legen, wo sie von Budde erneut vergewaltigt wurde. Als er fertig war, zog er den Knoten an ihrem Hals wieder fester zu, so dass Ilo erneut in Atemnot geriet. Dazu würgte er sie noch mit beiden Händen. Mehrfach lockerte er seinen Griff und den Knoten und fragte wörtlich: »Was ist, willst du noch Luft, brauchst du noch Luft?«

Einmal drückte Budde mit aller Gewalt so fest zu, dass Ilo dachte, sie müsse jetzt sterben. In Gedanken betete sie, schnell zu sterben, damit das Leiden endlich ein Ende habe. Gleichzeitig aber strampelte sie und bäumte sich mit aller Kraft auf. Zäh wie eine Katze, kämpfte sie ums Überleben.

Schon dem Tode nahe, hörte Budde mit dem Würgen plötzlich auf und sagte: »Ich mache es anders.« Dann befahl er der Prostituierten, sich wieder in den Fußraum vor den Beifahrersitz zu zwängen, und fuhr abermals los.

Nach kurzer Fahrt hielt er an einer einsamen Stelle am Mainufer an. Dort zerrte er Ilona Zabowski aus dem Fahrzeug, hob sie auf die Kühlerhaube und vergewaltigte sie ein weiteres Mal. Während der ganzen Zeit behielt die Frau ihr grellrotes Minikleid an.

Nachdem Budde wiederum seine Befriedigung erlangt hatte, zog er Ilo das Kleid über den schon mit dem Pullover verhüllten Kopf. Wie zuvor bei dem Pullover, schlang er jetzt auch die Ärmel des roten Wollkleides um ihren Hals und verknotete sie fest. Dann fragte er die Frau, auf welche Weise sie nun sterben wolle. Als Ilona Zabowski nicht antwortete, entfernte sich Budde einige Schritte von ihr. Dann hörte sie, wie der Kofferraum des Fahrzeuges geöffnet wurde. Ilo war in diesem Moment fest davon überzeugt, dass ihr Peiniger daraus einen Gegenstand entnimmt, mit dem er sie erschlägt. Sie dachte sofort an einen Wagenheber oder ein anderes schweres Werkzeug.

In Todesangst, ohne auch nur das Geringste zu sehen, hörte sie wie der Täter mit schweren Schritten auf sie zukam. Dann vernahm sie seinen stoßweisen Atem. Sie selbst war in diesem Moment nicht fähig, einen Laut von sich zu geben und rechnete damit, nun einen tödlichen Schlag auf den Kopf zu bekommen. Als sie aber plötzlich spürte, dass ihr Peiniger sich an ihrer Handfesselung zu schaffen machte und sie schließlich löste, keimte wieder so etwas wie Hoffnung in ihr auf.

Doch Budde ersetzte den Stoffstreifen lediglich durch eine stabilere, dicke Kordel, die er nun so fest um ihre beiden Handgelenke band, dass Ilona Zabowski vor Schmerz stöhnte. Sie stützte sich mit dem Oberkörper am Fahrzeug ab, als Budde fragte: »He, du Drecksnutte, wo hast du dein Geld versteckt? Los, rück es raus, bevor ich dich kaltmache!«

»Im Schuh, ich habe es im rechten Schuh. Du kannst alles haben, aber bitte tu mir nichts mehr, hör endlich auf. Ich verspreche dir, ich gehe nicht zu den Bullen«, stammelte die Gepeinigte. Sie verlor fast das Gleichgewicht, als sie den festen Griff um ihr Fußgelenk spürte. Dann wurde ihr mit einem Ruck der Schuh ausgezogen.

»Hm, zweihundertfünfzig! Hast du nicht mehr, du faules Stück?«

»Das ist wirklich alles, was ich habe«, sagte Ilo voller Angst.

»So, jetzt machen wir einen kleinen Spaziergang und dann ist Schluss, kapiert!«

Ilona Zabowski wusste nicht so recht, wie sie diese Äußerung deuten sollte. Sollte sie nun freigelassen oder getötet werden? Sie wagte nicht zu fragen.

Dann wurde sie auch schon von dem Täter vor sich hergeschoben. Dabei entledigte sie sich auch des linken Schuhes, damit sie besser gehen konnte. Sie nahm wahr, dass sie eine Straße überqueren. Auf der anderen Seite musste sie über eine Leitplanke steigen, was für sie wegen den Handfesseln und wegen dem immer noch über ihren Kopf gestülpten Kleidungsstücken äußerst schwierig war. Als sie dabei zu Fall kam, riss sie Budde wieder hoch und schubste sie weiter vor sich her. Sie stellte dann fest, dass sie sich auf einem abschüssigen, mit Brennnesseln und hohem Gras bewachsenen Gelände befanden. Plötzlich hörte sie das Geräusch von fließendem Wasser. Budde war mit seinem Opfer an den Main gefahren.

Jetzt ertränkt er mich, schoss es Ilo durch den Kopf, und im Bruchteil von Sekunden sah sie Bilder vor ihren Augen, wie es sein wird, wenn sie nun ertrinken muss. Sie spürte, wie eiskaltes Wasser ihre Füße umspülte, und sie fühlte auch groben Kies unter ihren Fußsohlen. Als das Wasser ihr bis zu den Waden reichte, erhielt sie einen kräftigen Stoß in den Rücken. Sie fiel vornüber, konnte dabei aber ihren Kopf über Wasser halten, obwohl sie wegen der Fesselung keine Schwimmbewegungen machen konnte.

Irgendwie bekam sie Halt unter den Füßen. Dann hörte sie ihren Peiniger fluchen. Sie wurde wieder hochgerissen, an den Schultern gepackt und weiter ins Wasser geschoben. Der Untergrund fiel jetzt steiler ab. Als ihr schließlich das Wasser bis über die Hüfte reichte, bekam sie von hinten einen heftigen Schlag. Sie stürzte, verlor den Boden unter den Füßen und jetzt war auch plötzlich ihr Kopf unter Wasser. Dann wurde sie schon von einer starken Strömung fortgerissen.

Ilona Zabowski wusste nicht, wie tief sie sich unter Wasser befand. Sie war sich sicher, sie würde nun qualvoll ertrinken. Während sie seltsame, gurgelnde Geräusche in ihren Ohren wahrnahm, hielt sie die Luft an. Schon dröhnte es in ihrem Kopf und ihre schmerzende Lunge verlangte frischen Sauerstoff, als sie plötzlich Boden unter ihre Füße bekam. Mit eisernem Überlebenswillen, immer noch die Hände auf dem Rücken gefesselt und Pullover sowie Kleid über dem Kopf, schaffte sie es schließlich, so weit wieder ans Ufer zu kommen, dass sie ihren Kopf aus dem Wasser strecken konnte.

In Todesangst versuchte sie beim Atmen keine Geräusche zu verursachen. Auch vermied sie jede Bewegung, die den Täter auf sie aufmerksam machen konnte. Wie weit sie sich von der Stelle entfernt hatte, an der sie ins Wasser gestoßen wurde, konnte sie nicht abschätzen. So musste sie jeden Augenblick damit rechnen, dass sie erneut ins tiefere Wasser gestoßen werden könnte. Offensichtlich war sie von Schilf umgeben. Sie konnte deutlich die harten Stängel an verschiedenen Stellen ihres Körpers spüren.

Wie lange sie so im Wasser verharrte, wusste Ilona Zabowski nicht. Sie hatte keinerlei Zeitgefühl mehr. Im Wasser hatte sich die Fesselung an ihren Händen etwas gelockert. Unter starken Schmerzen konnte sie schließlich den fest verknoteten Strick abstreifen. Als sie sich dann untertauchend auch noch von Kleid und Pullover befreien konnte, hatte sie das Gefühl, dass für sie nun ein ganz neues Leben beginnen würde.

Mit äußerster Vorsicht schaute sie sich um. In der Dunkelheit konnte sie nur schemenhaft ihre Umgebung wahrnehmen. Suchend glitt ihr Blick stromaufwärts am Ufer entlang. Dann sah sie ihn. Er stand nur etwa 15 Meter von ihr entfernt am Ufer und schaute angestrengt auf das Wasser. Vor Angst hätte Ilo fast einen Schrei ausgestoßen. Doch dann ließ sie sich ganz langsam bis zur Unterlippe ins Wasser sinken und beobachtete jede Bewegung des Mannes.

Es vergingen etwa fünf Minuten, bis sich der Täter, wohl in der Meinung, sie getötet zu haben, endlich davonmachte. Obwohl Ilo das Wasser eiskalt vorkam, blieb sie noch längere Zeit in ihrer Deckung. Sie wollte ganz sichergehen, dass dieser brutale Verbrecher weg war. Schließlich glitt sie lautlos aus dem Wasser und kroch auf allen vieren die Uferböschung hoch, bis sie zur Straße kam. Dort versteckte sie sich hinter der Leitplanke. Als sie nach zähem Warten endlich die Scheinwerfer eines Autos herannahen sah, fasste sie allen Mut zusammen und sprang, nackt wie sie war, heftig winkend auf die Straße.

Wie es unter Prostituierten üblich ist, hatte sich Ilo das Kennzeichen von Buddes Fahrzeug bereits unmittelbar vor der ersten Kontaktaufnahme eingeprägt, und zwar in dem Moment, als er langsam auf sie zufuhr. Wäre es nicht zu einer Einigung zwischen ihr und dem Freier gekommen, hätte sie das Kennzeichen schnell wieder vergessen, sozusagen abgehakt. Die kurzfristige Speicherung der Buchstaben und Zahlen dient den Prostituierten zum Selbstschutz und zur nachträglichen Eintreibung eines eventuell nicht errichteten Dirnenlohnes durch den Zuhälter.

Während ihres Martyriums grub sich das zuvor abgelesene Kennzeichen so sehr in ihr Gedächtnis ein, dass sie es niemals mehr vergessen sollte. So war es ein Leichtes für die Polizei, Ronny Budde festzunehmen und der Tat zu überführen. Wegen versuchten Mordes in Tateinheit mit mehrfacher Vergewaltigung wurde er schließlich vom Landgericht Frankfurt zu zwölf Jahren Gefängnis verurteilt.

Legt man nun diese im höchsten Maße brutale und verabscheuungswürdige Tat zugrunde, müsste man doch meinen, dass es nicht mehr als recht und billig ist, wenn die Gesellschaft zumindest diese gerichtlich festgelegten zwölf Jahre vor einem solch hochgefährlichen Sexualverbrecher geschützt wäre. Doch weit gefehlt.

Budde verbüßte die erste Zeit seiner Haft in einem hessischen Gefängnis. Schon bald stellte er ein Gesuch, nach Baden-Württemberg verlegt zu werden. Zur Begründung gab er an, er wolle näher bei den Eltern sein, damit die ihn öfter besuchen kommen könnten. Dem Gesuch wurde stattgegeben und Budde wurde tatsächlich verlegt. Er hatte kaum die Hälfte seiner Strafe abgesessen, als er bereits Anträge zur Vollzugslockerung und ein Gnadengesuch stellte.

Dazu muss man wissen, dass Vollzugslockerungen zuerst mit Ausführungen aus dem Knast unter sehr legeren Bedingungen beginnen. Der Gefangene bekommt meist nur einen unbewaffneten Justizvollzugsbeamten zur Seite gestellt, der auf ihn aufpassen soll. Geht die Sache gut, darf der Proband sehr bald mit einer ihm vertrauten Bezugsperson Knastausflüge unternehmen. Das kann ein naher Verwandter oder dergleichen sein.

Schließlich darf er sogar allein raus und sich völlig frei bewegen. Ihm werden zwar Auflagen gemacht, aber die Erfüllung dieser Auflagen sind kaum zu kontrollieren, weil zum einen das Personal hierzu fehlt und zum anderen es auch unmöglich ist, den Gefangenen bei all seinen Unternehmungen zu überwachen. Letztendlich bekommt der Häftling sogar richtigen Urlaub. Unter gewissen Umständen sind bis zu 18 Tage möglich.

Der Direktor des Gefängnisses, in dem Budde einsaß, war zum Leidwesen des Gefangenen ein gewissenhafter Mensch. Er studierte die Akte des Antragstellers gründlich und stufte daraufhin Ronny Budde richtigerweise als hochgefährlichen Verbrecher ein. Hinzu kam, dass Budde eine auf sein abnormes Triebverhalten zielgerichtete Knasttherapie zwar zunächst über sich ergehen ließ, sie dann aber schon nach kurzer Zeit wieder abbrach. Seine Anträge auf Vollzugslockerungen wurden deshalb von dem Leiter der Vollzugsanstalt konsequenterweise abgelehnt. In seiner Stellungnahme begründete er die Ablehnungen mit Hilfe eines über Budde erstellten psychiatrischen Gutachtens, aus dem unter anderem Folgendes zu entnehmen war:

»Bei dem Gefangenen Budde handelt es sich um eine äußerst egozentrische Persönlichkeit, die sich stark von Augenblicksimpulsen leiten lässt, ohne auf Belange Dritter zu achten. Der Proband lebt seine Wünsche und Vorstellungen unmittelbar aus. Hindernisse werden bei dieser Art der Lebensverwirklichung sofort aus dem Wege geräumt. Dieser Problematik liegen die von ihm begangenen Straftaten zugrunde. Hinzu kommt ein überdurchschnittlich ausgeprägter Sexualtrieb. Seine Vorstrafen zeigen deutliche Ansatzpunkte für eine Sexualdelinquenz.

Der Gefangene müsste dringend einer Langzeittherapie unterzogen werden, die er aber ablehnt. Ohne diese Behandlung ist jedoch zu befürchten, dass er weitere schwerwiegende Sexualstraftaten begehen wird. Aufgrund der Wiederholungsgefahr hält die Leitung der Vollzugsanstalt eine Entlassung nach zwei Dritteln der Strafe für nicht geboten. Somit kommen auch keine vorgezogenen Vollzugslockerungen schon nach sechs von zwölf Jahren Haft in Betracht. Es entspricht auch allgemeiner Vollzugserfahrung, dass Gefangene zu lange Lockerungsphasen und die damit verbundenen Belastungen, die der häufige Wechsel zwischen Freiheit und Gefängnisaufenthalt nach sich ziehen, nicht durchstehen. Der Antrag ist deshalb abzulehnen.«

Doch Budde wollte unbedingt bereits nach der Hälfte seiner Haftzeit raus aus dem Knast. Er setzte alles daran, dieses Ziel zu verwirklichen. Und nun begann ein unglaublicher, ja skandalöser Vorgang, der letztendlich das Leben eines Menschen, einer jungen Mutter, forderte.

Nachdem Budde klar war, dass ihn der Gefängnisdirektor durchschaut hatte und dass er in diesem Knast keine Vollzugslockerungen und keine vorzeitige Entlassung zu erwarten hatte, knüpfte er über Inserate Kontakte zu Frauen nach draußen – und so unglaublich es klingen mag, es fiel tatsächlich eine für seine Zwecke geeignete Kandidatin auf ihn herein.

Es war die damals 30-jährige Maria Sand, die weit genug von seinem damaligen Gefängnis entfernt in der Nähe eines anderen Knasts wohnte. Sie hatte eine kleine uneheliche Tochter und dachte wohl, dass sie auf diesem Wege noch zu einem Ehemann kommen könnte. Es kümmerte sie nicht, dass es sich bei Budde um einen hochgefährlichen Sexualstraftäter und Mörder handelte. Das wollte sie gar nicht wissen. Sie ignorierte es einfach. Dankbar nahm sie die Erklärung von ihm an, alles sei ganz anders gewesen und er sei zu Unrecht zu so einer hohen Gefängnisstrafe verurteilt worden. Ein Verhalten, das in ähnlichen Fällen immer wieder zu beobachten ist. Selbst zum Tode verurteilte Mörder in Amerika bringen es fertig, Frauen von draußen an sich zu binden. Es gab sogar schon Eheschließungen kurz vor Hinrichtungen.

Zwischen Ronny Budde und Maria Sand begann ein reger Briefkontakt und anschließend erfolgten natürlich auch Besuche der Frau. Budde hatte erreicht, was er wollte. Er schrieb ein Gesuch, in eine andere Haftanstalt in der Nähe von Maria Sands Wohnort verlegt zu werden. Als Begründung gab er vor, damit näher bei seiner Freundin und zukünftigen Verlobten sein zu wollen.

Gleichzeitig zog er noch ein anderes Ass aus dem Ärmel. Er schrieb an ein Mitglied des Landtages, das mit der Familie Budde freundschaftlich verbunden war. In dem Brief drückte er auf die Tränendrüsen, stellte sich als reuigen Sünder dar und bat den Adressaten, sich für ihn einzusetzen, damit er Vollzugslockerungen erhalte und auch in das von ihm gewünschte Gefängnis verlegt werde. So unglaublich es klingt, auch der Politiker fiel auf Budde rein. Er bemühte sich nicht im Geringsten, sich über die furchtbaren Verbrechen des Gefangenen richtig zu informieren. Für ihn zählte nur, dass er mit dessen Familie gut bekannt war und ihr einen Gefallen tun wollte.

Da dieser Politiker aber nicht an der entsprechenden Stelle im Ministerium saß, schrieb er Briefe an »liebe Kollegen« des Justizministeriums, ja sogar an den Justizminister, den lieben Herrn Soundso persönlich, und bat um Auskunft darüber, wann baldige Vollzugslockerungen und die Befürwortung eines Gnadengesuches des Gefangenen möglich wären.

Das Justizministerium wandte sich daraufhin in »gebührender Weise« an den Gefängnisdirektor, der zwar von der Intervention seiner obersten Vorgesetzten beeindruckt war, jedoch letztendlich seiner Linie treu blieb und keinerlei Zugeständnisse machte.

Es kam dann schließlich doch, wie es kommen musste. Budde wurde, vermutlich auf höhere Weisung hin, in das von ihm gewünschte Gefängnis verlegt. Damit schlug man zwei Fliegen mit einer Klappe. Der Gefängnisdirektor war das faule Ei und damit die Verantwortung für den aus seiner Sicht äußerst problematischen Gefangenen los und der in Gunsten des Politikers stehende Schwerverbrecher konnte an neuer Stätte neue Gesuche für ein angenehmeres Leben hinter Gittern und für seine vorzeitige Haftentlassung stellen.

Sicherlich ganz entscheidend für Budde war, dass der Briefwechsel der hohen Politiker und des Justizministers ein überaus wichtiger Bestandteil seiner Gefangenenakte war und beim Durchblättern diese Korrespondenz jedem ins Auge sprang, der sich damit befassen musste.

Es ist zwar nur eine Vermutung, aber der Verdacht drängt sich zwangsläufig auf, dass sich nun die neue Gefängnisleitung, die übrigens im Nachhinein keine Stellungnahme hierzu abgab, sowie die für Vollzugslockerungen zuständigen Personen von diesen Dossiers beeindrucken ließen. Wie sonst ist es zu erklären, dass Budde, kaum dass er sich in dem neuen Knast befand, plötzlich in den Genuss eines sogenannten Langzeitbesuches sowie der von ihm angestrebten Vollzugslockerungen kam und Freigänger wurde?

Bei Langzeitbesuchen dürfen sich die Gefangenen mit ihren Frauen über den Zeitraum eines Tages in einem innerhalb des Gefängnisses eigens dafür vorgesehen Raum, Gebäudeteil oder vielfach auch Wohncontainer völlig unbewacht aufhalten. Im Fachjargon werden die Container deshalb auch Bumscontainer genannt. Wie Budde den Langzeitbesuch mit seiner sadomasochistisch veranlagten Verlobten gestaltete, bedarf wohl keiner großen Fantasie.

Im Protokoll der am 17. Juli stattgefundenen Lockerungskonferenz, an der drei Männer und zwei Frauen teilnahmen, war seltsamerweise von der durch andere Institutionen festgestellten hohen Gefährlichkeit Buddes keine Rede mehr. Hingegen wurde lobend erwähnt, dass er unauffällig sei und sehr gute Arbeitsleistung ohne Fehlzeiten erbringen würde. Im gleichen Atemzug ist aber auch vermerkt, dass er bestimmte Arbeiten verweigern würde. Ebenso würde er die Anstaltspsychologin ablehnen. An Freizeitprogrammen würde er nicht teilnehmen.

Als Ersatz für die abgelehnte Knasttherapie wurde ihm von der Lockerungskommission auferlegt, sich bei seinen Freigängen selbst einen geeigneten Therapeuten zu suchen, der seinen Wünschen gerecht wird. Doch das ist noch nicht alles. Aus dem letzten Satz des Protokolls ging hervor, dass Budde bei beanstandungsfreiem Vollzugsverlauf drei Jahre früher entlassen werden könnte.

Die Verlegung des Gefangenen in die Freigängerabteilung wurde von der Lockerungskommission auf den 1. Oktober festgelegt. Aus nicht mehr nachvollziehbaren Gründen erhielt er allerdings schon ab dem 20. August Freigang. Am 2. September benutzte er einen Freigang, um sich draußen eine Arbeitsstelle und einen Psychotherapeuten zu suchen, was eigentlich lobenswert gewesen wäre. Allerdings kündigte er sehr bald wieder die Arbeitsstelle und bei dem Psychotherapeuten kam es zu keinem einzigen Behandlungstermin. Dagegen nutzte Budde seine Freiheit, um sich ein Mofa zu kaufen, mit dem er von nun an mobil war und weite Ausflüge unternehmen konnte. Woher er das Geld für das Zweirad hatte, konnte nicht in Erfahrung gebracht werden.

Auch begab sich Budde auf die Suche nach einer eigenen Wohnung. Das muss man sich einmal vergegenwärtigen: Ein gemeiner Sexualmörder läuft vor Verbüßung seiner Haftstrafe ohne jegliche Kontrolle frei herum und sucht sich neben dem ihm zu Recht verordneten Knast noch eine private Bleibe.

Mehr noch, Budde nahm während seinen Freigängen mit einem Sadomasochisten-Club Kontakt auf, um seinem abartigen Sexualtrieb zu frönen.

Nebenbei sei noch erwähnt, dass Maria Sand, die sich inzwischen mit Budde verlobt hatte, sadomasochistische Briefe und Bilder von sich in den Knast schickte, auf denen sie unter anderem in gefesselter Pose zu sehen war. Budde schrieb etwa 100 Briefe entsprechenden Inhaltes zurück. Da die Post von Gefangenen ja einer Anstaltszensur unterliegen, müssten die stark ausgeprägten abartigen Neigungen Buddes auf jeden Fall bekannt gewesen sein. Bei der Lockerungskonferenz kam dieser Umstand aber offensichtlich nicht zur Sprache.

Die Frage muss erlaubt sein, ob die Bevölkerung am Standort einer Vollzugsanstalt sich ruhig verhalten würde, wenn ihr diese oder ähnliche Vorgänge im Detail bekannt wären, oder ob die Leute nicht doch auf die Straßen gehen würden, um gegen derartige Missstände im Strafvollzug zu protestieren. Kein Politiker oder Beamter des Justizministeriums, geschweige denn ein Gefängnisdirektor, kann doch ernsthaft glauben, dass sich irgendjemand aus der Bevölkerung findet, der diese fragwürdigen Resozialisierungsmaßnahmen von Mördern und anderen Schwerverbrechern auf Kosten der Sicherheit der Bevölkerung gutheißt.

Es soll hier keinesfalls Polemik betrieben werden. Aber die Verantwortlichen sollten sich nur einmal das Ausmaß vor Augen halten, das Buddes Freigang zur Folge hatte. Es kostete das Leben eines unschuldigen Menschen, einer jungen Mutter, die ein Kleinkind und ihren Lebensgefährten zurückließ. Susi Bahm musste ihr Leben im Dienste einer sehr zweifelhaften Praxis zum Wohle verurteilter Mörder lassen.

Und dieser Fall ist beileibe kein Einzelfall. Immer wieder lese ich in Zeitungen oder dienstlichen E-Mails von ähnlichen Fällen. Teilweise bekomme ich sie auch hautnah mit. So ist mir unter anderem der Fall eines Freigängers aus der Haftanstalt Hechingen sehr gut in Erinnerung. Ein 35-jähriger Freigänger, der 18 zum Teil einschlägige Vorstrafen hatte, überzog seinen Hafturlaub und vergewaltigte dabei eine junge Frau. Das Tragische an dem Fall war, dass der Täter Hepatitis C hatte und das Opfer monatelang in der Angst lebte, infiziert worden zu sein. Dazu muss man wissen, dass diese Krankheit tödlich verläuft, wenn deren Ausbruch im Körper durch Medikamente nicht mehr verhindert beziehungsweise unterdrückt werden kann.

Die Justizminister der Länder und alle anderen Verantwortlichen müssen sich die Frage gefallen lassen, ob es verhältnismäßig und tatsächlich dringend erforderlich ist, hochgefährliche Verbrecher mit völlig unkontrollierten Knastausflügen und Urlauben auf ihre Freiheit vorzubereiten, wenn auf der anderen Seite das unkalkulierbare Risiko besteht, dass diese Personen dabei schwere und schwerste Verbrechen begehen. Durch keinen Resozialisierungserfolg der Welt kann ein einziger Mord, der von einem Freigänger verübt wird, aufgewogen werden. Zurückblickend auf die letzten 20 Jahre, gab es allein in der betreffenden Vollzugsanstalt zwei durch Freigänger begangene Tötungsdelikte.

Im gleichen Gefängnis sitzt auch ein Mörder, der im Jahr 1999 von einer anderen Vollzugsanstalt einen Wochenendurlaub erhalten hatte. Auf der Fahrt zu seiner Familie vergewaltigte und tötete er in der Zugtoilette eine junge Frau. Die Leiche warf er aus dem fahrenden Zug. Der Täter konnte später durch einen DNA-Abgleich ermittelt werden.

Ohne Frage gibt es bundesweit noch viel mehr solcher Fälle. Von anderen schweren Verbrechen, wie Banküberfällen, Vergewaltigungen und dergleichen, die von Freigängern begangen worden sind, einmal ganz zu schweigen.

Dass Langzeitgefangene auf ihre Entlassung vorbereitet werden müssen, steht außer Frage. Entscheidend ist aber das Wie. Was stünde dagegen, Freigänger mit einem simplen GPS-Sender auszustatten, mit dessen Hilfe man jederzeit, auch retrograd, nachvollziehen könnte, welche »kulturellen Veranstaltungen« der Gefangene wirklich besucht und wo er sich zum Zeitpunkt eines schweren Verbrechens tatsächlich aufgehalten hat? Zweifellos wird sich wohl jeder Freigänger hüten, ein Verbrechen zu begehen, solange er mit dieser elektronischen Überwachungseinrichtung untrennbar verbunden ist.

In Frankreich und Belgien werden nach den Skandalen um die Entführungs- und Mordfälle eines Marc Dutroux und Michel Fourniret Überlegungen angestellt, dass man gefährliche Sexualtäter nicht nur bei Freigang, sondern auch nach Ende ihrer zeitlichen Freiheitsstrafe mit einem GPS-Sender ausstattet. Die Botschaft an diese Kriminellen ist klar definiert: Sie werden irgendwann freigelassen, aber sie haben dann keine Chance mehr, eine Straftat zu begehen, ohne danach postwendend überführt zu werden.

Bis zu dem Mord am 2. Oktober war Budde bereits 34-mal völlig unbeaufsichtigt in Freiheit. Wohlgemerkt, seine Vollzugslockerung hätte erst am 1. Oktober beginnen sollen. Ihm war sogar schon vom 29. Oktober bis 3. November ein sechstägiger Urlaub bewilligt worden, obwohl er zu diesem Zeitpunkt noch vier Jahre zu verbüßen gehabt hätte und, wie schon erwähnt, von Fachleuten der anderen Vollzugsanstalt eine vorzeitige Haftentlassung sowie Vollzugslockerungen wegen der wohl richtig erkannten Gefährlichkeit des Gefangenen nicht befürwortet wurden.

Das Ganze stinkt auch heute noch gewaltig zum Himmel und man kann sich des Eindrucks nicht erwehren, dass der lange Arm der involvierten Politiker hauptverantwortlich für diesen unglaublichen Vorgang und dementsprechend auch für den Tod von Susi Bahm war.

Buddes Freigänge erstreckten sich tagsüber meist in der Zeit zwischen 7.00 und 21.00 Uhr. Am Tag des Mordes hatte er sogar bis 23.00 Uhr Freigang. So unglaublich, so makaber es klingen mag, dieser 35. Freigang, den Budde dazu nutzte, Susi Bahm sexuell zu missbrauchen und zu ermorden, trug ganz offiziell die Bezeichnung »Kulturausgang«. Bei den sogenannten Kulturausgängen sind die Freigänger angehalten, kulturelle Veranstaltungen zu besuchen. Doch was sie in der Zeit tatsächlich machen, wird in keiner Weise kontrolliert.

Trotz erdrückender Beweise legte Budde kein Geständnis ab. Er bestritt die Tat vehement und verweigerte jede weitere Aussage, was nach der Strafprozessordnung ja auch sein gutes Recht ist. Das Schweigen hielt er sogar während der Hauptverhandlung durch. Erst ganz zum Schluss, als er sah, dass seine Verurteilung drohte, kam er plötzlich mit der Version, er habe Susi Bahm Tage vor dem Mord zufällig kennengelernt und sei auch einmal in deren Auto gesessen. Da habe er wohl den Fingerabdruck hinterlassen. Doch diese Lüge nützte ihm nichts. Das hohe Gericht und der Staatsanwalt ließen sich von Budde nicht an der Nase herumführen. Er wurde wegen Mordes in Tateinheit mit sexueller Nötigung zu lebenslanger Haft verurteilt.

Die leichtsinnige und schlampige Handhabung der Vorschriften zur Vollzugslockerung durch die verantwortlichen Personen der Justizvollzugsanstalt hatte noch ein Nachspiel. Klaus Merz, der Lebensgefährte der Ermordeten, beauftragte eine äußerst engagierte Rechtsanwältin, die bei der Gerichtsverhandlung im Namen des hinterbliebenen Kindes als Nebenklägerin auftrat und im Anschluss an den Strafprozess auf der Grundlage des ergangenen Urteils eine Schadensersatzklage gegen das Land erhob. Die Klage ging durch mehrere Instanzen, bis endlich, fünf Jahre nach dem Mord, vom Oberlandesgericht Karlsruhe entschieden wurde, dass dem Kind rückwirkend und bis zu seiner Volljährigkeit eine monatliche Rente in Höhe von 860,22 D-Mark sowie die Beerdigungskosten in Höhe von 8949,45 D-Mark zu zahlen sind.

Das war eine Sensation, da bis zu diesem Zeitpunkt in der deutschen Rechtssprechung noch nie ein vergleichbares Urteil ergangen war. In der Urteilsbegründung wurde unter anderem ausgeführt, dass Budde wegen seiner besonderen Gefährlichkeit nie in den Genuss von Vollzugslockerungen hätte kommen dürfen, ohne vorher erfolgreich therapiert worden zu sein. Doch Budde habe eine Langzeittherapie abgelehnt, was zwangsläufig zum Ablehnen von Lockerungen hätte führen müssen, zumal auch bekannt war, dass er noch während seiner Haft Kontakte zu einer sadomasochistischen Aktionsgruppe knüpfte und mit seiner Freundin einen ebensolchen Briefverkehr pflegte.

Mit der Gewährung von Vollzugslockerungen, so wurde festgestellt, hätten die Mitglieder der Lockerungskonferenz gegen § 11, Absatz 2 des Vollzugsgesetzes in grob fahrlässiger Weise verstoßen. Diese Vorschrift besagt, dass einem Gefangenen Vollzugslockerungen nur zu gewähren sind, wenn nicht zu befürchten ist, dass er die Lockerung zu Straftaten missbraucht. Bei der Persönlichkeit des Ronny Budde sei es jedoch mit einer nicht außer Acht zu lassenden Wahrscheinlichkeit absehbar gewesen, dass der Gefangene in Freiheit wieder schwere Straftaten begehen wird.

An dieses Urteil knüpfte auch im Jahr 2004 ein anderes Landgericht an, das über die Schadensersatzklage der Frau zu entscheiden hatte, die von dem Freigänger der Hechinger

Strafanstalt vergewaltigt worden war. Hier wurde das Land Baden-Württemberg zu 15 000 Euro Schadensersatz verurteilt. Ein lächerlicher Betrag, wenn man bedenkt, dass Vergewaltigungsopfer in aller Regel über Jahre hinweg traumatisiert und oftmals nicht mehr fähig sind, eine normale Beziehung mit einem Mann einzugehen.

Es stellt sich abschließend die Frage, wie könnte der Schlamperei – beziehungsweise der Nachlässigkeit, oder wie immer man das auch bezeichnen mag – von Verantwortlichen im Umgang mit dem Vollzugslockerungsgesetz begegnet werden? In den beschriebenen Fällen haftete jeweils das betreffende Land, in dem sich die Justizvollzugsanstalt befindet, und das, obwohl den mit der Entscheidungsfindung beauftragten Beamten grobe Fahrlässigkeit nachgewiesen wurde. In Anbetracht der schlimmen Folgen sei der Vorschlag erlaubt, dass Anstaltspsychologen, Mitglieder von Lockerungskonferenzen und Strafvollstreckungskammern bei erwiesenen groben Fehlern persönlich haftbar gemacht werden sollten. Dann nämlich, und nur dann würde sich dieser Personenkreis hüten, leichtfertig das Leben unschuldiger Menschen zu gefährden, indem sie hochgefährlichen Verbrechern unkontrollierbaren Ausgang gewähren oder sie sogar schon nach Verbüßung von zwei Drittel ihrer Strafe freilassen.

Mord ohne Leiche

In der deutschen Rechtsgeschichte gibt es kaum einen Mordprozess, in dem ein Angeklagter rechtskräftig verurteilt worden ist, ohne dass eine Leiche gefunden werden konnte. Denn nur die Leiche kann in aller Regel genaue Aufschlüsse darüber geben, ob es sich um einen Mord, einen Totschlag, einen Unfall oder vielleicht um einen natürlichen Tod handelt.

Schließlich ist ohne Leiche auch nur schwer zu beweisen, dass ein Mensch tatsächlich zu Tode gekommen ist. Er könnte ja auch entführt oder verschleppt worden oder freiwillig untergetaucht sein, um irgendwo auf der Welt ein neues Leben zu beginnen.

Die Vermisstendateien aller Länder sind voll von Personen, die plötzlich und ohne erkennbare Anzeichen spurlos verschwunden sind. Keiner kann sagen, ob diese Menschen noch leben oder ob sie schon längst tot sind. Prominentes Beispiel hiefür ist das Verschwinden der damals 17-jährigen Tochter des Gesangduos Albano und Romina Power. Spekulationen, sie sei Opfer einer geplanten Erpressung geworden, konnten ebenso wenig untermauert werden wie die Vermutung, sie sei in den Harem irgendeines arabischen Fürsten verschleppt worden. Das Mädchen verschwand spurlos, ohne dass die Eltern jemals wieder etwas von ihm gehört haben. Und wie so oft in solchen Fällen, zerbrach unter der ungeheuren Last, versagt und nicht die richtige Entscheidung getroffen zu haben, die als vorbildlich gepriesene Ehe der weltberühmten Sänger.

Natürlich können Spuren an einem vermeintlichen Tatort einen Hinweis darauf geben, dass ein Mensch zu Tode gekommen ist. Wenn zum Beispiel ein großer Blutfleck gefunden wird, der eindeutig einer verschwundenen Person zugeordnet werden kann, bedeutet dies aber nicht automatisch, dass die Person nicht mehr lebt. Sie kann auch nur verletzt worden sein und ist, aus welchem Grund auch immer, anschließend spurlos verschwunden. Ein Mord ohne Leiche ist somit immer ein äußerst schwieriger Fall, der bei der Bearbeitung durch die Kriminalpolizei ein hohes Maß an Akribie und Scharfsinn voraussetzt.

Als am 7. Februar 1996, einem Freitag, das Telefon auf dem Schreibtisch von Kriminalkommissar Schulz klingelte, wollte er gerade sein karges Mittagessen einnehmen. Ein Wurstbrot und ein Kaffee mit Milch, aber ohne Zucker, waren schon jahrelang Standard bei ihm.

Ich mochte Schulz. Er war mir einfach sympathisch. Wenn ich mit ihm zu tun hatte, stimmte die Chemie zwischen uns beiden. Er war ein ganz und gar bodenständiger Mensch und legte – obwohl er wegen seiner nicht gerade sportlichen Figur etwas behäbig wirkte – insbesondere in kritischen Situationen eine erstaunliche Energie und Tatkraft an den Tag.

Der eingehende Anruf schien für ihn Routine zu sein. Warum er gerade bei ihm ankam, konnte später niemand mehr sagen. Eine Frau Roth war am anderen Ende der Leitung und berichtete, ihre 21-jährige Tochter werde seit heute Morgen vermisst. Es war Fasching und der Tag nach dem »schmutzigen Donnerstag«. Junge Frauen verschwinden manchmal in dieser Zeit für ein paar Tage spurlos. Oft mit tiefen Ringen unter den Augen und die Enttäuschung ins Gesicht geschrieben, tauchen sie dann wieder auf, ohne irgendwelche Erklärungen abzugeben. Das müssen sie auch nicht, man sieht ihnen an, was passiert ist.

Eine 21-jährige Frau müsste doch wissen, was an Fasching

Sache ist. Aber es ist immer wieder das Gleiche, dachte mein Kollege, als er sich die ersten Sätze der Anruferin anhörte und sich dabei schon Notizen machte. Er stellte die üblichen Fragen nach Zuverlässigkeit, Krankheiten, Selbstmordabsichten, Streitigkeiten, Mobilität und eventuellen Hinweisen auf ein harmloses Wegbleiben der Tochter.

Die Mutter der Vermissten berichtete, ihre Tochter Corinna sei sehr ordentlich und zuverlässig. Sie sei heute Nacht gegen 3.30 Uhr von einer Faschingsveranstaltung nach Hause gekommen, habe noch mit ihrem neuen Freund telefoniert und sei dann zu Bett gegangen. Corinna bewohne das Erdgeschoss eines ihnen gehörenden Zweifamilienhauses, während im Obergeschoss ihre Oma wohnt. Sie selbst, fuhr Frau Roth fort, würde mit ihrem Mann auf demselben Grundstück in ihrem zweiten Haus unmittelbar daneben wohnen.

Ralf Opitz, Corinnas Exfreund, mit dem sie vor etwa einer Woche Schluss gemacht habe, hätte in der Nacht auf Corinna gewartet, um sich noch einmal mit ihr auszusprechen.

Da die Großmutter in letzter Zeit mehrfach gehört hatte, wie sich die beiden stritten, habe sie in der Nacht aus Sorge um ihre Enkelin kein Auge zugemacht. Sie habe jedoch keine auffälligen Geräusche wahrgenommen, sei dann kurz nach 7.00 Uhr aufgestanden und anschließend zum Bäcker gegangen. Etwa gegen 8.30 Uhr hätte die Großmutter nach ihrer Enkelin schauen wollen und dabei festgestellt, dass sie nicht in der Wohnung war.

Frau Roth führte weiter aus, sie selbst sei an diesem Morgen bis 11.30 Uhr arbeiten gewesen. Als sie nach Hause gekommen sei, habe sie zusammen mit ihrer Mutter nach Corinna geschaut und dabei eine auffällige Beobachtung gemacht. Im Bett der Tochter hätten das Laken und eine Steppdecke mit gelbem Überzug gefehlt. Außerdem hätten sie auf der Matratze große, feuchte Flecken festgestellt.

Kommissar Schulz hörte im Laufe seiner Dienstjahre schon viele Geschichten über plötzlich verschwundene Töchter oder Ehefrauen. Die Geschichten ähnelten sich zwar oft in irgendeiner Weise, doch waren sie im Detail immer wieder so verschieden, dass man sie nicht über einen Kamm scheren konnte. Bei dem Bericht dieser besorgten Mutter beschlich ihn sehr bald das untrügliche Gefühl, dass hier tatsächlich ein Verbrechen vorliegen könnte. Er unterbrach deshalb seine Mittagspause und veranlasste sofort die bundesweite Fahndung nach der Vermissten und ihrem Exfreund. Gleichzeitig bat er Frau Roth, die Wohnung ihrer Tochter nicht mehr zu betreten und sämtliche Türen zu verschließen.

Zusammen mit einem Kollegen fuhr er unverzüglich zum Wohnsitz des Ralf Opitz. Doch fast erwartungsgemäß war dort niemand anzutreffen. Nach dem Öffnen der Wohnung bot sich den Kollegen ein chaotisches Bild. Kleider, Haushaltsgegenstände und andere Utensilien lagen kreuz und quer herum. Alles starrte vor Dreck. Hinweise auf den Verbleib von Corinna Roth oder Ralf Opitz ergaben sich nicht. Auch gab es keinerlei Spuren, die auf ein Gewaltverbrechen hindeuteten.

Kommissar Schulz ordnete die Observation der Wohnung an und fuhr anschließend mit seinem Kollegen zum Haus der Familie Roth. Sie trafen dort gegen 14.30 Uhr ein. Zusammen mit der Mutter und Großmutter der Vermissten betraten sie die Dreizimmerwohnung von Corinna Roth. Schulz ging von Raum zu Raum und musterte alles eingehend. Nichts ließ zunächst darauf schließen, dass hier ein Kapitalverbrechen stattgefunden haben könnte. Ganz im Gegensatz zur Wohnung des Ralf Opitz war alles in einem ordentlichen Zustand. Auch die Bettcouch der Vermissten sah auf den ersten Blick unauffällig aus. Auf ihr waren zwei Wolldecken ausgebreitet.

Wie schon bei dem Telefongespräch, wies Frau Roth jedoch

darauf hin, dass das Laken und der gelbe Überzug einer Steppdecke fehle. Die Steppdecke selbst befand sich unüblicherweise in einem Bettkasten. Schulz schlug die beiden Wolldecken zur Seite. Auf der Matratze waren im Kopf- und Beckenbereich zwei etwa 35 Zentimeter große Flecken zu erkennen. Es sah aus, als ob jemand mit einem feuchten Lappen irgendwelche Spuren beseitigt hätte. Ganz deutlich konnte Schulz am unteren Flecken noch Uringeruch wahrnehmen. Jetzt schrillten alle Alarmglocken bei ihm. Wusste er doch, dass sich bei Menschen, die einem Gewaltverbrechen zum Opfer fallen, kurz vor deren Tod oft noch die Blase entleert und dass zum Beispiel bei einem Würge- oder Drosselvorgang sowohl Speichel als auch Blut aus dem Mund fließen kann. Auf dieser Bettcouch, so vermutete er, muss Corinna Roth zu Tode gekommen sein. Doch wo war die Leiche?

Kommissar Schulz war sofort klar, was er jetzt zu tun hatte. Er beorderte Kriminaltechniker an den Tatort und rief Verstärkung zur Suche nach der Leiche herbei. Gleichzeitig war er bemüht, gegenüber den besorgten Angehörigen bis zur Auffindung der Leiche zumindest so zu tun, als ob Corinna Roth noch leben könnte. Doch sein Bauchgefühl sagte ihm, dass dies nicht der Fall war. Schulz war sich zu diesem Zeitpunkt schon sicher, dass hier wohl ein Tötungsdelikt vorlag und er dieses Verbrechen mit allen ihm zur Verfügung stehenden Mitteln aufzuklären hatte.

Die eintreffende Verstärkung, zu der auch ich gehörte, wies er an, im Haus jeden Winkel zu durchsuchen und im Garten des Anwesens jeden Stein umzudrehen, um die Leiche oder zumindest Hinweise auf deren Verbleib zu finden. Wir mussten vorsichtig zu Werke gehen, denn es dürfen in solchen Fällen auch keine Spuren verwischt, verfälscht oder gar vernichtet werden.

Während die Kriminaltechniker die gesamte Erdgeschosswohnung des Hauses als »Sperrgebiet« erklärten, um darin jede Faser, jedes Haar, jeden noch so kleinen Flecken, der Blut sein könnte, zu sichern, war Kommissar Schulz damit beschäftigt, die weiteren notwendigen Maßnahmen zu koordinieren. Der Versuch, unseren Chef davon zu überzeugen, dass hier ein Kapitalverbrechen vorlag und die Mordkommission in voller Stärke alarmiert werden müsste, schlug fehl. Schulz bekam lediglich ein paar Kollegen zur Seite gestellt, die ihn bei den Ermittlungen unterstützen sollten.

Die Suche nach Corinna Roth oder deren Leiche war im Haus und in der näheren Umgebung trotz des Einsatzes von Spürhunden erfolglos. Schulz ordnete deshalb an, dass die Fahndung nach dem ebenfalls 21-jährigen Ralf Opitz mit Hochdruck vorangetrieben wurde. Die Grenzstellen und Flughäfen wurden alarmiert. Freunde und Bekannte wurden ausfindig gemacht, um mögliche Aufenthaltsorte des Gesuchten zu erfahren. Schnell wurde bekannt, dass seine im Saarland wohnenden Eltern neben ihrem Wohnhaus noch ein großes Anwesen mit einem Wochenendhaus besaßen.

Bereits ab dem frühen Nachmittag desselben Tages wurden Ralf Opitz' Elternhaus als auch das Wochenendhaus observiert. Da in der Nacht Schnee gefallen war, konnte festgestellt werden, dass Letzteres an diesem Tag noch nicht betreten worden war.

Es vergingen wertvolle Stunden, die bei Kapitalverbrechen oft von entscheidender Bedeutung sein können. Wir wussten, dass in dieser Zeit wichtige Spuren und Beweise verlorengehen konnten, und wir setzten alles daran, Ralf Opitz zu finden. Und dennoch unterlief uns in dieser entscheidenden Phase ein großer Fehler. Aufgrund einer Fehlinformation brachen die saarländischen Kollegen die Observation des Wochenendhauses um 17.30 Uhr ergebnislos ab.

Erst gegen 22.00 Uhr fuhren sie noch einmal zu dem Anwesen und stellten dabei fest, dass Ralf Opitz' Pkw davor stand. Der Gesuchte empfing die Beamten mit gespielter Gelassenheit.

In seiner Begleitung befand sich sein Großvater. Auf entsprechenden Vorhalt gab Opitz an, dass er sich in der Nacht zuvor mit seiner Freundin ausgesprochen und deren Wohnung um 7.15 Uhr verlassen habe. Corinna Roth habe zu diesem Zeitpunkt in ihrem Bett gelegen und geschlafen. Er habe ihr noch einen Abschiedskuss gegeben und sei dann gegangen.

Dass es in diesem Fall eine besonders harte Nuss zu knacken galt, merkten die Kollegen aus dem Saarland spätestens bei der anschließenden Durchsuchung des Hauses. Im Keller lief nämlich die Waschmaschine, in der sich ausschließlich die von Opitz an diesem Tag getragene Kleidung befand. Die Maschine wurde zwar sofort abgeschaltet, aber jeder wusste, dass es wohl zu spät war, an den Kleidungsstücken noch irgendwelche brauchbaren Spuren sichern zu können. Der Tatverdächtige hatte also seinen Vorsprung und den Fehler der saarländischen Polizei weidlich ausgenutzt. Alles wäre wohl einfacher gewesen, wenn er mit Blut- oder anderen Tatspuren an der Kleidung hätte erwischt werden können.

Ralf Opitz wurde wegen des Verdachts, ein Kapitalverbrechen begangen zu haben, an Ort und Stelle vorläufig festgenommen.

Kommissar Schulz war von der Festnahme des Flüchtigen bereits vorinformiert. Er wollte noch in der Nacht die erste Vernehmung des Tatverdächtigen durchführen. Wie in solchen Fällen üblich, hatte er sich dafür eine bestimmte Taktik zurechtgelegt. Doch als Opitz in den Vernehmungsraum geführt wurde und Schulz die ersten Worte mit ihm sprach, wusste er gleich, dass er diese Taktik und vor allem ein schnelles Geständnis vergessen konnte. So ließ er Ralf Opitz einfach mal über die vorangegangenen Tage erzählen. Der Tatverdächtige schien dabei bestrebt zu sein, sich durch nachvollziehbare Schilderungen über Geschehnisabläufe einen Kredit für seine Glaubwürdigkeit verschaffen zu wollen. Dennoch verwickelte er sich in einige Widersprüche, die jedoch nicht so gravierend waren, dass Schulz ihn damit in die Enge treiben konnte. Opitz zeigte sich unnahbar. Menschliche Züge oder Gefühlsregungen waren bei ihm überhaupt nicht zu erkennen.

Zum Ende der Vernehmung machte Schulz noch einen Versuch, von Opitz ein Geständnis zu erhalten, doch eigentlich wusste er schon von vornherein, dass es vergebliche Mühe war. Dann brach er in dieser Nacht die Befragung ab.

Am nächsten Tag wurden von uns fieberhaft Indizien und Beweise zusammengetragen, die den Verdacht begründen sollten, dass Opitz seine Freundin getötet hat. Erst am späten Samstagabend führten wir den Tatverdächtigen dem Haftrichter vor. Mit viel Überzeugungskraft und wenig stichhaltigen Fakten konnte der Richter von Schulz und dem ebenfalls anwesenden Oberstaatsanwalt dazu gebracht werden, dass er mit einigen Vorbehalten kurz vor Mitternacht gegen Opitz einen Haftbefehl erließ. Opitz wurde in Untersuchungshaft genommen.

Die Beweislage war äußerst dünn, und uns war klar, dass so schnell wie möglich Corinna Roths Leiche gefunden werden musste. Wenn überhaupt, konnte man den Tatverdächtigen nur durch Spuren an der Toten überführen. Eine großangelegte Suche begann. Gleichzeitig erstellten wir sogenannte Persönlichkeitsbilder über Ralf Opitz und Corinna Roth.

Ralf Opitz war ein absoluter Frauentyp. Er war 186 Zentimeter groß und athletisch schlank. Sein ebenmäßig geschnittenes Gesicht und seine hübschen, blaugrünen Augen verliehen ihm jene männliche Schönheit, die jedes Frauenherz höher schlagen ließ. Nicht allein wegen seiner schwarzen, leicht gekräuselten Haare, die er kurz trug, konnte man ihn für einen Südländer oder gar Nordafrikaner halten. Wenn er etwas erreichen wollte, konnte er äußerst charmant sein.

Der Schönling war ein Einzelkind, das ohne Unterbrechung

wohlbehütet im Elternhaus aufgewachsen und als solches verhätschelt und vertätschelt worden war. Nach der Grundschule besuchte er ein Gymnasium. Vermutlich weil ihm von den Eltern alles in den Schoß gelegt wurde, war er lediglich ein mittelmäßiger Schüler, der nie gelernt hatte, sich auch mal durchzubeißen. Zum Erreichen des Abiturs musste er sehr viele Nachhilfestunden nehmen, die einiges an Geld verschlangen.

Nach dem Abitur kam er zur Bundeswehr. Den Grundwehrdienst leistete er ab, ohne irgendwie auffällig zu werden.

Im Anschluss daran begann er auf Drängen seines Vaters ein Studium im Bauingenieurswesen. Bis zu seiner Festnahme erbrachte Opitz wohl wegen seines fehlenden Durchsetzungswillens keinen der sieben zu erbringenden Studienleistungsnachweise.

Seinem Vater war dies ein gewaltiger Dorn im Auge. Er selbst war Diplomingenieur und Beamter in einer Spitzenposition. Doch alle Bemühungen, seinen Sohn beim Studium zu unterstützen oder ihn unter Druck zu setzen, schlugen fehl.

Die Mutter versorgte den Haushalt und betrieb nebenbei eine Wildtier- und Fischzucht. Doch dem nicht genug. Beide Elternteile unterhielten auch noch eine Immobilienverwaltung. Im Gegensatz zu ihrem Sohn waren sie also äußerst fleißige Menschen, die es aber vermutlich bei aller Strebsamkeit versäumt hatten, ihrem Sohn die nötige Erziehung angedeihen zu lassen, damit er sein Leben meistern konnte.

Während der Vater zwar eine gewisse Strenge walten ließ und so zum Beispiel seinem Sohn das Tragen eines Ohrringes verbot, verwöhnte die Mutter ihr einziges Kind, indem sie ihm gegen den Willen des Vaters teure Kleidung kaufte und ihn den Ohrring tragen ließ, solange das Familienoberhaupt nicht zu Hause war.

Schließlich beschlossen die Eltern, ihrem Sohn eine eigene

Wohnung und einen Ford-Fiesta zu verschaffen, um ihn selbstständiger werden zu lassen. Die Wohnung, das Auto und das Studium wurden natürlich von ihnen finanziert. Als verzogenes Einzelkind hatte Ralf Opitz nie gelernt, für sich zu sorgen, geschweige denn, seine Sachen aufzuräumen. Entsprechend chaotisch sah es auch in seiner Wohnung und in seinem Pkw aus. Die plötzliche Selbstständigkeit nützte ihm im Bezug auf seinen fehlenden Ordnungssinn also wenig.

Da er aus einem gutsituierten Elternhaus stammte, wurde Ralf Opitz von Corinnas Eltern sehr herzlich aufgenommen. Er schien der ideale Schwiegersohn für ihre Tochter zu sein, weshalb er auch sehr oft zum Essen eingeladen wurde. Dieses wohlwollende Getue wurde sogar dann noch aufrechterhalten, als sich abzuzeichnen begann, dass sich Corinna von Ralf trennen wollte. Er wurde weiterhin als Freund des Hauses angesehen und hatte bis zuletzt noch den Schlüssel zu Corinnas Wohnung. Man hoffte, dass sich die beiden vielleicht doch wieder zusammenraufen würden.

Corinna Roth war eine überaus hübsche und sehr attraktive junge Frau mit mittelblonden, halblangen Haaren und einer Körpergröße von 176 Zentimetern. Ihre Figur war tadellos und zog die Blicke vieler Männer auf sich. In Gesellschaft gab sie sich offen, humorvoll und manchmal auch ausgelassen. Von ihren engsten Bekannten wurde sie als sehr feinfühlig und dennoch impulsiv beschrieben.

Auch sie war ein Einzelkind. Nachdem sie den Realschulabschluss geschafft hatte, wollte sie in die Fußstapfen ihrer Mutter treten und Erzieherin werden. Ihre Berufsausbildung verlief positiv. Zum Zeitpunkt ihres Verschwindens absolvierte sie gerade ein Praktikum an einem Schülerhort.

Ihr Vater war Kraftfahrzeugmeister und die Mutter Leiterin eines Kindergartens. Corinna hatte zu ihren Eltern und ihrer

Großmutter ein sehr gutes Verhältnis. Schon seit einiger Zeit hatte man ihr die Erdgeschosswohnung des Zweithauses überlassen. Im Obergeschoss wohnte ihre Oma, die Corinna wie eine Tochter umsorgte.

Beeinflusst von ihrer Mutter, war Corinna sozial geprägt. Zum gesellschaftlichen Leben in Deutschland hatte sie eine eigenartige, ja zwiespältige Einstellung. Einerseits wusste sie die Vorzüge ihrer finanziell gutsituierten Familie zu schätzen, andererseits verurteilte sie den Materialismus der heutigen Gesellschaft und ergriff gerne und vehement Partei für die armen Menschen der Dritten Welt. Darüber hinaus engagierte sie sich gelegentlich im sozialen Bereich.

In diesem Zusammenhang lernte sie 1993 den auf die schiefe Bahn geratenen Freddy Zech kennen. Er war ein Straftäter mit hohem kriminellen Potenzial, das er aber bisher noch nicht bis zur letzten Konsequenz ausgeschöpft hatte. Als Zech wieder wegen eines Einbruchs in den Knast musste, besuchte ihn Corinna mehrmals und schrieb ihm Briefe. An Weihnachten 1994 bekam Zech Freigang, weil ihn die Familie Roth zur Feier eingeladen hatte. Trotz seiner nach außen hin getragenen harten Schale empfand der 21-jährige Zech so etwas wie Dankbarkeit gegenüber Corinna.

Als Zech schließlich entlassen wurde, vertiefte sich die Freundschaft zwischen den beiden und sie waren dann für etwa einen Monat richtig zusammen. Das war, bevor Corinna Ralf Opitz kennenlernte. Schließlich ging das Verhältnis zwischen Freddy Zech und Corinna Roth wieder in eine normale Freundschaft über.

Corinna machte Freddy Zech später mit Ralf Opitz bekannt. Die beiden Männer wurden daraufhin sogar dicke Freunde. Dieser Umstand sollte im vorliegenden Fall noch eine besondere Bedeutung erlangen.

Im Oktober 1994 lernte Corinna Roth den gut aussehenden Ralf Opitz in einer Diskothek kennen. Es funkte sofort zwischen den beiden. Bald waren sie das Traumpaar schlechthin.

Corinnas Oma war von Opitz so angetan, dass sie ihn einmal zehn Tage lang verwöhnte und verköstigte, als sich Corinna mit ihren Eltern auf einer Ägypten-Reise befand. Alles schien in bester Ordnung zu sein. An Weihnachten 1995 lud die Familie Roth Ralf und seine Eltern zum Essen ein. Alle waren stolz, dass sich Ralf und Corinna gefunden hatten.

Doch Opitz verfolgte mit der Zurschaustellung eines glücklichen Paares hauptsächlich nur ein Ziel: Er baute sich eine Scheinwelt auf und wollte damit gegenüber seinen Eltern von seinen miserablen Leistungen an der Uni und von seinem eigenen Versagen ablenken.

Schon kurz nach Weihnachten trübte sich der Himmel über Corinna und Ralf ein. Corinna fiel immer mehr das exzentrische, narzisstische Wesen ihres Freundes auf. Ihr Eindruck verstärkte sich noch, als er ihr ein Buch mit dem Titel »Der Minus Mann« schenkte und es mit einer an sie persönlich gerichteten Widmung versah. Der Text des Buches wird mit folgendem Satz eingeleitet: »Wenn einer nicht den Mut hat, seine Mutter zu ficken, sollte er wenigstens seinen Vater erschlagen.«

Den weiteren Text, in dem ein Schwerverbrecher sein Leben und vor allem seine exzessiven Sexerlebnisse beschreibt, fand Corinna so geschmacklos, widerwärtig und vulgär, dass sie das Buch entgegen ihren Gewohnheiten nicht zu Ende las und nicht ins Bücherregal stellte, sondern hinter einem Abflussrohr versteckte.

Nach dem gemeinsamen Weihnachtsessen aber war sich Ralf Opitz seiner Sache offensichtlich so sicher, dass er sich mehr und mehr der Maske des gut erzogenen Sohnes wohlhabender Eltern entledigte. Nahezu zwangsläufig kam nun sein ausgeprägter Narzissmus zum Vorschein. Wie schon erwähnt, hatte

Corinna, obwohl auch Einzelkind, eine sehr soziale Ader und ein gutes Herz für ihre Mitmenschen. Außerdem war sie sehr gefühlsbetont. So erkannte sie bald Ralfs wahres Gesicht. Sie wollte, ja sie konnte mit einem solchen Menschen nicht mehr länger zusammenleben. Es war nur noch eine Frage der Zeit, wann sie sich endgültig von ihm trennte.

Mitte Januar 1996 wandte sie sich verstärkt einem ihrer Verehrer zu. Es war ein 33-jähriger lediger Lehrer namens Thomas Vogt, den sie bei einem Schüler-Lehrer-Treffen im Dezember 1995 kennengelernt hatte und der ihr Nachhilfeunterricht gab. Die beiden verliebten sich nach kurzer Zeit heftig ineinander, was zur Folge hatte, dass sich Corinna nun endgültig von Opitz trennen wollte.

Doch der in seiner Eitelkeit im höchsten Maße gekränkte Opitz wollte so schnell nicht aufgeben. Zu sehr nagte die Kränkung in ihm, und so ignorierte er anfangs einfach die von Corinna angestrebte Trennung und das ihm inzwischen bekanntgewordene Verhältnis zu dem Lehrer. Er besuchte nach wie vor deren Eltern und wartete in Corinnas Wohnung, bis diese nachts von ihrem neuen Freund nach Hause kam. Tagsüber verfolgte er sie manchmal bis zu ihrer Arbeitsstelle oder passte sie nach Feierabend ab. Immer wieder versuchte er Corinna zurückzugewinnen, indem er auf sie einredete und ihr versprach, sich zu bessern. Doch Corinnas Entschluss stand fest. Sie wollte mit dem immer unausstehlicher gewordenen Ralf Opitz nichts mehr zu tun haben. Der Aufforderung, ihr den Wohnungsschlüssel zurückzugeben, folgte Opitz nicht.

So kam es, dass er sich in jener Nacht des 7. Februar 1996 wieder einmal Zutritt zu ihrer Wohnung verschaffen konnte, um zu warten, bis Corinna von einer Faschingsveranstaltung des »Schmutzigen Donnerstags« zurückkam.

Corinnas Mutter gab zu Protokoll, dass Opitz gegen 17.30 Uhr bei ihnen zu Besuch erschien und sich nach Corinna erkundigte. Da sie nicht da war, machte er entgegen sonstiger Gewohnheit einen Spaziergang und kam um 18.45 Uhr zurück. Man lud ihn zum Abendessen ein. Dabei lenkte er das Gespräch auf Corinnas neuen Freund. Als die Eltern anklingen ließen, dass ihre Tochter vielleicht jetzt gerade bei Thomas Vogt sein könnte, habe Opitz abrupt das Essen unterbrochen und mit den Worten: »Jetzt steigt Hass in mir auf«, wütend das Haus der Familie Roth verlassen.

Opitz fuhr anschließend zu seiner Wohnung und rief sämtliche Bekannten an, um Corinnas Aufenthaltsort herauszufinden. Als er keinen Erfolg hatte, fuhr er zur Wohnung von Thomas Vogt. Doch auch hier traf er sie nicht an. Danach suchte er alle infrage kommenden Lokalitäten auf. Schließlich fuhr er gegen 22.15 Uhr wieder zu Corinnas Wohnung, wo er sie endlich vorfand. Sie war jedoch nicht allein. Zwei Freundinnen waren anwesend, die mit Corinna noch zu einer Faschingsfeier fahren wollten.

Man unterhielt sich miteinander, wobei sich Opitz sehr gereizt gab. Er schäumte vor Wut, als er feststellte, dass Corinna im Besitz von Schlüsseln der Wohnung ihres neuen Freundes war.

Etwa gegen 23.00 Uhr verließen die drei jungen Frauen die Wohnung. Opitz blieb zurück.

Bis an dieser Stelle konnten wir durch Befragungen von Zeugen die Geschehnisse minuziös rekonstruieren, obwohl Opitz' Eltern, insbesondere der Vater, kaum bereit waren, über den Sohn Auskunft zu geben. Es war offensichtlich, dass sie ihn mit allen Mitteln decken wollten. Wussten sie vielleicht sogar, was in der Nacht zum 7. Februar 1996 in Corinnas Wohnung geschehen war? Hatte er sich ihnen unmittelbar nach der Tat anvertraut? Waren sie ihm am Ende vielleicht sogar noch beim Beseitigen der Leiche behilflich? Wir konnten uns dieses Eindruckes nicht ganz erwehren. Doch wie der Sohn, waren auch die Eltern nicht dazu zu bewegen, Licht in das dunkle Schicksal von Corinna Roth zu bringen.

So konnten wir nur vermuten, dass es zwischen Corinna Roth und Ralf Opitz in jener Nacht wieder einmal zu einer Aussprache gekommen war und die junge Frau weiterhin auf einer Trennung beharrte, die sie aus ihrer Sicht eigentlich schon längst vollzogen hatte. Vermutlich war dem Einzelkind Opitz dabei zum ersten Mal so richtig bewusstgeworden, endgültig verspielt zu haben. Allem Anschein nach hätte er nun zum ersten Mal auf etwas verzichten müssen, und ihm war vor allem bewusstgeworden, dass seine kunstvoll errichtete Scheinwelt zusammenbrechen würde. Eine solche Schmach und Niederlage konnte ein Mensch wie er nicht einfach hinnehmen. Und keinesfalls konnte er auch noch einem anderen Mann das Feld überlassen. Zudem würden sich seine Eltern wieder mehr auf seinen Werdegang konzentrieren und er müsste dann eingestehen, dass er sein Studium gegen die Wand gefahren hatte. Diese Erkenntnis bedeutete für Corinna Roth wohl das Todesurteil.

Doch das waren alles nur Vermutungen, die wir zunächst in keiner Weise belegen konnten. Der ansonsten so erfolgreiche Vernehmungsexperte Schulz unternahm noch einen zweiten kläglichen Versuch, Opitz zu einem Geständnis zu bewegen, doch offenbar hatte er diesmal seinen Meister gefunden. Er brachte aus dem Tatverdächtigen nicht einmal im Ansatz die Spur eines Geständnisses heraus.

Noch am selben Tag begannen wir, Thomas Vogt, den neuen Freund der Vermissten, sowie die unmittelbaren Verwandten beider Seiten zu vernehmen.

Der Lehrer gab an, Corinna habe ihn am Abend vor ihrem Verschwinden noch in seiner Wohnung besucht. Dies sei zwischen 18.00 und 20.00 Uhr gewesen. Danach sei sie gegangen, um mit zwei Freundinnen Fasching zu feiern.

Etwa um 23.45 Uhr habe er versucht, Corinna zu Hause anzurufen. Ihre Oma habe den Hörer abgenommen und ihm mitgeteilt, dass Corinna noch nicht da sei. Er habe die alte Dame dann gebeten, Corinna eine Mitteilung zu hinterlassen, dass sie ihn unbedingt noch in dieser Nacht anrufen möchte. Dann habe er sich schlafen gelegt.

Etwa um 3.00 Uhr habe das Telefon geklingelt. Corinna war am anderen Ende der Leitung. Er habe sie gebeten, noch zu ihm zu kommen. Sie habe ihm jedoch mitgeteilt, dass das unmöglich wäre, weil Opitz bei ihr sei und durchdrehen würde, wenn sie jetzt ginge. Sie hätten sich dann um 10.00 Uhr in seiner Wohnung verabredet. Doch Corinna sei nicht gekommen. Stattdessen habe bereits um 8.00 Uhr Corinnas Oma ihn angerufen und gefragt, ob ihre Enkelin bei ihm sei. Als er verneinte, habe sie ihm erzählt, Corinna sei verschwunden. Außerdem habe man festgestellt, dass in ihrem Bett das Leintuch und ein Steppdeckenüberzug fehlte.

Etwa um 10.00 Uhr habe ihn dann der ihm lediglich von Corinnas Erzählungen bekannte Freddy Zech besorgt angerufen und gefragt, ob Corinna bei ihm wäre. Als er verneinte und die Befürchtung äußerte, Corinna könnte etwas passiert sein, habe ihm Zech zugestimmt und erzählt, dass er gestern mit Opitz zusammen gewesen sei und dieser sich bei ihm sehr hartnäckig nach möglichen Tötungsarten und dem spurlosen Beseitigen einer Leiche erkundigt habe. Zech habe weiter ausgeführt, über dieses Thema durch Studium entsprechender Literatur gut Bescheid zu wissen, und er habe Opitz unter anderem gesagt, dass man eine Leiche am besten in einem See versenkt.

Der Lehrer erzählte Zech von dem Gespräch mit Corinnas Oma und dem fehlenden Bettzeug und dieser wies darauf hin, dass man dann einmal nach Spuren auf der Matratze schauen sollte.

Da Freddy Zech nirgends polizeilich gemeldet war, konnte er erst am nächsten Tag ausfindig gemacht werden. Er hielt sich bei seiner Freundin auf. Vor dem Hintergrund, dass Opitz vermutlich einen Mord begangen haben könnte und Zech als Mitwisser, ja vielleicht sogar Mittäter eingestuft wurde, bekam der hartgesottene Knastbruder weiche Knie. Er bestätigte vor der Kripo das Gespräch mit Opitz über mögliche Tötungsarten und dem spurlosen Verschwindenlassen einer Leiche. Unter anderem habe er Opitz darauf hingewiesen, dass man eine Leiche am besten in einen Sack oder eine Decke verpackt und in einem See versenkt. Allerdings müsste man sie dann unbedingt beschweren, da die Fäulnisgase die Leiche sonst wieder an die Oberfläche treiben würden.

Hinsichtlich der Tötung eines Menschen habe er Opitz erklärt, dass man hierzu zum Beispiel ein Narkosemittel verwenden kann. Der Vater von Ralf sei ja Jäger und als solcher bestimmt auch im Besitz von Narkosemitteln zur Betäubung von Wild. Ist ein Mensch erst einmal ruhiggestellt, könnte man bei ihm sehr leicht einen Erstickungstod herbeiführen, der keine Spuren hinterließe.

Zech führte weiter aus, er habe Opitz auch erzählt, man könne mit Hilfe eines Parfümballes einem Menschen Blausäure in den Mund sprühen. Das reiche aus, um ihn zu töten. Außerdem habe er noch über die Anwendung anderer Gifte geredet.

Vehement stritt Zech aber ab, Ralf Opitz bei der Tötung und Beseitigung von Corinna Roth in irgendeiner Weise behilflich gewesen zu sein. Opitz habe ihm auch nie gesagt, dass es bei dem Thema um Corinna Roth ginge. Er habe gedacht, dass sein Interesse allgemeiner Natur sei, zumal Opitz vor einiger Zeit von ihm schon zwei Bücher über das perfekte Morden ausgeliehen hatte. Opitz hätte ja auch schon mit den Waffen seines Vaters Schießübungen im Wald gemacht. Mehrfach habe er ihn gefragt, ob er ihm nicht eine Pistole besorgen könne. Auch vorgestern hätte er danach gefragt. Er habe Opitz zugesichert, sich nach einer geeigneten Waffe umzuschauen.

Auf die Frage, wie er dazu käme, Thomas Vogt zu sagen, man solle auf Spuren an Corinnas Matratze achten, meinte Zech, er habe zuvor mit Corinnas Mutter telefoniert und die hätte ihm gesagt, das sich darauf zwei nasse Flecken befinden würden. Angerufen habe er deshalb, weil er am Morgen des 7. Februar mit Opitz verabredet gewesen sei und weil dieser weder bei sich zu Hause noch bei Corinna zu erreichen war. Von Frau Roth habe er erfahren, dass Corinna spurlos verschwunden sei, und in Erinnerung an das vortägliche Gespräch mit Opitz sei ihm dann sofort der Verdacht gekommen, dass dieser Corinna umgebracht oder zumindest gewaltsam verschleppt haben könnte.

»Na, das ist doch schon mal was«, freute sich Schulz, als die Aussagen der beiden Hauptzeugen protokolliert worden waren.

»Aber zu einer Anklage wird es wohl nicht ganz reichen«, meinte ein Kollege skeptisch.

»Wir müssen unbedingt die Leiche finden. Ohne Leiche keine Anklage, das weißt du so gut wie ich«, erwiderte ich.

»Wir werden ja sehen«, entgegnete mir Schulz. »Wenn Opitz seine Freundin umgebracht hat, muss er dafür in den Knast, das sind wir dem Mädchen schuldig. Es ist doch jetzt wohl klar, dass das ein eiskalt geplanter Mord und kein Totschlag im Affekt gewesen ist. Der trug sich doch mindestens einen Tag, wahrscheinlich sogar schon Wochen mit dem Gedanken, seine Freundin umzubringen. Mit Affekt oder dergleichen kann der sich nicht mehr herausreden.«

Die Suche nach der Leiche von Corinna Roth lief auf Hochtouren. Einige Tage später konnten wir in Erfahrung bringen, dass die Familie Opitz im Hunsrück insgesamt vier große Grundstücke besaß, die natürlich in die Suche miteinbezogen werden mussten. Allerdings wurde diese Suche zwangsläufig und sehr stark von den damaligen Witterungseinflüssen bestimmt. Der Boden war tiefgefroren und es schneite immer wieder. Aufwendige Aktionen mussten deshalb mehrfach verschoben werden. Tage und Wochen vergingen, in denen wir oft zur Untätigkeit verurteilt waren.

Dennoch ließen wir nichts unversucht. So setzten wir sämtliche zur Verfügung stehenden technischen Hilfsmittel ein, wie zum Beispiel Wärmebildkameras, mit denen man von Flugzeugen oder Hubschraubern aus die kleinsten Temperaturunterschiede am Boden sichtbar machen kann. Es dauert unter Umständen sehr lange, bis eine Leiche völlig ausgekühlt ist. Aber auch dann hat sie noch eine sogenannte Eigenwärme, die sich unter anderem durch den Verwesungsprozess ein klein wenig erhöhen kann. Diesen Umstand macht man sich bei einer Suche mit Wärmebildkameras zunutze. Die früher ausschließlich in Aufklärungsflugzeugen der Bundeswehr eingebauten hochsensiblen Geräte sollen im Kriegsfall unter anderem dazu dienen, in unübersichtlichem Gelände selbst bestgetarnte feindliche Soldaten oder Fahrzeuge zu lokalisieren. Heute befinden sie sich auch in Polizeihubschraubern, wo sie zum Auffinden von flüchtigen Straftätern, von Toten oder sich in hilfloser Lage befindlichen Menschen dienen.

Im Bereich des Wohnortes von Corinna Roth überprüften wir sämtliche Abwasserschächte und –rohre nach Leichenteilen. Hundertschaften der Bereitschaftspolizei durchkämmten Waldstücke. Speziell ausgebildete Leichensuchhunde wurden ebenso eingesetzt wie Taucher, die alle infrage kommenden Gewässer der Umgebung systematisch abtauchten. Aber durch länger anhaltende, extreme Kälteeinbrüche verzögerten sich diese Maßnahmen immer wieder.

Wir hängten Fahndungsplakate auf und verteilten Flugblätter. Auch die Presse brachte sich intensiv in den Fall ein. In Baden-Württemberg, Rheinland-Pfalz und im Saarland erschienen große Artikel mit Bildern von Corinna Roth.

Da wir nicht ausschließen konnten, dass Opitz die Leiche vielleicht ins Saarland verbracht hatte, führten wir auch dort, insbesondere auf den Wochenendgrundstücken, umfangreiche Suchmaßnahmen durch. Wir legten zeitweise sogar die Fischteiche der Familie Opitz trocken und führten Grabungen auf den Grundstücken durch.

Doch die Leiche blieb spurlos verschwunden. Die Aussetzung einer Belohnung in Höhe von 10 000 D-Mark für Hinweise auf den Verbleib von Corinna Roth brachte ebenfalls nicht den erhofften Durchbruch. Wir standen unter einem ungeheuren Druck, da der Verteidiger von Ralf Opitz inzwischen einen 17-seitigen Antrag auf Aufhebung des Haftbefehls seines Mandanten gestellt hatte.

Uns war klar, dass die wenigen Indizien und Zeugenaussagen nicht ausreichten, um Opitz beweiskräftig zu überführen. Gespräche über Morde sind nicht strafbar. Sie konnten allenfalls ein Indiz dafür sein, dass Opitz die Tötung eines Menschen ins Auge fasste.

So kam es in diesem Fall, mehr wie in allen anderen Fällen, sehr stark auf die Arbeit der Kriminaltechniker an, um den Fall endgültig zu lösen. Nur wenn aus den am Tatort und im Pkw des Tatverdächtigen gesicherten Spuren auch tatsächlich sogenannte sächliche Indizien und echte Beweismittel herausgefiltert werden konnten, war seitens der Staatsanwaltschaft an eine Anklageerhebung und weitere Inhaftierung des Ralf Opitz zu denken.

Kommissar Schulz schärfte den Spezialisten ein, auf jedes noch so kleine Detail zu achten, um eventuell verwertbare Spuren zu erhalten. Und tatsächlich fanden die Kriminaltechniker im Kofferraum und auf der hinteren Stoßstange, unmittelbar unter der Ladekante des Ford-Fiesta, winzig kleine, gelbliche Faserspuren, die eindeutig darauf hinwiesen, dass über diese Stelle ein schwerer, mit gelblichem Tuch eingewickelter Gegenstand, vermutlich die Leiche der Corinna Roth, gezogen worden war.

Identische gelbe Faserspuren, die offensichtlich vom Steppdeckenüberzug stammten, konnten auch in Corinnas Wohnung am Rahmen der hinteren Tür, die in den Hof führte, gesichert werden. Die winzigen Baumwollteilchen befanden sich in einer Höhe, die darauf schließen ließ, dass Opitz die Leiche vor der Brust trug und mit ihr massiv am Türrahmen entlangstreifte.

Wir wussten ja, dass der gelbe Überzug fehlte. Das war zwar kein absoluter Beweis, aber ein deutliches Indiz dafür, dass Opitz die Leiche im Kofferraum seines Fahrzeuges transportiert hatte.

Unter Hochdruck trugen wir immer mehr Mosaiksteinchen zusammen, mit denen wir den Tatverdacht gegen Ralf Opitz erhärten konnten. Umfangreiche Befragungen von Zeugen brachten nach und nach Licht in den Fall.

So nahmen wir knapp vier Wochen nach Corinna Roths Verschwinden Freddy Zech nun schon zum sechsten Mal in die Mangel. Zu diesem Zeitpunkt saß er wieder einmal wegen eines Diebstahls im Gefängnis. Bei dieser Vernehmung gab er zu, mit Ralf Opitz einige krumme Dinger gedreht zu haben. Es waren kleinere Eigentums- und Rauschgiftdelikte. Auch gestand er plötzlich, dass Opitz und er einen Tag vor dem Verschwinden Corinnas nicht nur ganz allgemein über die Beseitigung eines Menschen, sondern in allen Einzelheiten darüber gesprochen hätten. Obwohl kein Name dabei fiel, sei er fest davon ausgegangen, dass Opitz seinen Nebenbuhler Thomas Vogt aus dem Wege räumen wollte.

Zech gab weiter zu Protokoll, dass sie nicht nur einmal, sondern schon mehrmals über dieses Thema gesprochen hätten und dass Opitz an diesem Tag bereits im Besitz eines Narkotikums war, das er zu Hause in einer braunen Arzneiflasche aufbewahrte. Mehrfach habe er Opitz auch eingehämmert, wenn er einen Menschen töten will, dies ganz alleine zu tun und mit niemandem darüber zu reden. Das sei oberster Grundsatz in der Branche.

Zech erklärte, er packe nun ausnahmsweise und nur in diesem besonderen Fall aus, weil ihm Corinna sehr nahegestanden sei, viel näher als Ralf Opitz.

Wörtlich sagte er:

»Als ich am Morgen des 7. Februar von Corinnas Oma erfuhr, dass Ralf und Corinna spurlos verschwunden sind und man befürchte, Ralf könnte Corinna etwas angetan haben, ging mir der Arsch auf Grundeis. Ich vermutete gleich, dass Ralf seine Freundin umgebracht und ihre Leiche beseitigt hatte. Aus diesem Grund telefonierte ich sofort mit Thomas Vogt, obwohl ich ihn nicht persönlich kannte. Ich wollte mich vergewissern, ob er noch lebte oder ob Ralf den Lehrer schon umgebracht hatte. Außerdem rief ich die Eltern von Ralf und Corinna an, in der Hoffnung, Ralf könnte sich dort aufhalten und Corinna lebt noch. Um den Lehrer hätte es mir nicht so leidgetan, aber um Corinna. Ich war ja nach wie vor eng mit ihr befreundet und hatte nicht vergessen, dass sie mich ein paarmal im Knast besuchte. Doch meine Anrufe waren vergebens. Immer mehr bekam ich die Gewissheit, dass Corinna von Ralf beseitigt wurde. Durch seine inzwischen erworbenen Kenntnisse war es für ihn ein Kinderspiel, sie spurlos verschwinden zu lassen.«

Etwa sechs Wochen nach dem rätselhaften Verschwinden von Corinna Roth teilte uns das serologische Labor des Landeskriminalamtes endlich mit, dass es in einem sehr aufwendigen Verfahren gelungen sei, in den ausgewaschenen Flecken auf Corinnas Matratze Blut und Speichel der Vermissten nachzuweisen. Das Indiziennetz um Ralf Opitz schloss sich immer enger.

Außer Freddy Zech gab es noch einen anderen Kriminellen, der gegen Opitz aussagte und ihm zum Verhängnis werden sollte. Zoran Radic war ein hochkarätiger Villeneinbrecher, der schon etliche Male im Gefängnis war. Einige Zeit arbeitete er als sogenannter V-Mann für das LKA und lieferte dabei ebenso hochkarätige Kollegen aus seinem Metier der Polizei ans Messer. Das hinderte ihn allerdings nicht daran, zur gleichen Zeit weitere Einbruchsdiebstähle zu begehen, weshalb das LKA die Zusammenarbeit mit ihm beendete.

Pech für Opitz war, dass er etwa zur selben Zeit wie Radic in U-Haft kam. Es dauerte einige Wochen, bis die beiden im Untersuchungsgefängnis miteinander in Kontakt kamen. Der 39-jährige, in allen Varianten des Verbrechens bewandte Radic wusste von Zeitungsberichten, dass Opitz wegen Mordverdachts in U-Haft saß. Er traute jedoch dem wesentlich jüngeren und unscheinbar aussehenden Burschen aus gutem Hause eine solche Tat nicht zu.

Nun dürfen sich Gefangene zu bestimmten Zeiten gegenseitig in ihren Zellen besuchen. Man nennt dies den »Umschluss«. Bei solchen Umschlüssen lernten sich Radic und Opitz näher kennen. Wilder, ein weiterer Gefangener und alter Knastbruder, war gelegentlich auch dabei.

Ein beliebtes Spiel unter den Untersuchungshäftlingen ist, beim Umschluss »Gericht« zu spielen. Dieses Spiel dient zum Zeitvertreib, aber auch zur Vorbereitung oder als Training für die anstehende Gerichtsverhandlung. Dabei werden natürlich bisherige Erfahrungen mit Richtern und Staatsanwälten ausgetauscht. Radic war in der Runde der absolute Star. Er konnte in überlegener Weise und je nach Belieben mal Richter, Staatsanwalt oder Angeklagter mimen, wobei er die anderen beiden regelmäßig an die Wand spielte.

Als Opitz, der nach wie vor angab, unschuldig zu sein, wieder einmal den Angeklagten spielte, wurde er von Radic und Wilder so weit in die Enge getrieben, dass die beiden plötzlich das Gefühl bekamen, dieser grüne Junge könnte tatsächlich seine Freundin umgebracht haben. Sie hakten jedoch vorerst nicht nach.

Ein paar Tage später kam das Trio auf die Idee, einen Bekannten von Radic nach Israel zu schicken, um dort nach einer Frau zu suchen, die Corinna sehr ähnlich sah. Diese Frau sollte mit Hilfe einer größeren Summe dazu gebracht werden, unter auffälligem Verhalten in Gegenwart von möglichst vielen Zeugen ein Telegramm an Corinnas Mutter abzuschicken, um damit ein Lebenszeichen vorzutäuschen. Opitz verfasste den Text des Telegramms selbst. Um das Ganze glaubhaft zu machen, erwähnte er darin einige Internas, die nur Corinna zu wissen schien. Das sollte ihre Eltern überzeugen, dass sie noch lebt und bei bester Gesundheit ist. Opitz versprach, nicht nur sämtliche Unkosten zu übernehmen, sondern Radic auch noch 10 000 D-Mark zu geben, wenn er durch diese Aktion aus der Haft entlassen werden würde.

Doch so weit kam es nicht, denn Radic wollte kein Geld, schon gar nicht solche Peanuts. Vielmehr wollte er sich für seine anstehende Gerichtsverhandlung einen Bonus verschaffen, der ihm einige Jährchen Gefängnis ersparen sollte. Außerdem plagte den schlauen Fuchs schon einige Zeit die Neugier. Er wollte wissen, ob dieser Grünling tatsächlich ein Mörder war. So setzte er alles daran, den unerfahrenen Opitz »abzukochen«, wie das im Fachjargon heißt.

Die Geschichte mit Corinnas Double in Israel nutzte Radic eiskalt dazu aus, Opitz so weit zu bringen, ihm die Wahrheit zu sagen. Er erklärte Opitz, er würde die Sache nur durchziehen, wenn er wirklich sicher sein könnte, dass Corinna tot sei und ihre Leiche nie wieder auftauchen würde. Opitz machte nun den ersten Schritt in die Falle. Während des Hofganges mit Radic versicherte er mit einem vielsagenden Unterton, Corinna würde nie wieder auftauchen. Dabei bückte er sich, nahm Staub vom Boden auf und pustete den Staub von der flachen Hand.

Es dauerte nur noch wenige Tage, bis es Radic gelang, Opitz endlich die Wahrheit zu entlocken. Radic sagte später aus, Opitz habe ihm die Tat mit folgenden Worten geschildert:

»Ich habe in der Nacht auf Corinna gewartet, bis sie nach Hause kam. Während des Wartens hatte ich genügend Zeit zum Nachdenken und mir ist endgültig klargeworden, dass etwas passieren muss. Als Corinna dann heimkam, stand mein Plan fest. Obwohl es mir gewaltig gegen den Strich ging, habe ich noch zugelassen, dass sie drüben bei ihren Eltern mit ihrem neuen Liebhaber, diesem Lehrer, telefonierte. Dann kam sie zurück, zog sich aus und schlüpfte zu mir ins Bett. Anschließend habe ich noch ein leises Gespräch mit ihr geführt. Es ging dabei um einen Brief, den ich ihr zwei Tage zuvor habe zukommen lassen, und darum, dass sie nicht mehr mit mir schlafen wollte.

Ich hatte eine Stinkwut, ließ mir aber nichts anmerken. Plötzlich und ohne Vorwarnung habe ich ihr dann einen Schlag ins Gesicht versetzt und sie sofort massiv gewürgt. Corinna wollte schreien, was ich jedoch durch kräftiges Zudrücken des Halses verhindert habe. Ihr zarter Hals hat dabei überhaupt keinen Widerstand geboten.

Corinna bekam offensichtlich Todesangst. Sie zitterte nur noch und brachte keinen Ton hervor, als ich den Würgegriff lockerte. Sie war nur noch ein ›Stück Angst‹ und traute sich wohl deshalb nicht, um Hilfe zu schreien. Danach habe ich mit ihr geschlafen, obwohl sie unten völlig trocken war und nicht wollte. Sie wehrte sich aber nicht, sondern lag nur teilnahmslos da. Als ich fertig war, habe ich sie noch über einige Dinge ausgefragt. Dann habe ich sie wieder fest und mit beiden Händen gewürgt. Sie hat anfangs noch etwas gezappelt. Schon bald quoll die Zunge aus ihrem Mund und es floss blutiger Schaum heraus. Obwohl sie vorher noch auf der Toilette war, hat sie zu meiner Verwunderung kräftig gepinkelt. Ich habe ihr so fest und mit aller Kraft den Hals zugedrückt, dass ich einen Krampf in den Händen bekam. Dabei wunderte ich mich, wie lange es dauerte, bis sie endlich tot war. Als sie sich dann nicht mehr regte, habe ich mehrfach ihr Herz abgehört, bis ich bemerkte, dass das Klopfen, das ich wahrnahm, nur noch von meinem eigenen Herzschlag kam.

Nachdem es mit Corinna vorbei war, habe ich eine Zigarette geraucht. Dann habe ich den Brief zu mir genommen, weil er mich belastet hätte. Anschließend habe ich die Leiche in das Laken und den Steppdeckenüberzug eingewickelt und so aus dem Haus in mein Auto verfrachtet. Um Spuren zu beseitigen, ging ich nochmals zurück. Mit Mineralwasser habe ich die Blutflecken auf der Matratze ausgewaschen und auf das Bett zwei Decken gelegt. Als das erledigt war, fuhr ich zu einem unserer Grundstücke im Hunsrück. Unterwegs kaufte ich mir an einer Tankstelle zwei Eis und rief meine Mutter an. Dann fuhr ich weiter.

Auf dem Grundstück angekommen, habe ich im Schutz von Büschen und Sträuchern Corinna irgendwo auf den Boden gelegt und über sie einen großen Scheiterhaufen aus Tannenzweigen und Lkw-Reifen errichtet. Darüber goss ich eine größere Menge Altöl. Da wir auf dem Grundstück schon öfters solche Feuer entzündeten, fiel das nicht auf. Das Feuer hat sehr lange gebrannt. Nachdem es schließlich erloschen war, befanden sich in der Asche noch Knochenreste, die ich mit der Hand zu

Staub zerdrücken konnte. Die Asche verteilte und vergrub ich an verschiedenen Stellen des Grundstückes und die eigentliche Brandstelle deckte ich mit einer dünnen Schicht Kies ab.«

Radic ließ den jungen Mörder erzählen, ohne dass er ihn unterbrach. Zum Schluss klopfte er ihm auf die Schulter und meinte:

»Alle Achtung, hätte ich nicht von dir gedacht, Kleiner. Du bist ja abgebrühter, als ich glaubte.«

Am nächsten Tag schon ließ Radic über die Gefängnisleitung einen Kontakt zu seinem sogenannten V-Mann-Führer beim LKA herstellen. Dem Beamten erzählte er, was Opitz ihm anvertraut hatte, und übergab ihm den von Opitz geschriebenen Text des Telegramms.

Wir wurden natürlich über dieses vertrauliche Gespräch sofort in Kenntnis gesetzt. Endlich, dachten wir, könnten wir Opitz ein Geständnis entlocken. Doch weit gefehlt! Opitz bestritt natürlich, sich jemals mit Radic eingelassen, geschweige denn sich ihm anvertraut zu haben, und behauptete, dieser habe alles erfunden.

Nun muss man wissen, dass V-Leute aus dem kriminellen Milieu sehr mit Vorsicht zu genießen sind. Oft lügen sie, dass sich die Balken biegen, um sich irgendeinen Vorteil zu verschaffen oder um sich einfach nur wichtig zu machen. Radic war ein Typ, der schon viele seiner Kumpane ans Messer geliefert hatte, dem man aber auch zu keinem Zeitpunkt richtig vertrauen konnte. Wollte er dieses Mal vielleicht für seine eigene Gerichtsverhandlung mit allen Mitteln einige wertvolle Pluspunkte auf Opitz' Kosten sammeln und war er deshalb sogar bereit, notfalls eine Geschichte zu erfinden?

Obwohl wir auf einem der Grundstücke der Familie Opitz eine größere, mit etwas Kies abgedeckte Brandstelle fanden, war damit nicht viel anzufangen. Die Kriminaltechniker gaben sich zwar die größte Mühe, doch es war schon zu viel Zeit verstrichen, um in den wenigen Brandrückständen noch verwertbare Spuren zu finden, die das angebliche Geständnis von Opitz belegt hätten.

Die Hauptverhandlung gegen Ralf Opitz fand schließlich 18 Monate nach seiner Festnahme vor dem Schwurgericht in Karlsruhe statt. Da die Anklage, insbesondere wegen der immer noch nicht gefundenen Leiche, bis dahin eher auf tönernen Füßen stand, hatte der Oberstaatsanwalt seine Anklageschrift nicht auf Mord, sondern lediglich auf Totschlag reduziert. Diese Taktik verfolgte der gewiefte Vertreter der Anklage übrigens von Anfang an. Damit wollte er der Verteidigung den Wind aus den Segeln nehmen, denn eine Mordanklage hätte weitaus mehr Angriffsfläche geboten als der Vorwurf des Totschlags im Affekt. Opitz' Rechtsanwalt legte nämlich mehrfach Beschwerde gegen die Untersuchungshaft seines Mandanten ein und versuchte durch verschiedene, zum Teil haarsträubende Beweismittelanträge das Verfahren zu verzögern beziehungsweise seinen Mandanten frei zu bekommen. Der absolute Gipfel zynischer und unmenschlicher Vorgehensweise war sein Antrag, dass bei den Ermittlungen auch die Eltern und die Großmutter von Corinna Roth als Mörder in Betracht zu ziehen seien.

Die große Frage war, wie würde das hohe Gericht die Aussagen der naturgemäß in aller Regel unglaubwürdigen Schwerkriminellen Freddy Zech und Zoran Radic bewerten. Würden die anderen Indizien und Beweise ausreichen, um den immer noch leugnenden Ralf Opitz hinter Gitter zu bringen?

An den insgesamt elf Verhandlungstagen vor dem Schwurgericht arbeiteten die drei Berufsrichter und der Staatsanwalt durch geschicktes Befragen des Angeklagten und der Zeugen in Verbindung mit den von den Kriminaltechnikern ausgewerteten Spuren hauptsächlich folgende Indizien und Beweise heraus, die für eine Täterschaft des Ralf Opitz sprachen:

1. Das Gericht stellte zunächst fest, es gäbe keinerlei Zweifel, dass Corinna Roth in den frühen Morgenstunden in ihrem Bett zu Tode kam. Das würden die auf der Matratze ihres Bettes festgestellten und ihr zugeordneten Urin-, Speichel- und Blutspuren beweisen.
2. Ein Sachverständiger des Landeskriminalamtes stellte fest, dass Art und Umfang der Spuren den Schluss zulassen, dass das Opfer mit hoher Wahrscheinlichkeit erwürgt oder erdrosselt wurde.

   Die Verteidigung und der Angeklagte versuchten hingegen, glaubhaft zu machen, dass Corinna Roth noch lebte und irgendwo untergetaucht sei. Um dies zu untermauern, beauftragte Opitz während der Untersuchungshaft sogar einen amtsbekannten Betrüger, Recherchen anzustellen und vor Gericht zu behaupten, Corinna Roth in einem schäbigen Animierlokal in Paris gesehen zu haben. Interessant hierbei war, dass die Eltern des Angeklagten die Dienste dieses Betrügers finanzierten.

   Einen weiteren Bekannten brachte Opitz so weit, dass er vor Gericht aussagte, Corinna sympathisiere mit der linken Szene und sei in den Untergrund abgetaucht.

   Diese dilletantischen Versuche des Angeklagten, sich zu entlasten, wurden vom Gericht verworfen und als besonders infam und niederträchtig eingestuft.
3. Mit Hilfe der Mutter und Großmutter, denen Corinna stets ihre neuerworbenen Kleidungsstücke vorführte und die auch ihre schmutzige Wäsche wuschen, konnte jedoch exakt festgestellt werden, dass die Garderobe, insbesondere die Oberbekleidung sowie die Schminkutensilien von Co-

rinna Roth vollständig waren. Ebenso befanden sich noch ihre sämtlichen Ausweispapiere in der Wohnung. Wäre sie von sich aus abgetaucht, hätte sie sicher Kleidung und Ausweise mitgenommen. Die genaue Bestandsaufnahme ihrer Kleidung belegte dagegen, dass sie nackt oder lediglich mit Schlüpfer und T-Shirt bekleidet aus der Wohnung geschafft wurde.

4. Ein Selbstmord von Corinna Roth an einem abgeschiedenen und bisher nicht entdeckten Ort, wie es vom Rechtsanwalt des Angeklagten in den Raum gestellt wurde, war absolut auszuschließen. Ihr Auto stand noch in der Garage. Außerdem war sie zum Zeitpunkt ihres Verschwindens äußerst glücklich, gerade eine wichtige Lehrprobe mit der Note 2 erfolgreich bestanden zu haben. Dazu war die junge Frau frisch und aussichtsreich verliebt. Sie hatte das beste Verhältnis zu ihren Eltern. In den Stunden vor dem spurlosen Verschwinden war sie noch lustig und vergnügt. Es ergaben sich nicht die geringsten Anzeichen einer beginnenden Depression oder Ähnliches.

5. Ralf Opitz war der Letzte, der Corinna Roth lebend gesehen hatte und die einzige Person, die zur Tatzeit einen Grund gehabt hatte, Corinna Roth zu töten. Wie mehrere Zeugen aussagten, war er im höchsten Maße eifersüchtig. Außerdem brach durch die von Corinna Roth vollzogene Trennung seine Scheinwelt zusammen, wodurch er befürchtete, von seinen Eltern höchste Missachtung zu erfahren, was für ihn besonders schmerzlich gewesen wäre.

6. Dass ein anderer als Ralf Opitz Corinna Roth tötete und die Leiche anschließend beseitigte, wurde mit an Sicherheit grenzender Wahrscheinlichkeit ausgeschlossen. Einbruchsspuren an Türen und Fenstern ihrer Wohnung waren nicht vorhanden. Die im gleichen Haus wohnende Großmutter

war an jenem Morgen nur für etwa zehn Minuten beim Bäcker. In dieser Zeit konnte sich ein Fremdtäter unmöglich unbemerkt Zugang in die Wohnung verschafft, dort die junge Frau getötet und sie anschließend wegtransportiert haben.

Vielmehr wurde gerade das Verschwinden der Leiche als ein deutliches Indiz dafür gewertet, dass Ralf Opitz der Täter war. Nach allgemeiner kriminologischer Erfahrung machen sich Fremdtäter, die einbrechen, um zu stehlen oder zu vergewaltigen und anschließend einen sogenannten Verdeckungsmord begehen, nie die Mühe, eine Leiche wegzuschaffen, da sie damit letztendlich auch ein sehr hohes Risiko eingehen, entdeckt zu werden.

7. Neben den Blut-, Urin- und Speichelspuren kam den gelben Faserspuren am Türrahmen von Corinnas Wohnung, an der Stoßstange und im Kofferraum des Ralf Opitz gehörenden Fahrzeuges eine ganz besondere Bedeutung zu. Wie ein LKA-Experte für Faserspuren vor Gericht in aller Ausführlichkeit erläuterte, wurde mit an Sicherheit grenzender Wahrscheinlichkeit die Leiche in den gelblichen Steppdeckenüberzug gehüllt und durch den Täter in Brusthöhe aus der Wohnung getragen, wobei er den Türrahmen streifte. An der Ladekante seines Pkw setzte er anschließend den Leichnam ab, um ihn dann vollends in den Kofferraum zu heben, zu schieben und zu drücken. Dabei streiften schwere, in dem Überzug eingehüllte Teile der Leiche über die Stoßstange, was ein Abrieb von mikroskopisch feinen Fasern zur Folge hatte. Ebenso konnten an einer Kante innerhalb des Kofferraumes die gleichen Textilteilchen gesichert werden.

Dass diese Faserspuren eindeutig Corinnas Steppdeckenüberzug zugeordnet werden konnten, ergaben spektralphotometrische Vergleichsuntersuchungen mit Proben, die an der noch vorhandenen Steppdecke gesichert werden konnten.

8. Dem Angeklagten konnte ein durch mehrere Zeugen belegtes typisches Vortatverhalten zur Last gelegt werden.

   Seine krankhafte Eifersucht kam nämlich sehr deutlich dadurch zum Ausdruck, dass er versuchte, Corinna Roth auf Schritt und Tritt zu verfolgen und sie unter Kontrolle zu halten.

   Gleichzeitig schmiedete er aber auch schon weit im Vorfeld der eigentlichen Tat Mordpläne gegen sie. Dies konnte durch die Aussage seines Freundes Freddy Zech eindeutig belegt werden. Zech hatte übrigens ein wasserdichtes Alibi für die Tatzeit und kam somit als Mittäter nicht infrage.

   Da sich die Aussage des sonst nicht gerade mit Ehrlichkeit behafteten Schwerkriminellen nahtlos in alle anderen Ermittlungsergebnisse einfügte, wurde sie in logischer Konsequenz hierzu auch als absolut glaubwürdig eingestuft.

9. Aus dem gleichen Grund wurde das Geständnis, das Opitz vor Zoran Radic abgelegt hatte, als authentisch bewertet, wenngleich Opitz vor Gericht immer noch vehement abstritt, sich Radic jemals anvertraut zu haben.

   Während der Schwerkriminelle stundenlang von den drei Richtern, dem Staatsanwalt sowie vom Verteidiger befragt wurde, hinterließ Radic, wie zuvor Freddy Zech, einen sehr überzeugenden und glaubhaften Eindruck. Er kam auch nicht durch die zahlreichen Fangfragen der Verteidigung ins Wanken. Vielmehr konnte sich Radic an viele ihm von Opitz anvertraute Einzelheiten erinnern, die er nur von der Person erfahren haben konnte, die Corinna Roth auch tatsächlich ermordet und ihre Leiche anschließend verschwinden lassen hatte. Die meisten Details standen absolut im

Einklang mit den vorhandenen Spuren und den übrigen Zeugenaussagen.

10. Die Eltern von Opitz versuchten vor Gericht alles, um ihren Sohn vor der drohenden Verurteilung zu retten. Doch sie verstrickten sich immer wieder in Widersprüche. Höhepunkt ihrer offensichtlichen Unwahrheiten und unsachlichen Argumente war, dass sie ganz allein Corinna Roth und deren Eltern die Schuld dafür zuschoben, dass ihr Sohn in Haft sei und diese unwürdige Verhandlung über sich ergehen lassen müsse.

    Insbesondere die Mutter von Ralf Opitz wurde bei ihrer Zeugeneinvernahme gleich mehrfach der Lüge überführt. Ihre Schilderung hinsichtlich des 8. Februar 1996 war von zahlreichen Unstimmigkeiten geprägt, die derart gravierend waren, dass die Richter zu dem Schluss kamen, Frau Opitz könnte ihrem Sohn sogar beim Verbrennen der Leiche behilflich gewesen sein.

Bis zum elften und letzten Verhandlungstag waren insgesamt 83 Zeugen und sieben Sachverständige gehört worden. Noch bevor die Plädoyers gehalten wurden, beantragte der Verteidiger zum wiederholten Male, das Verfahren aus Mangel an stichhaltigen Beweisen einzustellen und die sofortige Freilassung seines Mandanten zu verfügen. Der Antrag wurde jedoch abgelehnt.

In seinem dreistündigen Plädoyer führte dann der Oberstaatsanwalt mit sehr überzeugenden Argumenten aus, es gebe keinen Zweifel, dass Ralf Opitz in besonders verachtungswürdiger Weise seine Freundin Corinna Roth tötete. Und dann holte der überaus erfahrene Anklagevertreter zum alles entscheidenden Schlag aus. In ungewöhnlich beeindruckender Weise plädierte er nicht, wie in seiner ursprünglichen Anklageschrift, auf Totschlag, sondern auf Mord aus niedrigen Beweggründen. Mit erhobener Stimme an die drei Richter gewandt, ließ er keine Zweifel zu, dass die Tötung von Corinna Roth aus Hass, Rach- und Eifersucht sowie zur Verdeckung der von Opitz begangenen Vergewaltigung geschah.

Der Vertreter der Anklage forderte somit folgerichtig die für einen Mörder vom Gesetz vorgesehene lebenslange Freiheitsstrafe.

Die Rechtsanwältin der Eltern von Corinna Roth, die als Nebenkläger in dem Prozess auftraten, schloss sich in ihrem Plädoyer dem Antrag der Staatsanwaltschaft an. Sie schilderte eindringlich, welches Leid mit dem Verschwinden ihrer Tochter über die Familie Roth gekommen sei und dass ihnen mit dem Schweigen des Angeklagten das Recht genommen wurde, das einzige Kind beerdigen und beweinen zu können. Die Eltern wollten keine Rache. Ihr sehnlichster Wunsch sei, Corinna eine letzte Ruhestätte zu geben. Die Rechtsanwältin richtete einen flammenden Appell an den Angeklagten, er möge doch angesichts der erdrückenden Beweislast endlich preisgeben, wo er die sterblichen Überreste und die Asche der Getöteten vergraben habe.

Das Plädoyer des Verteidigers stand in seiner Dauer dem des Staatsanwalts nicht nach. Mit jedoch teilweise nicht mehr nachvollziehbaren dilettantischen Argumenten versuchte er die einzelnen Glieder der Indizien- und Beweiskette zu sprengen. Unter anderem warf er der Polizei und Staatsanwaltschaft vor, Beweismittel seien absichtlich unterdrückt worden, um das Hauptverfahren zu manipulieren. Er betonte noch einmal, es sei auch vorsätzlich versäumt worden, die Angehörigen von Corinna Roth in den Kreis der Verdächtigen mit einzubeziehen und gegen sie entsprechende Untersuchungen einzuleiten.

Vor dem Hintergrund des unsäglichen Leids der Eltern und der Großmutter der Ermordeten wurde diese in höchstem Maße respektlose und widerwärtige Äußerung des Verteidigers mit lauten Unmutsäußerungen des Publikums quittiert.

Kaum war das empörende Gemurmel verklungen, wehrte sich der aufs Äußerste verärgerte Oberstaatsanwalt mit lauter Stimme gegen den Vorwurf. Er griff mit dem nur sehr seltenen Mittel der »Replik« unmittelbar in das Plädoyer des Verteidigers ein und bezeichnete dessen Anschuldigungen als ungeheuerlich. Die skandalösen Behauptungen würden die Grenzen einer sachgerechten Verteidigung weit überschreiten und seien angesichts der erdrückenden Beweislage ein kläglicher Versuch, die Ermittlungsbehörden zu kriminalisieren. Dies hätte noch ein Nachspiel, wetterte der sichtlich aufgebrachte Anklagevertreter.

Letztlich schloss der Verteidiger sein Plädoyer mit den Worten:

»Die von der Anklage vorgebrachten Beweise lassen bestenfalls Vermutungen zu. Sie können aber nicht mit der für eine Verurteilung erforderlichen Sicherheit beweisen, dass mein Mandant seine Freundin tatsächlich getötet hat. Es gibt auch keinen einzigen sicheren Beweis, dass Corinna Roth tatsächlich tot ist. Aus diesem Grund beantrage ich, den Angeklagten in allen Punkten der Anklage freizusprechen und den Haftbefehl sofort außer Vollzug zu setzen.«

Als der Vorsitzende dem Angeklagten schließlich das Schlusswort erteilte, erhob sich Opitz langsam von der Anklagebank und verkündete in kühlen, wohlbedachten Worten:

»Ich habe Corinna nicht getötet! Dazu wäre ich nie in der Lage gewesen. Ich hoffe, dass ihr Schicksal geklärt wird, denn sonst bleibt an mir immer ein Makel haften. Ich bitte das hohe Gericht, mich freizusprechen.«

Vier Tage später wurde das Urteil verkündet. Der Schwurgerichtssaal war brechend voll. Beim Eintreten der Richter erhoben sich alle von ihren Sitzen, um kurz danach wieder auf ein Zeichen des Vorsitzenden Platz zu nehmen. Nach an Spannung kaum noch zu überbietenden endlosen Sekunden, in denen nur noch das leise Summen des Deckenventilators zu hören war, verkündete der Vorsitzende das Urteil. Dabei schien er entgegen den vorhergehenden Verhandlungstagen auffallend bleich zu sein. Ihm und den beiden anderen Richtern war die ungeheure Belastung der letzten Tage buchstäblich ins Gesicht geschrieben. Um eine feste und klare Stimme bemüht, forderte er Opitz auf, sich von seinem Sitz zu erheben. Danach verkündete er das Urteil:

»Im Namen des Volkes ergeht folgendes Urteil: Der am 15. Oktober 1974 in Saarbrücken geborene Ralf Opitz wird wegen Mordes in Tateinheit mit Vergewaltigung zu einer lebenslangen Freiheitsstrafe verurteilt. Er trägt die Kosten des Verfahrens und die notwendigen Auslagen der Nebenkläger.«

Ein lautes Raunen ging durch den Saal. Bravorufe wurden laut. Kriminaloberkommissar Schulz und ich atmeten tief durch. Das Urteil war der Lohn für die hartnäckige und erstklassige Arbeit der Polizei und Staatsanwaltschaft. Die Eltern Corinnas umarmten sich und weinten, während der Angeklagte und dessen Eltern keinerlei Gefühlsregungen zeigten. Es verging einige Zeit, bis der Vorsitzende die Urteilsbegründung vorlesen konnte. Sie dauerte über eine Stunde und umfasste später in aller Ausführlichkeit 143 DIN-A4-Seiten.

Unmittelbar danach kündigte der Verteidiger, wiederum unter Unmutsbekundigungen des Publikums, Revision an.

Der 33-seitige Revisionsantrag, der knapp vier Monate später beim Bundesgerichtshof einging, wurde jedoch dank der einzigartigen Meisterleistung von Polizei und Justiz abgewiesen. Insbesondere die Urteilsbegründung war von den Richtern bis ins letzte Detail dermaßen gut und treffend ausgearbeitet, dass sie jeder Anfechtung standhielt.

Die brennende Leiche

»Mein Gott, ist da einer völlig durchgeknallt? Welcher Idiot zündet hier ein Feuer an, mitten im Wald und dann noch zu dieser Jahreszeit?«, dachte sich Forstoberinspektor Otmar Kolb, als er am Montag, dem 30. September 1993, um 8.15 Uhr, mit seinem Land Rover zu einer Waldhütte fahren wollte, um dort an einer Messstelle den Grundwasserpegel zu kontrollieren. Er sah das Feuer schon von weitem und gab Gas. Da der Waldweg unbefestigt und mit tiefen Schlaglöchern versehen war, wurde Kolb in seinem Fahrzeug wild hin und her geschüttelt. Der Wald war zwar noch grün, doch auf dem Boden lagen jede Menge dürre Äste und trockenes Laub. Schon beim Heranfahren überlegte der Förster, wie er das Feuer löschen könnte. Doch es fiel ihm nichts ein. Einen Feuerlöscher oder eine Decke hatte er nicht an Bord, und die Flammen waren schon zu groß, um sie mit seinem Parka auszuschlagen. Kolb wollte sich die Sache aber erst einmal von der Nähe ansehen. Dann konnte er immer noch entscheiden.

Als er an der direkt neben dem Weg befindlichen Brandstelle bremste, sah Kolb, dass da ein lebloser Mensch am Boden lag und lichterloh brannte.

Die Flammen waren zwar nur etwa hüfthoch, aber strahlten eine solche Hitze aus, dass Kolb keine Chance hatte, sich der Leiche weiter zu nähern oder das Feuer irgendwie zu bekämpfen. Da er kein Handy dabeihatte, stieg er wieder in sein Fahrzeug, fuhr eiligst nach Hause und verständigte von dort über Notruf die Polizei. Mit zwei Decken kehrte er anschließend wieder zur Brandstelle zurück. Er kam zeitgleich mit dem ersten Streifenwagen an. Kolb und die Polizisten versuchten mit Hilfe der beiden Decken das Feuer zu ersticken, was jedoch nicht gelang, da diese zu brennen anfingen. Die Beamten fuhren deshalb eilig zu einem nahe gelegenen Industriegelände und besorgten sich dort mehrere Kanister mit Wasser. Schließlich konnten sie damit das Feuer löschen. Wie durch ein Wunder hatte es nicht auf umliegendes Laub und dürre Äste übergegriffen.

Beißender Qualm lag noch in der Luft. Er roch sowohl etwas süßlich als auch merklich nach Benzin. Als sich einer der Beamten den verkohlten Leichnam genauer anschaute, musste er sich zusammenreißen, um sich nicht an Ort und Stelle zu übergeben. An der Leiche waren die Beine und die Unterarme schon so stark verbrannt, dass weiße Knochen zum Vorschein kamen. Das Schlimmste und Grauenvollste aber war, dass offensichtlich der Kopf und beide Hände fehlten.

»Eines ist sicher, ein Selbstmord ist das nicht«, stieß der Schutzpolizist mit heißerer Stimme hervor. »Da muss die Kripo her, am besten gleich die Mordkommission!«

Es dauerte etwa eine halbe Stunde, bis die ersten Kollegen eintrafen. Vierzig Minuten später waren wir fast vollzählig. Wir begannen mit der Tatortarbeit und sperrten zuerst den Leichenfundort weiträumig ab. Danach kennzeichneten wir vom äußeren Rand der Absperrung einen schmalen Pfad zur Leiche, auf dem wir vorher jedoch jeden Quadratzentimeter des Bodens nach eventuellen Spuren absuchten. Anschließend begaben sich die Kollegen der Kriminaltechnik sowie der inzwischen ebenfalls eingetroffene Gerichtsmediziner zu der verkohlten Leiche, um sie vor dem Abtransport genauestens zu fotografieren und, so weit es überhaupt möglich war, zu untersuchen. Der dabei gefertigte Bericht des Protokollführers liest sich auszugsweise so:

»Unmittelbar neben dem von Süd nach Nord durch das Gewann Oberer Wald verlaufenden Weg liegt in Bauchlage die verkohlte Leiche eines Menschen. Der Kopf und die Hände sind abgetrennt. In unmittelbarer Nähe des Leichnams liegen eine Schuheinlage, ein Stück schwarze, angebrannte Plastikfolie und ein großes noch gut erhaltenes Stück eines Pappkartons, das eventuell beim Transport der Leiche Verwendung fand.

Nach Umdrehen der Leiche werden darunter ein Stück Jeansstoff, ein Druckknopf, Reste eines Pappkartons und ein Fünfmarkstück gefunden. Auch sieht man noch Reste von Stroh, das offensichtlich zum Anzünden benutzt worden war.

An der Leiche selbst sind in Höhe des Mittelbauches noch Teile von schwarzer Kunststofffolie zu sehen. Der Kopf ist unmittelbar über dem Schlüsselbein abgetrennt und befindet sich nicht bei der Leiche. Die Arme sind zur Seite abgewinkelt. Beide Hände fehlen. Während die rechte Hand im Bereich des Gelenkes scharfkantig abgetrennt ist, wurde die linke Hand oberhalb der Handwurzel entfernt. An der Trennstelle sind die Knochen unregelmäßig abgesplittert und das Gewebe ist ausgefranst. Im Bereich der Hüfte sind starke Verbrennungen festzustellen, die sich nach oben hin etwas reduzieren. Vorbehaltlich einer Obduktion, könnte es sich um eine weibliche Leiche handeln.«

Nachdem alle am Fundort notwendigen Untersuchungen an der Leiche und deren näherer Umgebung abgeschlossen waren, wurde der erweiterte Bereich zunächst mit Suchhunden und dann durch eine Hundertschaft der Bereitschaftspolizei ohne Ergebnis abgesucht. Wegen der anhaltenden Trockenheit konnte man auf dem Waldweg nicht einmal brauchbare Reifenspuren sehen.

Wir waren uns jedoch ziemlich sicher, dass der Täter wohl

ortsfremd sein musste, denn der Weg, neben dem er sein Opfer verbrannte, war nicht allzu weit von bewohntem Gebiet entfernt und wurde tagsüber durch Spaziergänger, Jogger und Fahrradfahrer stark frequentiert.

Noch am gleichen Tag führten wir deshalb in den umliegenden Dörfern Lautsprecherdurchsagen durch und verteilten Flugblätter, auf denen die Bevölkerung um Hinweise zur Aufklärung der Tat gebeten wurde. Außerdem kurbelten wir die übliche Fahndung in den Medien an.

Daraufhin meldeten sich mehrere Zeugen, die zu der fraglichen Zeit in der Nähe des Leichfundortes ein dunkles Fahrzeug mit erhöhter Geschwindigkeit davonfahren sahen. Aber niemand konnte dieses Fahrzeug näher beschreiben, geschweige denn, das Kennzeichen nennen. Ein Zeuge meinte, sich an ein Kennzeichen mit Darmstädter Nummer zu erinnern. Doch er war sich nicht sicher. Eine andere Zeugin gab an, sie sei wohl so nah an der Brandstelle gewesen, dass sie den Geruch von gebratenem Fleisch wahrgenommen habe. Das Feuer habe sie jedoch nicht gesehen. Sie habe angenommen, dass jemand im Wald grillte, und sich keine weiteren Gedanken gemacht.

Die Obduktion fand noch am selben Tag statt. Der erfahrene Gerichtsmediziner erklärte, dass es sich bei dem Leichnam um eine etwa 45 bis 50 Jahre alte Frau handelte, da er an den Eileitern festgestellt hatte, dass die Frau nicht mehr menstruierte und damit offensichtlich in den Wechseljahren war. Allerdings, so konstatierte er, hatte die Frau für dieses Alter noch eine sehr flexible Wirbelsäule. Dieser Aspekt wurde aber von ihm bei der Altersbestimmung nicht weiter berücksichtigt.

Da der Körper durch die Hitze des Feuers zusammengeschrumpft war, konnte die ursprüngliche Größe und das Gewicht bestenfalls nur geschätzt werden. Der Obduzent legte sich auf 150 bis 160 Zentimeter und etwa 75 Kilogramm fest.

Bekleidet war die Frau mit einer Jeanshose oder einem Jeansrock. Reste davon fanden sich im Bereich des Unterbauches. Ebenso konnte noch ein Teil des Schlüpfers sichergestellt werden. Am weniger verkohlten Oberkörper waren dazu noch große Teile des Büstenhalters erhalten.

Die weitere Untersuchung der Leiche ergab, dass die Frau an einer Brustdrüsenerkrankung gelitten hatte. Außerdem hatte sie eine auffallend vergrößerte und kugelförmige Gebärmutter mit einem Knick des Gebärmutterhalses.

Die letzte Nahrungsaufnahme der Frau bestand aus Erbsen, Karotten und Kraut. Sie erfolgte höchstens drei bis vier Stunden vor ihrem Tod.

Da der Verwesungsprozess der Leiche durch das Feuer stark beeinflusst worden war, konnte die Todeszeit nicht genau bestimmt werden. Der Obduzent meinte, die Frau könnte ein bis drei Tage vor ihrem Auffinden getötet worden sein.

Die Abtrennung des Kopfes und der Hände wurde mit unterschiedlichen Werkzeugen vorgenommen. Es dürften sowohl ein Messer als auch ein sägeähnliches Schneidgerät Verwendung gefunden haben. Beim Röntgen und beim anschließenden Ablösen der Oberhaut sowie beim Öffnen des Torsos ergaben sich keine Hinweise auf die Tötungsart. Auch wurden keine individuellen Merkmale, wie verheilte Knochenbrüche oder Narben, festgestellt.

»Eine unbekannte Tote. Das kann ja heiter werden«, brummte Werner Götz, unser Mordkommissionsleiter ins Telefon, als ihm das Ergebnis der Obduktion mitgeteilt wurde.

»Wenn die Frau nicht vermisst gemeldet ist oder vielleicht noch wird, haben wir schlechte Karten.« Kriminalhauptkommissar Emil Stark, der stellvertretende Moko-Leiter, wusste, wovon er sprach. Es kommt immer wieder vor, dass unbekannte Tote gefunden werden, deren Identifizierung sich über Monate oder gar Jahre hinziehen kann. Seit Öffnung der Grenzen haben sich diese Fälle vermehrt. Manche Leichen werden nie identifiziert. Sie werden dann irgendwann namenlos bestattet.

Beim Bundeskriminalamt und den Landeskriminalämtern gibt es Spezialisten, die selbst bei skelettierten oder stark verwesten Leichen deren ursprüngliches Aussehen mit Hilfe einer Computeranimation nachbilden können, so dass man in den Medien entsprechende Bilder veröffentlichen kann. Aber ohne Kopf, wie in vorliegendem Fall, ist diese Möglichkeit nicht gegeben.

Da zudem auch noch die Hände fehlten, stand ein weiteres wichtiges Identifizierungsmittel nicht mehr zur Verfügung. Einzig das sogenannte Leichenblut und eine damit vorgenommene DNA-Bestimmung hätte die Identität der Toten klären können, falls das DNA-fähige Material einer vermissten Person mit der DNA des Leichenblutes übereingestimmt hätte.

Einen Tag nach Auffinden der Leiche wurden das Bundeskriminalamt und sämtliche Landeskriminalämter über den Leichenfund genauestens informiert. Dabei wurden Alter, Größe, Gewicht sowie die Bekleidung der Toten, aber auch der vermutete Tatzeitraum angegeben, um mit diesen Kriterien schon einmal eine grobe Vorauswahl in Bezug auf vermisste Frauen vornehmen zu können. Bei der Mordkommission gingen daraufhin zwar einige Meldungen auf spurlos verschwundene Frauen ein, aber die näheren Überprüfungen ergaben dann doch keine Übereinstimmung mit der unbekannten Leiche.

Bereits am zweiten Tag setzte die Staatsanwaltschaft für Hinweise zur Aufklärung des Verbrechens eine Belohnung in Höhe von 3000 D-Mark aus. Das hatte zur Folge, dass sich noch einmal verschiedene Zeugen meldeten, die in irgendeiner gemachten Beobachtung eine kleine Chance sahen, die Belohnung zu kassieren. Oft hören sich Hinweise von solchen Zeugen einfach nur haarsträubend an. Doch es kommt immer wieder vor, dass solche, auf den ersten Blick unbedeutete Hinweise die entscheidende Spur darstellen, die zum Täter führt. Aus diesem Grund sind alle Moko-Mitglieder angehalten, jedem auch noch so kleinen Hinweis mit äußerster Akribie so lange nachzugehen, bis schließlich geklärt worden ist, ob der Hinweis im Ergebnis negativ oder positiv ist. Dies kann Tage, manchmal auch Wochen oder sogar Monate dauern. Im Normalfall wird damit nur ein Beamter der Mordkommission beauftragt, bei einer in ihrem Umfang größeren Spur kann jedoch auch vorübergehend ein Team von mehreren Moko-Mitgliedern zusammengestellt werden, um diese Spur zu bearbeiten.

Vom ersten Tag an bildeten die bei der Toten aufgefundenen Bekleidungsreste einen bedeutsamen Spurenkomplex. Wir hofften, dadurch auf die Identität der unbekannten Leiche zu stoßen.

Ich hatte die Aufgabe, die Herkunft des unter der Leiche aufgefundenen Druckknopfes herauszufinden, um dadurch vielleicht Hinweise auf den Verkaufsort, den Verkäufer oder gar den Käufer zu erhalten.

Aufgrund der Auffindesituation und des Aussehens des Knopfes vermutete ich, dass der Druckknopf vom Bund einer Jeanshose oder eines Jeansrockes stammte. Er trug auf der Vorderseite die Aufschrift »URBAN EQUIPEMENT –R-« und auf der Rückseite waren die Buchstaben »MSA« zu sehen.

Ich suchte mit vergrößerten Fotoaufnahmen des Knopfes einen Jeansladen auf. Dort erfuhr ich, dass es sich bei der Bezeichnung »URBAN EQUIPEMENT –R-« wohl um ein geschütztes Warenzeichen handelt und der Inhaber dieses Zeichens vermutlich beim Patentamt in München registriert sei.

Für mich war diese Information ein erster großer Schritt zur Abklärung der Spur Nummer zwölf. Unter dieser Nummer wurde nämlich der Druckknopf im Spurenaufkommen des

Mordfalles geführt. Doch ich ahnte, dass es fraglich sein würde, anhand des Knopfes die Identität der Toten zu klären.

Die Auskunft des Patentamtes, das betreffende Warenzeichen sei nicht zur Anmeldung gekommen, überraschte mich deshalb nicht sonderlich. Seitens des Patentamtes wurde vermutet, dass es sich lediglich um ein Pseudo-Warenzeichen handelt, das dazu dient, Kunden zu täuschen.

Doch ich ließ nicht locker und suchte einen Jeanshersteller auf. Von dem erfuhr ich, dass es eine Fachzeitschrift für Jeanshändler gibt. In der *New Sportswear,* so heißt diese Zeitung, konnte ich buchstäblich in allerletzter Minute vor Redaktionsschluss noch einen großen Aufruf starten, in dem ich den Leichenfund schilderte und auf die Bedeutung des Druckknopfes zur Identifizierung der unbekannten Leiche hinwies.

Hierauf meldete sich ein Jeanshändler und teilte mir mit, dass der Knopf wahrscheinlich von der Firma MINE SAFETY APPLICANSAS COMPANY in Pittsburg/USA hergestellt wurde. Das gehe aus den auf der Rückseite des Knopfes befindlichen Buchstaben MSA hervor.

»Na, das ist doch schon mal was«, lobte Moko-Leiter Götz meine Bemühungen. »Wenn Sie jetzt noch herausfinden, an welchen Hosen diese Knöpfe angebracht sind und wo solche Hosen in Deutschland verkauft werden, könnten wir weiterkommen.«

Ich gab mir alle Mühe. Doch meine Hoffnungen lösten sich in Luft auf, als ich nach Übermittlung der Bilder des Knopfes von der amerikanischen Firma die Auskunft erhielt, dass es sich bei dem Knopf um eine billige Fälschung handelt, die vermutlich irgendwo in Asien hergestellt worden ist. Das ginge eindeutig daraus hervor, dass das Wort »EQUIPMENT« auf dem Knopf mit »EQUIP(E)MENT« falsch übertragen wurde. Solche Fehler seien bei asiatischen Fälschungen üblich.

Weiter teilte mir der Verantwortliche der Firma mit, sie hätten die Erfahrung gemacht, dass Nachforschungen hinsichtlich der Fälscher von vornherein zum Scheitern verurteilt seien, da der asiatische Markt unüberschaubar groß ist und die Hersteller weitgehend auf Anonymität achten.

Ich war somit am Ende der Fahnenstange angelangt. Die Spur Nummer zwölf musste ich als ungeklärt ablegen.

Mein Kollege, Kriminalkommissar Lang, hatte die Aufgabe, die Spur Nummer 15 und 16 zu bearbeiten. Bei diesen Spuren handelte es sich um Reste des Schlüpfers und des BHs der Toten. Der Zufall wollte es, dass ausgerechnet das Etikett an dem zum größten Teil verbrannten Schlüpfer noch gut erhalten war. Die Bezeichnung »HANES S (30-32) MADE IN U.S.A.« konnte man deutlich entziffern. Auch Teile des BHs waren noch relativ gut erhalten.

Lang suchte einen Händler für Damenunterwäsche auf. Von ihm erhielt er die Auskunft, dass Unterwäsche dieses Fabrikats in deutschen Läden kaum zu kaufen wäre. Er solle sich einmal in einem sogenannten PX-Shop amerikanischer Streitkräfte erkundigen, vielleicht hätte er dort mehr Glück.

Lang fuhr daraufhin zum amerikanischen Hauptquartier in Heidelberg und wurde tatsächlich fündig. Im dortigen PX-Shop gab es sowohl Schlüpfer als auch BHs des fraglichen Herstellers. War das ein erster Hinweis darauf, dass es sich bei der Ermordeten um eine Angehörige oder eine Bezugsperson der amerikanischen Streitkräfte handeln konnte?

In die Ermittlungen schalteten wir nun den CID (Criminal Ivestigation Divisions = Kriminalpolizei amerikanischer Streitkräfte) ein. Doch unsere gemeinsamen Recherchen brachten zunächst keinen Erfolg. Es gab zu diesem Zeitpunkt keine vermisste Frau in den Reihen der in Deutschland stationierten Armeeangehörigen. Wir traten auf der Stelle.

Zwischenzeitlich lag das Ergebnis der am Leichenfundort erhobenen Bodenproben vor. Es wurde definitiv festgestellt, dass die Frau nicht an der Fundstelle getötet worden war. Dazu befand sich viel zu wenig Blut im Boden. Zum einen machte dies die Aufklärung des Mordes nicht leichter, aber zum anderen bedeutete dies, dass es noch einen weiteren Ort gab, an dem sich unter Umständen wichtige Beweise finden ließen. Man musste diesen Ort nur noch lokalisieren.

Neun Tage nach Entdecken der Leiche meldete sich bei uns ein Beamter des 11. Kommissariats der Kripo Frankfurt und teilte uns mit, dass bei ihnen eine 27 Jahre alte Philippinerin vermisst gemeldet wurde. Figur und Größe der Vermissten würden mit der aufgefundenen Leiche in etwa übereinstimmen. Lediglich das Alter würde stark abweichen.

Die Frau sei der Polizei bereits am 30. September von ihrem Arbeitsgeber als abgängig gemeldet worden, aber erst jetzt hätten Angehörige eine offizielle Vermisstenanzeige erstattet.

Aufgrund des großen Altersunterschiedes räumten wir der Nachricht zunächst keine Priorität ein. Wir forderten lediglich bei der Frankfurter Kripo die Vernehmungsprotokolle und Berichte des Vermisstenfalles an, aus denen hervorging, dass die abgängige Frau Beatrice Liangson hieß und am 25. Juni 1964 auf den Philippinen geboren war.

Weiter ging aus den Unterlagen hervor, dass ihr Vater noch in der Heimat lebte, wohingegen die Mutter 1978 verstarb.

Beatrice Liangson reiste im Jahr 1986 als Touristin nach Deutschland ein. Natürlich wollte sie hier keinen Urlaub machen, sondern sich in dem aus ihrer Sicht reichen Industrieland niederlassen. Nachdem ihre dreimonatige Aufenthaltserlaubnis abgelaufen war, tauchte sie deshalb in die Illegalität unter. Ihren Lebensunterhalt verdiente sie sich als Putzfrau und Babysitterin. Seit Januar 1993 war sie bei einer deutschen

Familie fest angestellt und hatte ein monatliches Einkommen von 1650 D-Mark. Sie bewohnte eine Einzimmerwohnung in einem Vorort von Frankfurt.

Ihr äußeres Erscheinungsbild war alles in allem sehr gepflegt. Dennoch war die Philippinerin nicht sonderlich attraktiv. Sie war nur 1,54 Meter groß, wog jedoch 72 Kilogramm, weshalb sie richtig pummelig wirkte. Auch ihr Gesicht war als auffallend pausbäckig zu bezeichnen. Ihr typisches schwarzes Haar trug sie mittellang bis in den Nacken reichend.

Im Raum Stuttgart lebten ihre beiden Schwestern Viola und Carolina. Im Gegensatz zu Beatrice hatten die beiden das große Glück, dass sie jeweils einen deutschen Mann heiraten konnten und somit einen legalen Aufenthaltsstatus erhielten.

Nach Eingang der Vermisstenanzeige durchsuchte die Frankfurter Kripo die Wohnung von Beatrice Liangson. Dabei wurden zwei auf sie ausgestellte Pässe sowie eine amerikanische ID-Karte mit unterschiedlichen Geburtsdaten gefunden. Es waren offensichtlich alles Fälschungen. In einem der Pässe befand sich ein Stempel, der dem Inhaber den Status eines Angehörigen des zivilen Gefolges der US-Armee verlieh. Mit diesem Dokument war es Beatrice Liangson möglich, sich unbehelligt in Deutschland aufzuhalten und sogar eine Arbeitserlaubnis des Arbeitsamtes Frankfurt zu erhalten.

Neben den Ausweisdokumenten wurden in der Wohnung noch jede Menge Notizzettel, Briefe und dergleichen mit einer Unmenge von Adressen entdeckt. Die Vermisste hatte also einen sehr großen Bekanntenkreis, der von den Kollegen aus Frankfurt nur zum kleinen Teil befragt wurde.

Als wir die Vermisste Beatrice Liangson als Spur Nummer 238 aufnahmen, wussten wir, dass das wegen des großen Bekanntenkreises der Frau jede Menge Arbeit bedeutete.

Wir richteten unsere Ermittlungen zunächst nur auf das nähere Umfeld der Philippinerin. Bei Vernehmungen der beiden Schwestern und deren deutschen Ehemännern konnten wir in Erfahrung bringen, dass Frau Liangson zwar als sehr kontaktfreudig, aber auch als äußerst zuverlässig galt. Trotz der vielen Bekanntschaften schien ihr Leben geordnet zu sein. Sie war nie über einen längeren Zeitraum abwesend, ohne vorher Bescheid zu sagen. An ihrer Arbeitsstelle erschien sie stets pünktlich.

Sehr bald mussten wir unsere Befragungen auf alle ihre Freunde und Bekannten ausdehnen. Auch fragten wir bei unzähligen Krankenhäusern nach. Doch wir erhielten nicht den geringsten Hinweis auf den Aufenthaltsort von Beatrice Liangson. Lediglich eine ihrer Freundinnen sagte aus, dass Bea, wie sie von Freunden genannt wurde, am Samstag, den 27. September noch bei ihr auf einer Party war. Sie habe sich etwa um 21.30 Uhr verabschiedet und sei mit der Straßenbahn zum Flughafen gefahren, wo sie einen Mann treffen wollte. Wie der Mann hieß, konnte die Freundin nicht sagen.

Als wir diese Freundin näher unter die Lupe nahmen, stellte sich heraus, dass Beatrice Liangson bei ihr Schulden in Höhe von 500 D-Mark hatte. Könnte das die Ursache für das Verschwinden der Philippinerin sein? Hatte sie sich vielleicht wegen dieses relativ geringen Betrages aus dem Staube gemacht, oder gab es etwa eine handfeste Auseinandersetzung zwischen den beiden, in deren Verlauf sie zu Tode gekommen war? Die Freundin brauchte nämlich das Geld sehr dringend, um ihre Miete zu bezahlen.

Doch wir konnten ermitteln, dass Beatrice Liangson zwei Tage später von ihrem Arbeitgeber ihren Lohn erhalten hätte, mit dem sie ohne weiteres ihre Schulden hätte begleichen können.

Danach befragt, ob und was man an jenem 27. September auf der Party gegessen hatte, gab die Freundin an, man habe zusammen ein thailändisches Gericht zubereitet, das aus Reis, Beaf,

Karotten, Paprika, Shrimps, Erbsen, grünen Bohnen, Steaks und Hühnerfleisch bestand.

Da bei der Obduktion der unbekannten Frauenleiche in deren Magen- und Darmtrakt lediglich Erbsen, Karotten und Kraut, jedoch kein Fleisch festgestellt wurde und eben auch das Alter der Toten auf 45 bis 50 Jahre geschätzt wurde, kamen wir zu dem Schluss, dass es sich bei der Leiche nicht um die 27-jährige Beatrice Liangson handeln konnte.

Doch wollten wir in unserem Mordfall die Spur Liangson nicht endgültig zu den Akten legen, bevor wir nicht die absolute Gewissheit hatten, dass unsere unbekannte Leiche nicht doch Beatrice Liangson war. Aus diesem Grund fuhren wir nach Frankfurt, um zum einen DNA-fähiges Material der Vermissten zu sichern und zum anderen, um eventuell weitere Hinweise zu erhalten, nach denen ausgeschlossen werden konnte, dass Beatrice Liangson tatsächlich die brennende Leiche war.

In der sehr sauberen und aufgeräumten Wohnung der Philippinerin konnten wir umfangreiches DNA-Material finden. Bei der Durchsicht ihrer Korrespondenz stellten wir fest, dass Beatrice Liangson per Kontaktanzeigen Männerbekanntschaften gesucht hatte. Auch fanden wir ein rotes Notizbuch, in dem Telefonnummern und Adressen von 82 Personen verzeichnet waren. Auffallend war, dass im Register »D« offensichtlich ein Name oder eine Telefonnummer herausgeschnitten worden war.

Doch als überraschenden Erfolg der Durchsuchung konnten wir den Fund von zwei Damenschlüpfern der Marke »HANES« werten, die sich noch in einer Dreierpackung befanden. Außerdem entdeckten wir eine leere Verpackung eines Büstenhalters desselben Fabrikats. Damit war die schon wegen des vermeintlich großen Altersunterschiedes völlig erkaltete Spur Liangson plötzlich wieder brandheiß, zumal es sich bei dem auf der Verpackung abgebildeten Büstenhalter um dasselbe Modell handelte, das die unbekannte Tote trug.

Sollte sich der Gerichtsmediziner hinsichtlich des Alters der Toten tatsächlich derart verschätzt haben, indem er sich zu sehr darauf stützte, dass die Frau keine Menstruation mehr hatte? Und sollte er fälschlicherweise zu sehr vernachlässigt haben, dass die Wirbelsäule der Frau noch überaus flexibel war, was gegen ein Alter von 45 bis 50 Jahren sprach? Wieso wurden keine Fleischreste im Magen und Darm der Leiche gefunden? Das waren die zentralen Fragen, die wir uns stellten.

Erfahrene Mitglieder von Mordkommissionen wissen, dass Gerichtsmediziner keineswegs unfehlbar sind. Es kommt immer wieder vor, dass sie sich in wichtigen Details einfach irren. Ein Fehler oder Irrtum bei einer Obduktion kann für die Bearbeitung eines Tötungsdeliktes natürlich fatale Folgen haben, die so weit gehen können, dass daran die Aufklärung des Falles scheitert.

Inzwischen erkrankte unser Mordkommissionsleiter und sein Stellvertreter übernahm die Leitung. Emil Stark war ein alter Hase. Es war nicht die erste Moko, die er leitete, und er hatte stets auch eine gesunde Skepsis gegenüber der Gerichtsmedizin. So wies uns Stark an, Beatrice Liangsons Frauenarzt ausfindig zu machen, um zu erfahren, ob bei der Philippinerin irgendwann eine auffällige Gebärmutter und ein Knick im Gebärmutterhals diagnostiziert worden war. Stark traf damit ins Schwarze. Der Gynäkologe bestätigte beide Auffälligkeiten.

Da nun feststand, dass Beatrice Liangson zu Lebzeiten die gleiche Unterwäsche wie die unbekannte Leiche trug und zudem mit einer Jeanshose bekleidet war, als sie am 27. September ihre Freundin besuchte, setzten wir uns über das Ergebnis der Gerichtsmedizin hinweg. Stark gab Anweisung, die Ermittlungen auf den Vermisstenfall Liangson zu konzentrieren.

In Anbetracht dessen, dass zur damaligen Zeit eine DNA-Vergleichsuntersuchung unter Umständen noch Wochen dauerte, wies er uns an, umfangreiche Befragungen im Freundes- und Bekanntenkreis der Vermissten, bei ihren Hausmitbewohnern und bei den in ihrem Notizbuch aufgeführten Personen durchzuführen. In der Folge wurden unzählige Zeugen befragt, was einen gewaltigen Arbeitsaufwand bedeutete, zumal ein Großteil davon der deutschen Sprache nicht mächtig war.

Im Zuge der Befragungsaktion konnte schließlich in Erfahrung gebracht werden, dass die Philippinerin in ihrer Wohnung zwar von vielen Männern Besuch bekommen, aber nur mit einem einzigen von ihnen ein intimes Verhältnis gepflegt hatte. Der Mann hieß John Dale und war Angehöriger des zivilen Gefolges der US-Armee. War das vielleicht der Unbekannte, mit dem sich die Vermisste nach dem Besuch bei ihrer Freundin am Flughafen treffen wollte und der im Register »D« des Notizbuchs der Vermissten seinen Namen heraustrennte?

Wie in solchen Fällen üblich, wurde Dale auf Herz und Nieren überprüft. Der Mann war 32 Jahre alt und hatte das typische, etwas vierschrötige Gesicht eines biederen amerikanischen Farmers des Mittleren Westens. Seine blonden Haare trug er kurz und streng gescheitelt. Er war etwa 175 Zentimeter groß und hatte eine normale Figur. Insgesamt gesehen, war er eine völlig unscheinbare, unauffällige Person.

Dale war seit acht Jahren mit einer ebenso biederen Frau verheiratet und die beiden hatten eine vierjährige Tochter.

Nach seinem Eintritt in die US-Army 1977 war er zunächst in verschiedenen Staaten Amerikas stationiert. 1984 musste er für ein Jahr nach Korea. Wieder zurück, versah er bis 1989 seinen Dienst in den Staaten. Er hatte es zwischenzeitlich bis zum Bordingenieur gebracht. Dann wurde er auf die Rhein-Main-Airbase in Frankfurt versetzt. Frau und Tochter blieben zu Hause in Tennessee.

Wohl wegen der Trennung von Heimat und Familie bekam er in Deutschland jedoch sehr bald psychische Probleme, die derart gravierend wurden, dass er vom Flugdienst suspendiert und zwangsweise zum zivilen Bodenpersonal versetzt werden musste. Er legte Widerspruch dagegen ein und bemühte mehrere psychiatrische Gutachter, die ihm wieder zu seinem alten Status verhelfen sollten. Doch ohne Erfolg. Frustriert wurde Dale schließlich immer mehr zum Einzelgänger. Die Kontakte zu anderen Personen beschränkten sich fast nur noch auf dienstliche Angelegenheiten.

Jonathan Smith war der Einzige, der mit Dale etwas näher befreundet war. Doch diese Freundschaft reichte nicht so weit, dass Dale Smith von seinem Verhältnis zu Beatrice Liangson erzählt hätte.

Wie und wann genau die Philippinerin den GI kennenlernte, konnte nicht in Erfahrung gebracht werden. Dale schwieg sich stets darüber aus. Bekannte von Frau Liangson gaben an, dass sich die beiden gelegentlich stritten. Einmal soll Dale seine Geliebte sogar aus dem fahrenden Auto gestoßen haben. Trotz dieses Vorfalles drängte die Frau den verheirateten Mann, sich scheiden zu lassen, weil sie ihn unbedingt ehelichen wollte. Und Beatrice Liangson war bekannt dafür, dass sie einen starken Durchsetzungswillen besaß. War darin vielleicht das Motiv für den Mord zu suchen?

John Dale wurde zunächst als Zeuge befragt. Entsprechend seinem Naturell gab er sich überaus wortkarg. Er sagte aus, seine Geliebte letztmals am 26. September, also viel Tage vor ihrem Verschwinden, am Telefon gesprochen zu haben. Danach habe er keinen Kontakt mehr zu ihr gehabt. Er habe keine Ahnung, wo sich Beatrice Liangson aufhalten könnte.

Doch Dale hatte nicht damit gerechnet, dass wir alle, aber auch alle Personen aus seinem eigenen Umfeld sowie auch aus dem der Philippinerin befragen würden. So stießen wir sehr bald auf eine gute Freundin von Beatrice Liangson, mit der die Vermisste noch am 27. September telefoniert hatte. Die Zeugin gab an, Beatrice habe ihr erzählt, dass sie tags zuvor mit John Dale intim war. Bea habe auch erwähnt, dass Dale ihr dabei beide Hände an das Bett gefesselt habe. Ihr hätte das gefallen, weil sie dadurch einen besonderen Kick bekommen habe.

Eine andere Zeugin gab an, Beatrice habe ihr ebenfalls am 27. September erzählt, dass sie sich am selben Abend mit Dale treffen wolle. Dem Treffen habe sie richtig entgegengefiebert. Bea habe bei dem Gespräch einen glücklichen Eindruck gemacht.

Falls diese beiden Aussagen stimmten, hatte John Dale gelogen und dann stellte sich automatisch die Frage, warum er die Unwahrheit gesagt hatte. Hatte er etwas zu verbergen?

Inzwischen waren 13 Tage nach dem Auffinden der brennenden Leiche vergangen und die Spezialisten des Kriminaltechnischen Institutes beim Landeskriminalamt Baden-Württemberg hatten mit Hilfe von DNA-Untersuchungen festgestellt, dass es sich bei der Leiche tatsächlich um Beatrice Liangson handelte.

Wir hielten Kriegsrat. Dabei trugen wir sämtliche belastenden Indizien gegen John Dale zusammen. Es war jedoch nicht allzu viel, was für seine Täterschaft sprach. Unzweifelhaft stand fest, dass Beatrice Liangson die Geliebte des verheirateten Amerikaners war. Weiterhin stand im Raum, dass die beiden am 26. September noch ein Schäferstündchen miteinander hatten und sich am Abend des folgenden Tages wieder treffen wollten. Aber entsprach das wirklich den Tatsachen? Die Philippinerin konnte ja geflunkert haben, als sie darüber mit ihren Bekannten sprach. Doch weshalb sollte sie diesbezüglich die Unwahrheit gesagt haben?

Nach dem Abend des 27. September befragt, gab Dale an, sich

nicht mehr genau erinnern zu können. Wahrscheinlich sei er zu Hause gewesen. Das war natürlich alles andere als ein wasserdichtes Alibi. Doch konnte man ihn deshalb festnageln? Viele Menschen halten sich samstag abends alleine in ihren eigenen vier Wänden auf. Es war ja auch nicht sicher, wann die Vermisste genau zu Tode kam. Immerhin vergingen fast vier Tage vom Verschwinden der Frau bis zum Auffinden der brennenden Leiche. Dale konnte vielleicht auch nur deshalb die Unwahrheit gesagt haben, weil er tatsächlich mit seiner Geliebten zusammen war und er nach deren spurlosem Verschwinden befürchtete, in etwas reingezogen zu werden, für das er in Wirklichkeit gar nicht verantwortlich war.

Doch was den frühen Morgen des 30. September betraf, konnte Dale kein Alibi vorweisen. War er es, der die Leiche der Philippinerin im Wald bis auf einen kleinen Haufen Asche verschwinden lassen wollte? Er hatte an diesem Tag kurzfristig Urlaub genommen und gab an, bis etwa 10.00 Uhr geschlafen zu haben. Das konnte man glauben oder auch nicht.

Nach einer heißen Diskussion über das Für und Wider entschlossen wir uns, einen Haftbefehl gegen den Tatverdächtigen zu beantragen. Dale wurde am 14. Oktober, um 22.30 Uhr, in der Wohnung eines Bekannten festgenommen. Als ihm bei der anschließenden Vernehmung eröffnet wurde, dass er im Verdacht stehe, Beatrice Liangson ermordet zu haben, verweigerte er die Aussage und zog sich zunächst völlig in sich zurück.

Zwei Stunden später suchten wir Dale in seiner Zelle auf. Wir versuchten ihn zum Sprechen zu bringen. Doch er gab weinend an, sein Kopf sei leer und er würde nur noch schwarz sehen. Nachdem wir ihm erklärt hatten, es würden Zeugenaussagen vorliegen, die belegen, dass er sich mit seiner Geliebten am 27. September getroffen habe, gab er dies, entgegen seiner früheren Aussage, spontan zu. Er könne sich aber nicht mehr daran erinnern, wann das genau war. Mehr bekamen wir von Dale nicht zu hören.

Obwohl die Indizien sehr dürftig waren, ordnete der zuständige Haftrichter nach einem längeren Telefonat mit Kriminalhauptkommissar Stark die Untersuchungshaft gegen Dale an.

Anschließend durchsuchten wir in Begleitung zweier Kriminaltechniker die Wohnung des Inhaftierten. Hierbei konnten unter anderem zahlreiche Waffenjournale sowie Waffenerwerbsscheine für insgesamt drei Handfeuerwaffen gefunden werden. Die Waffen selbst befanden sich nicht in der Wohnung. Außerdem entdeckten wir eine Rechnung einer Autovermietung. Daraus ging hervor, dass Dale am 27. September um 16.05 Uhr einen Ford-Sierra angemietet hatte. Zu welchem Zweck hatte er sich dieses Fahrzeug geliehen? Er hatte doch selbst einen fahrbereiten VW-Passat. Und hatte es eine besondere Bewandtnis, dass er sich das Auto schon vor dem Treffen mit seiner Geliebten beschaffte?

Aus der Rechnung ging weiter hervor, dass er das Fahrzeug am 30. September, um 9.49 Uhr, wieder zurückgebracht hatte, also an jenem Tag, an dem die brennende Leiche im Wald gefunden worden war. Bis dahin hatte er 564 Kilometer zurückgelegt.

Als wir dann in Dales Küche auch noch einen Müllsack fanden, dessen Konsistenz und Farbe mit einem kleinen, angebrannten Fetzen Kunststoff übereinstimmte, der unmittelbar neben der Leiche gefunden worden war, waren wir uns ziemlich sicher, dass Dale der Mörder von Beatrice Liangson war. Doch genauso sicher waren wir uns auch, dass diese Indizien nicht für eine Anklage, geschweige denn für eine Verurteilung ausreichten. Dazu bedurfte es mehr, viel mehr.

Blutspuren des Opfers, mit denen der Tatverdächtige in unmittelbarem Zusammenhang gebracht werden konnte, wären unter Umständen ein echter und wichtiger Beweis gewesen, auf den sich eine Anklage hätte stützen können. Aber weder in Dales Wohnung noch in der seiner Geliebten wurden nicht einmal kleinste Spritzer gefunden.

Unsere Kriminaltechniker nahmen anschließend den VW-Passat unter die Lupe. Aber auch darin fanden sie nichts Verdächtiges. Anschließend fuhren sie zu seinem Arbeitsplatz auf der Air Base. Dort entdeckten sie in Dales Spind drei Schalldämpfer für eine Pistole vom Kaliber 22 und einen Kanister, in dem sich noch Reste von Benzin befanden. Außerdem fanden sie noch eine Axt und ein Paar Schuhe, auf denen mit Hilfe einer Lupe winzige blutverdächtige Antragungen zu sehen waren.

Darüber hinaus konnten sie in einem Waschbecken ein paar pechschwarze Haare sicherstellen, die eventuell vom Opfer stammen konnten. Haare, Axt und Schuhe wurden sofort in die Serologie des LKA gebracht, wo sie von Spezialisten untersucht wurden. Und siehe da, es fanden sich tatsächlich kleinste Mengen von Blut daran.

In der Vergangenheit war es kaum möglich, mit so kleinen Mengen eine Blutgruppenbestimmung oder gar eine hundertprozentige Identifizierung durchzuführen. Doch die Untersuchungsmethoden haben sich im Laufe der Jahre immer mehr verfeinert. Heute kann man kleinste Mengen DNA-Material durch ein bestimmtes Verfahren so weit vervielfältigen, dass es ausreicht, um eine sichere Identifizierung durchführen zu können.

Da wir vermuteten, dass Dale die Leiche in dem Mietwagen transportierte, fahndeten wir mit Hochdruck nach dem Ford-Sierra. Aber wir hatten Pech. Das Fahrzeug war nacheinander bereits an drei weitere Personen ausgeliehen worden. Die Mietwagenfirma erteilte uns die Auskunft, dass ein Spanier mit dem Sierra irgendwo in Europa unterwegs sei. Die Fahrzeuge würden auch nach jedem Verleihen gründlichst gereinigt. Sowohl im Fond als auch im Kofferraum würden selbst die winzigsten Krümel mit einem Staubsauger beseitigt. Etwaige Flecken auf Sitzpolster oder Teppichboden würden mit speziellen Mitteln entfernt.

Doch wir gaben die Hoffnung nicht auf und schrieben den Leihwagen sofort im gesamten europäischen Raum zur Fahndung aus. Gleichzeitig ließen wir über Interpol die Familie des Spaniers ermitteln und befragen. Es stellte sich dabei heraus, dass der Mann bei einer englischen Firma arbeitete, die eine Niederlassung in Deutschland hatte. Innerhalb weniger Stunden konnten wir den Spanier schließlich ausfindig machen und den von ihm benutzten Mietwagen einer gründlichen kriminaltechnischen Untersuchung zuführen.

Hierbei wurde zunächst festgestellt, dass das Fahrzeug auf den ersten Blick tatsächlich absolut sauber war. Doch mit ganz speziellen Methoden konnten unsere Techniker auf dem Fahrersitz und im Kofferraum wiederum kleinste Blutspuren lokalisieren und mit großem Aufwand extrahieren. Wenn diese Spuren Beatrice Liangson zugeordnet werden konnten, würde das ein weiterer wichtiger Baustein für die Anklage gegen John Dale sein.

Drei Tage nach seiner Festnahme suchten wir den Untersuchungshäftling im US-Militärgefängnis in Mannheim erneut auf. Wir waren zu zweit und hatten uns gut auf den Besuch vorbereitet. Sehr bald fanden wir Zugang zu Dale. Wohldurchdacht, aber behutsam stellten wir Dale immer wieder Fragen, bei deren Antworten sich der Tatverdächtige in Widersprüche verstrickte. In diesem Stadium der Vernehmung wäre es fatal gewesen, wenn er sich wieder in sein Schneckenhaus zurückgezogen hätte.

Zum Beispiel fragten wir ihn geschickt nach Orten, an denen

er mit seiner Geliebten Sex hatte. Als der Tatverdächtige angab, er habe sowohl in seiner als auch in ihrer Wohnung Sex mit Beatrice gehabt, hakten wir ein und wollten von ihm wissen, ob er seine Freundin nicht auch an seiner Arbeitsstelle geliebt habe. Dale verneinte. Doch wir hatten von einer Bekannten des Opfers erfahren, dass sich die beiden sehr wohl irgendwo auf der Air Base Frankfurt geliebt hatten, und wir bekamen das untrügliche Gefühl, dass dieser Ort auch der Tatort sein könnte, zumal dort ja auch Haar- und Blutspuren gefunden worden waren, die vorbehaltlich der genauen Untersuchungen wahrscheinlich von Beatrice Liangson stammten.

Nach dem Grund befragt, weshalb er in der tatkritischen Zeit einen Leihwagen hatte, gab uns Dale wenig überzeugend zur Antwort, er habe nach Hannover fahren wollen. Seinem eigenen Fahrzeug hätte er die lange Fahrt nicht mehr zugetraut, weshalb er sich den Ford mietete.

»Und waren Sie in Hannover?«, fragten wir ganz beiläufig.

»Nein, da haben Sie mich vorhin falsch verstanden. Ich bin nur zwischen der Air Base und meiner Wohnung hin und her gefahren.«

»Dann waren Sie mit dem Leihwagen gar nicht außerhalb von Frankfurt?«

»Nein, ich fuhr nur ein paarmal zur Air Base.«

»Wie kommt es dann, dass Sie mit dem Wagen 564 Kilometer zurücklegten?«

»Das weiß ich nicht, das kann nicht sein. Ich nehme an, dass bei der Leihwagenfirma der Tachostand falsch abgelesen wurde.«

Wir stellten dann noch einmal die entscheidende Frage: »Mister Dale, haben Sie Beatrice Liangson getötet, ja oder nein?«

Dale wich unserem Blick aus. »Nein, das habe ich nicht getan«, erwiderte er mit leiser, zittriger Stimme. Dabei senkte er den Kopf tief auf seine Brust. Er presste seine Hände fest gegeneinander, so dass die Knöchel weiß hervortraten.

Wir wussten in diesem Moment, dass Dale log, dass er aber noch nicht so weit war, ein Geständnis abzulegen.

Wir lenkten deshalb das Gespräch auf die Haftbedingungen und Dale erzählte, er würde gut versorgt und fair behandelt werden. Und plötzlich, wie aus heiterem Himmel, fragte er, welche Strafe er wohl zu erwarten hätte.

Bei uns klingelten sämtliche Alarmglocken! Wir schauten uns für den Bruchteil einer Sekunde an und wussten beide, dass wir dem Durchbruch nahe waren, denn diese Frage stellt niemand, der unschuldig ist. Wir mussten kein Wort miteinander wechseln und hatten dennoch den gleichen Gedanken: Damit hast du dich endgültig verraten, John Dale!

Ob man nun will oder nicht, in diesen Augenblicken verspürt man als Vernehmungsbeamter so etwas wie einen Triumph, ein Siegesgefühl, das es jedoch absolut zu unterdrücken gilt, was nicht immer leicht ist. Die eigene innere Anspannung ist immens groß. Es kommt auf jedes Wort, auf jede Geste an und vor allem auch auf den richtigen Zeitpunkt, an dem man den Hebel ansetzt. Der Tatverdächtige darf auf keinen Fall das Gefühl bekommen, dass er hintergangen wird.

Bevor wir einhaken konnten, stellte Dale schon die nächste Frage:

»Gibt es in Deutschland die Todesstrafe, kann ich zum Tode verurteilt werden?«

»Die Todesstrafe wurde in Deutschland im Jahr 1949 abgeschafft. Sie können also im höchsten Fall »Lebenslänglich« bekommen«, antwortete ich mit der Sanftmut eines Geistlichen.

»Vielleicht wäre die Todesstrafe besser. Ein Leben lang hinter Gittern? Da gehe ich vor die Hunde!«

»Lebenslänglich heißt in Deutschland nicht bis zum Ende des

Lebens. Gewöhnlich kommen Lebenslängliche nach 15 Jahren frei«, erwiderte ich.

»In Amerika ist das nicht so. Da muss man tatsächlich bis an sein Lebensende brummen. Dann ist es also besser, wenn ich in Deutschland vor Gericht gestellt werde, oder?«, fragte Dale. Angst und Resignation schwangen in seiner Stimme.

»Das kommt darauf an. Man kann das vorher nie genau sagen. Je nach Sachlage kann das eine oder das andere von Vorteil sein«, antwortete mein Kollege.

»Ich glaube, ich möchte nach deutschem Recht verurteilt werden, aber ich werde das mit meinem Anwalt noch besprechen und jetzt entschuldigen Sie mich.«

Mit diesen Worten unterbrach Dale die Befragung. Er ließ sich ohne weiteren Kommentar aus dem Vernehmungsraum führen. Jetzt waren wir uns absolut sicher, dass Dale seine Geliebte getötet hatte. Natürlich wäre es uns lieber gewesen, Dale hätte ein umfassendes Geständnis abgelegt und sich dabei über die Einzelheiten und das Motiv seiner Bluttat ausgelassen. Aber für uns war es zunächst einmal wichtig, dass da kein Unschuldiger im Gefängnis saß. Alles andere würde sich noch ergeben.

Zwei Tage später meldete sich Dales Rechtsanwalt und teilte uns mit, dass sein Mandant zum Sachverhalt bis auf weiteres keine Angaben mehr machen würde.

Nun hing alles davon ab, was die Spezialisten des kriminaltechnischen Institutes beim LKA zu leisten imstande waren. Nach vier Monaten war es dann so weit. Die Untersuchungen des LKA hatten zweifelsfrei ergeben, dass sich auf der Axt, den Schuhen sowie auf dem Fahrersitz und im Kofferraum des Mietfahrzeuges tatsächlich Blut von Beatrice Liangson befand. Außerdem wurde durch eine chemische Analyse eindeutig festgestellt, dass das Material des neben der Leiche gefundenen kleinen Stückes einer Plastikfolie absolut identisch mit einem großen, schwarzen Müllsack war, den man in der Küche des Tatverdächtigen gefunden hatte. Die pechschwarzen Haare aus dem Waschbecken stammten ebenfalls von der Philippinerin. Auffällig hierbei war, dass sie an beiden Enden geschnitten waren. Das bedeutete, dass es sich um Haarreste handelte, die beim Enthaupten des Opfers im Nackenbereich abgetrennt worden waren. Mit diesem überzeugenden Untersuchungsergebnis hatte sich die Schlinge um den Hals von John Dale zugezogen.

Nun stellte sich nur noch die Frage, ob Dale sich vor einer deutschen Strafkammer oder vor einem amerikanischen Militärgericht zu verantworten hatte. Der Verteidiger Dales hatte im Namen seines Mandanten bereits beantragt, den Fall vor einem deutschen Gericht zu verhandeln. Dadurch erhoffte er sich ein milderes Urteil. Er bot im Gegenzug an, dass sein Mandant dann bereit wäre, ein umfassendes Geständnis abzulegen.

Am 3. Februar 1994 fand zwischen den Anklagevertretern beider Nationen eine Besprechung statt. Es sah so aus, als ob es sich hier um einen klassischen Fall von konkurrierender Gerichtsbarkeit handelte. Die Anklagevertreter der Amerikaner beharrten aber darauf, dass sie nach dem Nato-Truppenstatut das Vorrecht zur Ausübung der Gerichtsbarkeit hätten und deshalb das Verfahren gerne übernehmen würden, da der Anklagte ja Angehöriger der amerikanischen Streitkräfte war und sich der Tatort vermutlich auch auf amerikanischem Hoheitsgebiet befand. Gleichzeitig betonten sie, dass John Dale zum Tode verurteilt werden könnte, sollte seine Schuld erwiesen werden. Das Verfahren würde zwar in Deutschland stattfinden, die Todesstrafe würde jedoch auf alle Fälle in den USA vollstreckt werden.

Die deutsche Staatsanwaltschaft wandte ein, dass die Abgabe des Verfahrens an die amerikanische Gerichtsbarkeit unter diesen Gesichtspunkten äußerst bedenklich sei und dass es angebrachter wäre, Dale vor ein deutsches Gericht zu stellen, da sämtliche Ermittlungen von der deutschen Polizei geführt worden waren. Schließlich kam man überein, den Fall nochmals eingehend nach den bestehenden Vorschriften beider Länder sowie nach den bilateralen Vereinbarungen zu prüfen.

Anschließend fanden noch mehrere Besprechungen statt. Zwischenzeitlich schwenkte Dales Rechtsanwalt unverhofft um und beantragte, im Gegensatz zu seinem früheren Antrag, dass die Verhandlung vor dem Militärgericht in Mannheim stattfinden sollte. Damit setzte der Verteidiger alles auf eine Karte. Nachdem er nämlich die Akte studiert hatte, hoffte er, einen Fehler der deutschen Polizei bei der Sicherung der wichtigsten Indizien und Beweise herausarbeiten zu können. Dem Verteidiger war sehr wohl bekannt, dass im amerikanischen Recht ein Grundsatz verankert ist, den man »custody of chain« nennt.

Dieser Grundsatz besagt, dass ein sächliches Beweisstück im Verfahren nur dann zugelassen wird, wenn dessen Herkunft und Verbleib lückenlos nachgewiesen werden kann. Folgendes Beispiel soll das verdeutlichen: Bei der Festnahme eines Tatverdächtigen wird ihm die Waffe, mit dem er das Opfer tötete, von einem Beamten der Schutzpolizei aus der Hand geschlagen und von einem anderen vom Boden aufgehoben. Der gibt sie an seinen Einsatzleiter weiter. Danach wird sie kurzzeitig auf dem Polizeirevier deponiert, bis sie schließlich einem Kriminalbeamten übergeben wird. Dieser bewahrt die Waffe eine Zeit lang in seinem Dienstzimmer auf. Dann leitet er sie an die Schusswaffensachverständigen weiter. Nach Abschluss der Untersuchung wird die Pistole dem Gericht zugesandt.

Das amerikanische Recht verlangt nun in solch einem Fall, dass der gesamte Weg der Waffe absolut minuziös mit Zeit-, Orts- und Personenangaben protokolliert wird. Eine einzige Lücke im Protokoll hat zur Folge, dass die Pistole im Verfahren nicht als Beweismittel zugelassen wird, obwohl doch jedermann weiß, dass der Täter sie bei seiner Festnahme mitführte. Das Gleiche gilt für Blut- und andere Spuren.

Die deutsche Polizei hat zwar den Ruf, äußerst präzise zu arbeiten, ist aber von gerichtlicher Seite keinen so strengen Vorschriften hinsichtlich der Verwahrung sichergestellter Beweismittel unterworfen. Diesen Umstand wollte sich die Verteidigung zunutze machen, um die Fundamente der Anklage zu erschüttern.

Nach längeren, aber in jeder Phase sachlich geführten Diskussionen kamen die Anklagevertreter beider Nationen unter Berücksichtigung aller Umstände schließlich überein, dass die deutschen Ankläger auf die Durchführung des Verfahrens verzichten. Unter der Zusicherung, dass Dale nicht zum Tode verurteilt und hingerichtet wird, wurde die Mordakte des John Dale den Amerikanern übergeben.

Dales Rechtsanwalt wähnte sich schon als Sieger, als die Verhandlung vor dem Militärgericht in Mannheim anberaumt wurde. Doch er hatte nicht damit gerechnet, dass von Beginn an ein deutscher Oberstaatsanwalt in die Ermittlungen eingebunden war, der bereits Erfahrung mit der amerikanischen Gerichtsbarkeit hatte und sämtliche Mitglieder der Mordkommission immer wieder darauf hinwies, was bei der Sicherstellung von Beweismitteln zu beachten ist. So kam es, dass bei der Hauptverhandlung alle Einwände und Anträge des Verteidigers hinsichtlich unsachgemäßer Sicherung und Auswertung von Beweismitteln vom hohen Gericht abgewiesen wurden. Die Experten der Kriminaltechnik sowie die Gutachter des Landeskriminalamtes, insbesondere die Serologen, traten im Zeugenstand sehr überzeugend auf. Und obwohl John Dale nie ein Geständnis ablegte und nichts über Motiv oder Verbleib von Kopf und Hände seines Opfers preisgab, stand nach Abschluss der Beweisaufnahme fest, dass er seine Geliebte auf unbekannte Weise vorsätzlich getötet und danach versucht hatte, die Leiche zu verbrennen.

Es fiel nicht ins Gewicht, dass der Tatort nicht sicher bestimmt werden konnte, und es war auch nicht ausschlaggebend, ob Dale sein Opfer, so wie er es noch am 26. September bei einem Liebesspiel getan hatte, vor der Tötung auf dem Bett fesselte und es dann erwürgte oder ob er es mit einer nie gefundenen Schusswaffe tötete. Fest stand, dass er die Tat vorher geplant und nicht im Affekt begangen hatte. Das konnte daraus geschlossen werden, dass Dale sich den Leihwagen schon vor dem Treffen mit Beatrice Liangson besorgt hatte und der Ford Sierra zweifellos nur zum Transport der Leiche diente. Die hohe Kilometerzahl resultierte daraus, dass Dale mit der Leiche im Kofferraum wohl ziellos umhergefahren war, bis er schließlich einen nach seiner Meinung geeigneten Platz gefunden hatte, wo er die Leiche ungestört verbrennen konnte. Sein Pech, dass am Morgen des 30. September Forstoberinspektor Otmar Kolb die brennende Tote gerade noch rechtzeitig entdeckte und die Leiche später als die philippinische Staatsangehörige Beatrice Liangson identifiziert werden konnte.

John Dale wurde folgerichtig für seine grausame Tat zu lebenslanger Haft verurteilt. Er ging zwar noch in Revision, doch das Urteil wurde vom obersten Gericht in den USA bestätigt. Der Mörder wird bis ins hohe Alter sein Leben in einer Zelle des Staatsgefängnisses Tennessee fristen. Wäre er von einem deutschen Gericht verurteilt worden, wäre er jetzt wahrscheinlich schon längst wieder frei.

Schwulenmord

Der Kollege in der Funkleitzentrale konnte um 21.54 Uhr das grellrote Aufleuchten des Knopfes an seinem Funkpult bereits sehen, bevor eine Sekunde später der laute und prägnante Summton des Notruftelefons an sein Ohr drang.

Obwohl er den Job schon einige Jahre machte, veranlassten die beiden Signale sofort eine Erhöhung seines Pulses. Bei einem Notruf konnte es auf jedes Wort und auf jede Sekunde ankommen, und dem Kollegen war klar, dass es an ihm liegen würde, wenn es jetzt in diesem Augenblick um die Rettung eines Menschen ging.

Er griff nach dem Hörer, presste ihn an sein Ohr und drückte auf den roten Knopf.

»Polizeinotruf!«, sagte er mit fester Stimme. »Was kann ich für Sie tun?«

»Guten Abend!«, meldete sich eine besorgte Frauenstimme. »Hier ist Hannelore Appel, und ich weiß nicht, ob es richtig ist, dass ich Sie anrufe, aber ich mache mir Sorgen um meinen Nachbarn. Er war in letzter Zeit etwas depressiv und heute zog er den ganzen Tag über seine Rollläden nicht hoch. Ich habe mehrfach versucht, bei ihm anzurufen, doch das Telefon ist ständig besetzt.«

»Sie meinen also, Ihr Nachbar könnte sich etwas angetan haben?«

»Ja, das befürchte ich. Aber ich hoffe, dass ich ihn mit meinem Anruf nicht in Schwierigkeiten bringe, sollte ihm nichts passiert sein.«

»Da kann ich Sie beruhigen. Außer einer eventuell beschädigten Wohnungstür wird das für Ihren Nachbarn keine weiteren Folgen haben. Wie heißt denn der Mann und wo wohnt er genau?«

»Er heißt Klaus Haag und wohnt in der Hirschstraße 14.«

»Ich schicke sofort eine Streife dorthin. Wenn Sie bitte vor dem Haus auf sich aufmerksam machen könnten, wären wir Ihnen sehr dankbar, Frau Appel.«

Als der Streifenwagen wenige Minuten später in der Hirschstraße eintraf, winkte Hannelore Appel schon von weitem. Die beiden Beamten begrüßten sie und begaben sich mit ihr in das erste Obergeschoss des fünfstöckigen Mehrfamilienhauses. Vor Klaus Haags Wohnungstür zog Polizeihauptmeister Dressler eine alte Scheckkarte aus seiner Brusttasche, die er gekonnt in Höhe des Schlosses in den dünnen Spalt zwischen Türblatt und Rahmen schob. Auf diese Weise versuchte er, die Schlosszunge der Tür zurückzudrücken, was ihm jedoch partout nicht gelingen wollte. Die Tür hatte einfach zu wenig Spiel im Rahmen.

Hannelore Appel rief daraufhin den Hausmeister herbei, der im selben Haus wohnte. Doch der konnte die Tür ebenfalls nicht öffnen, da sich der Generalschlüssel nicht weit genug ins Schloss einführen ließ. Offensichtlich steckte von innen der Schlüssel.

Polizeiobermeister Kromer drückte mehrfach und lang auf den Klingelknopf. Gleichzeitig klopfte er heftig gegen die Tür und rief laut:

»Polizei! Bitte machen Sie die Tür auf!«

Doch in der Wohnung rührte sich nichts. Durch eine etwa 20 mal 30 Zentimeter große Milchglasscheibe in der oberen Hälfte des Türblattes sah man ein schwaches Licht aus der Wohnung dringen. Polizeiobermeister Kromer und sein Kollege sahen sich kurz an. Dann nickten sie einander zu. Dressler zog seinen Gummiknüppel und schlug damit die Scheibe ein. Vorsichtig griff er hindurch und tastete nach dem Schlüssel, der tatsächlich von innen steckte.

Als die Beamten die Einzimmerwohnung betraten, nahm Dressler sofort den süßlichen Leichengeruch wahr. Dennoch rief er zwei- oder dreimal »Hallo«, ohne jedoch eine Antwort zu erhalten. Die beiden Kollegen baten Hannelore Appel und den Hausmeister, draußen zu warten, zogen ihre Handschuhe an und schalteten die Lampe im kleinen Flur ein. Während Kromer zum Bad ging, weil dort das Licht brannte, drückte Dressler die einen Spaltbreit geöffnete Wohn- und Schlafzimmertür auf und schaltete dort ebenfalls die Beleuchtung ein.

Als Erstes fiel ihm auf, dass das Zimmer durchwühlt war. Schränke und Behältnisse waren geöffnet und deren Inhalt lag teilweise verstreut auf dem Fußboden. Dann sah er auch schon die beiden blassgelben Beine, die ab der oberen Hälfte mit einer brauen Steppdecke bedeckt waren.

Dressler musste den Raum ganz betreten, um zu sehen, dass vor dem Bett ein Mann auf dem Boden lag, der offensichtlich schwer verletzt oder gar tot war. Die Steppdecke reichte etwa bis zur Hälfte des Rückens, der blutverschmiert und mit einigen Wunden versehen war. Der Mann lag in Bauchlage und hatte den Kopf nach links gedreht. Die linke Gesichtshälfte war insbesondere um das Auge herum blutunterlaufen.

Dressler fiel sofort auf, dass die Hände des Mannes, die er symmetrisch über seinen Kopf hielt, mit dem Gürtel eines Bademantels gefesselt waren. Obwohl der Polizist schon vorher etwas Leichengeruch wahrgenommen hatte, kniete er sich zu dem Mann hinunter und berührte ihn am Rücken, in der Hoffnung, noch ein Lebenszeichen festzustellen. Doch er spürte die typische Kälte und Starre eines toten Körpers, stand auf und verständigte über Handy die Funkleitzentrale.

»Hier Günter 1/354. Wir haben eine Leiche in der Hirschstraße 14. Es ist vermutlich der Wohnungsinhaber. Er ist nackt, hat zahlreiche sichtbare Verletzungen und ist an den Händen gefesselt. Verständigen Sie bitte die Mordkommission und Gerichtsmedizin.«

»Hier Günter, habe verstanden«, antwortete der Sprecher der Funkleitzentrale. »Verlassen Sie die Wohnung und bleiben Sie bitte vor Ort, bis die Kollegen der Kriminalpolizei kommen.«

Mein Telefon klingelte um 22.47 Uhr. Ich hatte einen harten Tag hinter mir, war hundemüde schon zu Bett gegangen und gerade im Einschlafen begriffen. Eine Kollegin des Kriminaldauerdienstes war am anderen Ende der Leitung und teilte mir mit, dass sie den Auftrag habe, die Mordkommission aufzurufen.

Vierzig Minuten später war ich am Tatort. Ich konnte noch schnell einen Blick auf den Toten werfen, als auch schon die Kollegen der Kriminaltechnik eintrafen und mich sowie den Leiter der Moko baten, die Wohnung zu verlassen, damit sie ungestört arbeiten konnten und damit wir vor allem unbeabsichtigt keine Spuren vernichten oder neue verursachen würden. Das konnte in einem Mordfall katastrophale Folgen haben.

Was ich aber bei dem kurzen Blick auf die Leiche feststellte, verschlug mir buchstäblich die Sprache. Den Mann kannte ich. Ich wusste jedoch im ersten Moment nicht, woher. Dazu muss ich sagen, dass ich mir Gesichter sehr gut merken kann. Das geht manchmal sogar so weit, dass ich im Gewühl einer Fußgängerzone ohne besonderen Anlass eine Person wahrnehme, die ich Tage später woanders wiedererkenne.

Ich brauchte ein paar Minuten, bis ich den Speicher meines Personengedächtnisses durchforstet hatte und dann wusste, dass ich vor etwa drei Monaten von dem Mann in der Herrenabteilung eines großen Kaufhauses bedient worden war. Vermutlich war er mir deshalb in Erinnerung geblieben, weil er äußerst freundlich war und mir sehr kompetent erschien. Mit viel Geduld beriet er mich beim Kauf einer Lederjacke, und als ich das gute Stück erworben hatte, ging ich trotz des stolzen Preises mit einem guten Gefühl nach Hause.

Noch in der Nacht führten wir routinemäßig die ersten Nachbarschaftsbefragungen durch. Parallel hierzu versuchten wir, möglichst viel über das Mordopfer zu erfahren.

Klaus Haag war 54 Jahre alt, Verkäufer, homosexuell und alleinstehend. Bis vor etwa einem Jahr hatte er eine feste Beziehung zu einem zehn Jahre jüngeren Mann namens Holger Klein. Allerdings wohnten die beiden nicht zusammen. Die Beziehung soll über 18 Jahre bestanden haben.

Hannelore Appel berichtete, dass sie Klaus Haag kenne, seit er vor 16 Jahren in das Haus eingezogen sei.

»Er war ein sehr angenehmer und immer hilfsbereiter Mitbewohner«, sagte sie tief betroffen. »Um seine 95-jährige Wohnungsnachbarin, die direkt neben ihm wohnte, hat er sich rührend gekümmert. Zwischen den beiden bestand ein ganz besonderes Verhältnis. Er hat sich manchmal bei der alten Frau ausgeweint.

Als sich sein Lebenspartner von ihm trennte, verfiel Herr Haag zusehends in Depressionen. Er sprach vermehrt dem Alkohol zu und magerte sichtbar ab. Ich habe ihn gestern, so gegen 17 Uhr, das letzte Mal gesehen. Meine 84-jährige Mutter, die genau über Herrn Haag wohnt, hat mir erst heute Abend berichtet, dass sie in der vergangenen Nacht gegen 1.00 Uhr wach geworden sei, weil sie Lärm hörte, der aus Haags Wohnung kam. Herr Haag hatte offensichtlich mit jemand Streit.

Es seien auch Hilferufe zu hören gewesen. Meine Mutter traute sich aber nicht, irgendetwas zu unternehmen. Nicht zuletzt auch deshalb, weil bald wieder Ruhe eingekehrt und es in letzter Zeit bei Herrn Haag öfter mal laut gewesen sei. Hätte ich das früher erfahren, hätte ich doch schon vorher die Polizei angerufen«, machte sich Hannelore Appel Selbstvorwürfe.

»Die Homosexualität des Verstorbenen war im ganzen Haus bekannt«, fuhr sie fort. »Da Herr Haag so ein netter Mensch war, hatte keiner irgendwelche Vorbehalte gegen ihn. Nachdem sich Herr Klein von ihm trennte, kamen öfter Männer unterschiedlichen Alters zu Besuch. Sogar solche, die erst Zwanzig waren.«

»Ist Ihre Mutter noch auf? Meinen Sie, wir können sie zu so später Stunde noch sprechen?«, fragte ich die Zeugin.

»Das dürfte kein Problem sein«, erwiderte sie.

Ihre Mutter war tatsächlich noch nicht zu Bett gegangen. Sie erwartete uns bereits und gab auf unsere Fragen bereitwillig Antwort.

»Ich konnte zuerst gar nicht feststellen, woher der Lärm kam«, erzählte sie mit zitternder Stimme. »Plötzlich hörte ich jemand laut um Hilfe rufen. Dann wusste ich, dass es aus der Wohnung des Herrn Haag kam. Ich überlegte, was ich tun sollte, und begab mich auf den Flur, um vor Herrn Haags Wohnung zu horchen. Aber es war im ganzen Haus absolut still. Deshalb kehrte ich wieder in meine Wohnung zurück und lauschte, ob sich noch was tut. Schließlich hörte ich, wie bei Herrn Haag die Wohnungstür und kurze Zeit darauf auch die Haustür zugezogen wurde.

Ich weiß nicht, ob das wichtig ist, aber gestern Abend sah ich vor Herrn Haags Wohnung einen jungen Mann, der an seiner Tür läutete. Als niemand öffnete, ging er wieder weg.«

»Können Sie den Mann beschreiben?«, fragte ich.

»Nein, tut mir leid. Ich habe ihn nur von hinten gesehen, aber ich bin mir sicher, dass er noch nicht sehr alt war.«

Eine andere Mitbewohnerin beschrieb den Verstorbenen ebenfalls als angenehmen Menschen, wenngleich es auch einige Vorfälle gab, die ihr nicht so gefielen. So soll sich Klaus Haag im Sommer öfter splitternackt auf seinem Balkon gesonnt und manchmal auch überlaut das Radio aufgedreht haben.

Die Zeugin berichtete weiter, ihr sei aufgefallen, dass Klaus Haag in letzter Zeit vermehrt Besuch von Männern hatte, die ihr mehr als suspekt erschienen. Manche hätten sich wie Einbrecher ins Haus geschlichen. Man habe ihnen die Homosexualität regelrecht angesehen.

Da durch unser Erscheinen offenbar das ganze Haus wach geworden war, konnten wir in der Nacht auch noch die 95-jährige Hilda Probst befragen. Ihre Aussage half uns jedoch nicht viel weiter. Sie wusste lediglich zu berichten, dass Klaus Haag sehr unter dem Alleinsein litt und sich unbedingt wieder eine feste Beziehung wünschte.

Die 25-jährige Nicole Leier, die direkt neben dem Verstorbenen wohnte, hatte keine so gute Meinung von ihm.

»Ich hatte zu dem Mann keinen engeren Kontakt. Unser Verhältnis würde ich eher als gespannt bezeichnen«, begann sie das Gespräch. »Schon jahrelang wurde ich durch Herrn Haag in meiner Nachtruhe gestört. Fast jede Nacht musste ich das laute Gestöhne, das aus seiner Wohnung drang, über mich ergehen lassen. Ab und zu bekam ich auch mit, dass sich Herr Haag mit jemandem stritt. Schon mehrfach habe ich wegen Ruhestörung die Polizei gerufen. Das schaffte aber immer nur für eine gewisse Zeit Abhilfe.

Gestern Nacht ging es zwischen 1.00 und 2.00 Uhr wieder los. Es hörte sich an, als ob Möbel umgestoßen würden. Dann rief Herr Haag: ›Ich habe kein Geld, ich habe kein Geld!‹ Auch hörte ich ihn stöhnen. Eine andere männliche Stimme habe ich auch gehört. Doch verstanden habe ich nichts.«

»Dann gehörte die Stimme also einem Ausländer?«, fragte ich.

»Nein, das würde ich nicht sagen. Es war eher ein Deutscher, aber ich habe kein Wort von ihm verstanden.«

»Stritten die beiden?«

»Ja, ich denke, sie stritten heftig.«

»Wie lange dauerte der Streit?«

»Etwa zehn bis 15 Minuten. Danach war es zunächst einmal still. Etwas später hörte ich, wie die Wohnungstür leise zugezogen wurde und wie eine Person die Treppe hinunterging.«

Wir befragten in der Nacht noch die übrigen Hausbewohner, die fast alle Ähnliches zu berichten wussten. Doch keiner hatte den Täter beim Betreten oder Verlassen des Hauses gesehen.

»Wahrscheinlich wieder ein typischer Schwulenmord!«, resümierte der Moko-Leiter, als er uns gegen 4.00 Uhr morgens zu einer kurzen Lagebesprechung zusammenrief. Ich stimmte ihm innerlich zu, denn die Morde an Homosexuellen, die mir während meiner bisherigen Tätigkeit bei der Mordkommission unterkamen, hatten ausnahmslos alle das gleiche Muster: Ein Homosexueller nimmt einen Stricher zu sich mit nach Hause, und der Stricher bringt seinen Freier meistens deshalb um, weil er an Geld kommen möchte. In allen Fällen hatten die Stricher ähnliche Ausreden parat. Mal gaben sie vor, der Freier sei plötzlich ausgerastet und hätte mit Schlagen angefangen, mal hätte er perverse Sexualpraktiken gefordert, vor denen man sich so geekelt habe, dass man sich körperlich wehren musste, oder der Freier habe sich selbst verletzt, stranguliert oder Ähnliches, so dass sein Tod eigentlich als eine Art Unfall zu werten sei.

Der Kommissionsleiter fuhr fort:

»Wie es scheint, hatte das Opfer in letzter Zeit regen und

vor allem häufig wechselnden Kontakt zu Gleichgesinnten. Das kann für uns jede Menge Arbeit bedeuten. Im Raum Karlsruhe gibt es Tausende Homosexuelle, die alle als Täter infrage kommen können. Ich schlage vor, dass wir uns jetzt erst mal ein paar Stunden aufs Ohr hauen. Um 9.00 Uhr sehen wir uns wieder. Bis dahin liegen uns auch die ersten Ergebnisse der Spurensicherung vor.«

9.00 Uhr, brummte ich leicht verärgert. Es war jetzt kurz nach 4.00 Uhr. Hin und zurück hatte ich etwa eine Stunde Fahrzeit. Wenn ich Frühstück und Duschen abzog, standen mir also noch drei Stunden Schlaf zur Verfügung. Falls ich überhaupt schlafen konnte.

Ich war pünktlich, wie immer. Die anderen kamen ebenfalls rechtzeitig. Nachdem ich mir einen Kaffee eingeschenkt hatte, begann auch schon die Besprechung.

Ein Kollege der Kriminaltechnik zeigte mit Hilfe eines Beamers Aufnahmen von Tatort und Opfer. Hierbei konnten wir wichtige Einzelheiten sehen. Es wurde deutlich, dass der Täter die Wohnung offenbar gründlich durchwühlt hatte. Es waren sogar kleinere Behältnisse wie Tabak- und Kaffeedose, Schuhschachteln und dergleichen geöffnet. Eine offene Geldbörse lag auf dem Boden. Aus ihr war das Bargeld entnommen worden.

Auf dem Wohnzimmertisch standen unter anderem eine angebrochene Cognac- und zwei Bierflaschen. Ebenso mehrere Gläser. In einem Aschenbecher befanden sich 15 Zigarettenkippen der Marke Marlboro und West. Daneben lag eine Tube Gleitgel, wie sie üblicherweise von Homosexuellen verwendet wird.

Auf einem der beiden Sessel lagen ein gebrauchtes Kondom und Boxershorts. Auf dem Boden neben dem Sessel befand sich eine herausgezogene Schrankschublade, die ausschließlich Sexutensilien wie Dildos, Pornohefte, Gleitcreme und diverse Unterwäsche enthielt. Eine mehrschwänzige Lederpeitsche lag vor dem Sessel auf dem Fußboden. Unweit davon befand sich ein zweites Kondom, in dem offensichtlich Sperma war.

Die Aufnahmen des Opfers ließen mich erschaudern. Sein Rücken war mit großen, blutunterlaufenen Stellen und zum Teil mit kleineren Hautverletzungen übersät. Das Gesicht war auf grässliche Weise blutverschmiert und an der Stirn sowie im Bereich des linken Auges mit einem dicken, bläulich-roten Hämatom überzogen. Durch die Schwellung konnte man nicht sehen, ob der linke Augapfel noch vorhanden war.

Brustkorb und Unterarme waren ebenfalls voller Blut. Der Penis des Opfers war etwa in der Mitte mit einem dünnen Lederriemen abgebunden. Zweifellos wurde der Riemen von der auf dem Boden liegenden Peitsche abgerissen und vom Opfer zur Erhöhung der sexuellen Lust verwendet.

Ab dem Unterkörper bis hinunter zu Beinen und Füßen waren keine Verletzungen mehr zu sehen.

Etwa 30 Zentimeter vom Kopf des Opfers entfernt lag ein übergroßer Kunstpenis, der insbesondere im vorderen Bereich mit Blut und Kot behaftet war.

»Wir können noch nicht genau sagen, was zum Tod des Herrn Haag geführt hat«, sagte der Leiter der Kriminaltechnik. »Die äußerlich sichtbaren Verletzungen sind zwar vielfältig, aber es ist nach Aussage des Gerichtsmediziners keine davon als todesursächlich zu erkennen. Es gibt weder Schuss- noch Stichverletzungen. Das Schädeldach ist vollkommen intakt. Die Obduktion wird noch heute vorgenommen. Sie wird uns hoffentlich Aufschluss über die genaue Todesursache geben.

Die Spurensuche am Tatort ist noch in vollem Gange. Schon jetzt kann ich aber sagen, dass es eine Unzahl von Blut-, Finger-, Haar- und Faserspuren gibt. Viele der Fingerspuren sind mehrfach überlagert, das heißt, dass eine Fingerspur von anderen überdeckt wird, so dass diese zur Identifizierung des Täters nicht mehr geeignet sind.«

»Wann können die ersten Fingerspuren in den AFIS-Suchlauf eingegeben werden?«, fragte ich.

»Wir tun, was wir können. Die Spuren müssen erst selektiert und auf ihre Qualität hin beurteilt werden. Ich schätze, dass wir dann morgen per Telebild die ersten Prints zum BKA schicken werden. Ob und wann mit Ergebnissen zu rechnen ist, kann ich beim besten Willen nicht sagen.«

»Hat sich das Opfer Ihrer Meinung nach gewehrt?«, fragte ein anderer.

»Klaus Haag war ja bekanntlich an den Händen gefesselt. Somit ist eine echte Gegenwehr auszuschließen«, erwiderte der Kriminaltechniker. »Es sieht so aus, als ob der Täter sehr viel Körpergewalt einsetzte, um den Tod des Opfers herbeizuführen. Der Gebrauch eines Tatwerkzeuges ist bislang nicht erkennbar. Wer weiß, vielleicht starb Klaus Haag aber auch an einem Herzinfarkt. Doch alles Spekulieren hilft nichts. Wir müssen die Obduktion abwarten. Mehr kann ich zu dem Thema nicht sagen.«

Der Kommissionsleiter bedankte sich bei dem Kriminaltechniker und bat die Mitglieder der Moko, ihre Arbeit fortzusetzen. Jeder wusste, was zu tun war. Es mussten zahlreiche Zeugen befragt werden. Im Telefonbuch des Opfers waren allein an die 100 Namen vermerkt. Das waren alles Bezugspersonen, die unter Umständen wichtige Hinweise geben konnten. Daneben mussten die einschlägigen Schwulenlokale und Treffs aufgesucht werden. Vielleicht hatte Klaus Haag seinen Mörder dort kennengelernt und vielleicht gab es dann einen Zeugen, der die beiden zwei Abende zuvor zusammen gesehen hatte.

In dieser Phase der Ermittlungen ist die Tätigkeit in einer Moko reine Knochenarbeit, die viel Biss und Geduld erfordert.

Ein einziger Fehler kann schlimme Auswirkungen haben und dem Mörder unter ungünstigsten Umständen die Möglichkeit geben, weiter zu töten. Jedem Moko-Mitglied ist das bewusst und keiner will derjenige sein, dem später etwas vorgeworfen werden kann. Da die meisten Spuren und Hinweise im Sande verlaufen, bedarf es sehr viel Erfahrung und Fingerspitzengefühl, um dies rechtzeitig zu erkennen und deren Bearbeitung aufs Nötigste zu beschränken. Nicht selten kommt es vor, dass man sich heillos in eine Spur verrennt, von der man felsenfest überzeugt ist, dass sie zum Täter führt. Bis man sich schließlich irgendwann kleinlaut eingestehen muss, dass man völlig danebenlag.

Kriminalhauptkommissar Thomas Beckert und ich machten als Erstes Holger Klein, den langjährigen Partner des Mordopfers, ausfindig. Er gab sich tief betroffen über den Tod seines ehemaligen Lebensgefährten. Doch der Schein könnte trügen. War er vielleicht der Mörder? Er hatte für die Tatzeit kein Alibi, denn er erklärte, alleine zu Hause gewesen zu sein. Das sagen alle, wenn sie kein Alibi haben. Holger Klein gab Folgendes zu Protokoll:

»Ich habe Klaus vor etwa 20 Jahren kennengelernt. Er sprach mich in der Stadt einfach an. Schwule erkennen sich untereinander. Es gibt da bestimmte Verhaltensweisen und Gesten, anhand derer man sofort weiß, dass der andere ebenfalls homosexuell ist.

In der Folgezeit trafen wir uns einige Male, wobei wir auch sexuell miteinander verkehrten. Schließlich entwickelte sich eine feste Beziehung zwischen uns. Doch wir behielten beide unsere Wohnungen, das heißt, wir zogen nicht zusammen.

Am Anfang besuchten wir regelmäßig Schwulenlokale. Doch im Gegensatz zu Klaus bin ich kein Szenegänger, weshalb ich das nicht mehr wollte. Er hingegen hatte ja lange Jahre als Kellner gearbeitet und fühlte sich in den Kneipen zu Hause. Auch trank er täglich Alkohol, was mir überhaupt nicht gefiel. Deswegen kam es zwischen uns immer wieder zu Spannungen. Ich zog mich dann manchmal für ein paar Tage von ihm zurück.

In den letzten Jahren unserer Beziehung stellte ich fest, dass Klaus mir untreu wurde. Man hatte mir mehrfach zugetragen, dass er jüngere Männer in seine Wohnung abschleppen würde. Einmal machte er mir nicht auf, weshalb ich vor dem Haus stehen blieb. Kurze Zeit später kam ein junger Mann heraus, der nicht in das Haus gehörte. Ich bin mir sicher, dass er bei Klaus war.

Sein Verhalten machte mich krank. Vor einem Jahr schaffte ich es, mich von ihm zu trennen. Er wollte es nicht wahrhaben und versuchte mich zurückzugewinnen. Doch ich blieb hart. Wir telefonierten zwar noch ab und zu miteinander, aber hatten keinen sexuellen Kontakt mehr. Ich habe dann auch bald meinen jetzigen Lebensgefährten kennengelernt, mit dem ich glücklich bin.«

»Können Sie sagen, wo Herr Haag die Männer fand, die er mit nach Hause nahm?«, fragte ich.

»Im Kino ›Blue Movie‹, in dem regelmäßig Schwulenfilme gezeigt werden, hat man keine Probleme, Männer kennenzulernen. Auch nicht in den bekannten Schwulenlokalen sowie am Bahnhof oder in öffentlichen Toilettenanlagen. Abends geht es auch im Nymphenpark schwulenmäßig stark ab. Da gibt es Leute, die russisches Roulette spielen. Die ficken miteinander, ohne irgendwelchen Schutz und ohne sich zu kennen. Im Dunkel eines Gebüsches sehen sie nicht einmal das Gesicht des anderen. Das Ganze geht völlig anonym vonstatten. Man nennt keinen Namen und gibt nichts von sich preis. Es wird nur gefragt, was man möchte oder was der andere bereit ist, zu tun. Wenn das Ganze vorbei ist, trennt man sich wieder. Klaus hat mir das erzählt. Ich finde das widerlich und vor allem gefährlich. Von der Ansteckungsgefahr mal abgesehen, müssen diese Leute doch immer damit rechnen, dass sie von einem Stricher niedergeschlagen und ausgeraubt werden.«

»Können Sie konkret sagen, ob Herr Haag Jungs vom Schwulenstrich mit nach Hause nahm, und wenn ja, sind Ihnen irgendwelche Namen bekannt?«, fragte Kriminalhauptkommissar Beckert den Zeugen.

»Ja, ganz sicher nahm Klaus solche Jungs mit nach Hause. Aber nicht so oft, weil er immer knapp bei Kasse war. Namen sind mir allerdings nicht bekannt. Ich hatte mit diesen Jungs nie Kontakt und glaube auch nicht, dass sie gegenüber Klaus ihren richtigen Namen preisgaben. Diese Stricher sind nämlich ständig drauf bedacht, ihre Freier auszunehmen, wenn es sein muss mit Gewalt. Würde ihr Name bekannt sein, würde der eine oder andere Schwule sie vielleicht doch bei der Polizei anzeigen.«

»Hatte Herr Haag beim Sex irgendwelche besonderen Neigungen?«, fragte ich.

»Ja, er stand auf Gruppensex und auch auf Sadomasochismus. Ich habe da aber nie mitgemacht und weiß auch nicht, ob er es tatsächlich praktiziert hat. Er sprach aber davon, dass ihm das gefallen würde. Einmal verlangte er von mir, ich solle ihn auspeitschen. Ein anderes Mal wollte er, dass ich ihm heißes Wachs auf den Körper tropfe. Doch ich bin diesen Wünschen nicht nachgekommen.«

»Verlangte er von Ihnen auch, dass Sie ihn fesseln?«, fragte Beckert.

»Nein. Ich denke, als er merkte, dass ich auf solche Sachen nicht stehe, hat er das Thema auf sich beruhen lassen.«

»Unterhielt Klaus Haag auch zu Frauen sexuelle Kontakte?«, fragte ich.

»Vor etwa zehn Jahren hat er mich mal mit einer Frau betrogen, deren Namen ich jedoch nicht kenne. Ich glaube, nach dieser Affäre war er nicht mehr mit einer Frau zusammen.«

»Hatten Sie mit Herrn Haag noch irgendeine Rechnung offen?« Bei dieser Frage schaute ich dem Zeugen direkt in die Augen.

»Wie … wie meinen Sie das?«, erwiderte Klein stotternd.

»So, wie ich es gesagt habe. Gab es zwischen Ihnen und Herrn Haag bei der Trennung oder danach größere Differenzen?«, fragte ich in unmissverständlichem Ton.

»Nein, eigentlich nicht. Ich habe versucht, die Trennung so komplikationslos wie möglich durchzuziehen, was mir auch gelang.«

»Gab es irgendwelche Geldforderungen zwischen Ihnen beiden?«, fragte mein Kollege Beckert.

»Nein, absolut nicht.«

Wir versuchten, Holger Klein noch etwa eine halbe Stunde ins Wanken zu bringen. Doch bis auf den kleinen Stotterer gab sich der Zeuge keine Blöße. Schließlich ließen wir ihn gehen.

Unmittelbar danach rief ich Manni an. Er war mein Informant aus der Schwulenszene, den ich bereits lange Jahre kannte und der mir schon wertvolle Hinweise gegeben hatte. Wie immer war seine Bedingung, dass das Gespräch nur unter vier Augen stattfand und sein Name niemals in einer Polizeiakte erscheinen durfte. Eine halbe Stunde später trafen wir uns im Schlosspark. Wir nahmen auf einer Bank Platz.

Manni hatte eine hautenge, schwarze Lederhose an, die seine gute Figur und vor allem sein bestes Stück sehr zur Geltung kommen ließ. Vielleicht hatte er mit einer Schaumgummieinlage auch etwas nachgeholfen. Die ersten vier Knöpfe seines lilafarbenen, mit kleinen Rüschen versehenen Hemdes waren aufgeknöpft, so dass die wuchtige, massivgoldene Panzerkette, die er um den Hals trug, einem regelrecht ins Auge sprang. Hingegen war das beige Sakko von schlichter Eleganz. Am kleinen Finger trug er einen Weißgoldring mit Brillant. Ich schätze, dass es ein Einkaräter war. Seine blonden, bis auf die Schultern fallenden Haare waren gepflegt. Manche Frau konnte neidisch werden, wenn sie die Haarpracht von Manni sah, und viele Frauen werden tief enttäuscht gewesen sein, als sie feststellen mussten, dass ihre Verführungskünste ins Leere liefen, weil dieser Adonis stockschwul ist.

»Schön, dass man sich mal wieder sieht«, begann Manni und legte seine solargebräunte rechte Hand auf meinen Oberschenkel. »Hey, Süßer, du hast dich kein bisschen verändert. Gefällst mir immer noch.« Das tadellose Gebiss und die beiden Grübchen in den Mundwinkeln gaben Mannis Lächeln eine besondere Note.

Bevor ich etwas erwidern konnte, rutschte seine Hand kaum merklich nach oben. Ich reagiert sofort, umfasste mit einem festen Griff sein Handgelenk und führte seine Hand demonstrativ auf seinen Oberschenkel zurück. Dabei sagte ich:

»Hey, Manni, kann es sein, dass du da etwas verwechselst? Ich bin verheiratet, habe zwei Kinder und stehe nicht im Geringsten auf Männer. Das müsstest du doch wissen.« Ich versuchte mir ein Lächeln abzugewinnen. Jedem anderen hätte ich bei diesem Annäherungsversuch eine Ohrfeige verpasst. Doch ich wollte von Manni Infos und deshalb konnte ich ihn nicht mit einem Schlag ins Gesicht vergraulen.

Er lächelte zurück, zwinkerte mit einem Auge und sagte:

»Dachte, du hättest es dir vielleicht anders überlegt.«

»Nie im Leben!«, erwiderte ich. »Da muss ich dich herb enttäuschen.«

»Man soll nie nie sagen. Du wärst nicht der Erste, den ich auf das andere Ufer gezogen habe. Musst es nur mal probieren.«

»Kommen wir zur Sache«, wechselte ich das Thema. Ich zog ein Bild unseres Mordopfers heraus. »Kennst du den?«

»Dachte mir, dass du mich wegen dem sprechen willst«, grummelte Manni etwas pikiert. »Das ist der Klausi, der vorgestern kaltgemacht wurde.«

»Woher weißt du das?«

Manni lachte. »So etwas spricht sich in der Szene schneller herum, als ein Furz den Arsch verlässt.«

Jetzt musste ich lachen.

»Und, kannst du mir einen Tipp geben?«, fragte ich ihn, als ich ausgelacht hatte. Ich war sehr auf seine Antwort gespannt, da ich von Manni eigentlich immer gute Tipps erhalten hatte.

»Ja, sicher kann ich dir einen Tipp geben.«

Manni schwieg. Nach einiger Zeit des Wartens schlug ich ihm mit dem linken Handrücken gegen die Brust und sagte:

»Rück schon heraus damit! Was weißt du?«

»Zuerst sagst du mir mal, was für mich rausspringt, okay! Das kann eine heiße Kiste für mich werden. Wenn da was durchdringt, bin ich geliefert. Klar?«

»Da dringt nichts durch«, versuchte ich Manni zu beruhigen. »Oder bist du jemals wegen mir in Schwierigkeiten gekommen?«

»Dieses Mal ist es mehr als ein Raub oder Heroindeal, es ist ein Mord. Also, was springt heraus?«

»Spätestens übermorgen wird der Staatsanwalt eine Belohnung aussetzen«, sagte ich. »Denke, dass 3000 Euro drin sein könnten. Die Kohle kannst du dir verdienen, wenn dein Tipp etwas taugt.«

»Das war ein Türke oder ein Araber!«

»Ja, was denn nun?«

»Das musst du schon selbst herausfinden. Ich weiß nur so viel, dass Klausi ein Faible für junge Türken und Araber hatte.

Die meisten in der Szene wissen das. Er hat ja auch oft genug mit den Nummern geprahlt, die er mit denen abzog.«

»Namen, kannst du mir Namen nennen?«

»Das kannst du vergessen. Die heißen alle irgendwie Ali, Cemal, Mustafa oder so ähnlich.«

»Wie komme ich an die ran?«, fragte ich ungeduldig.

»Ihr müsst die Szene aufmischen, und zwar schnell. Sonst ist das Schwein über alle Berge.«

»Bist du dir sicher, dass es ein Türke oder ein Araber war?«

»Ja, ziemlich sicher. Der Klausi stand auf Natursekt und Schokolade. Das hat er mir selber mal erzählt. Er sagte auch, dass er schon ein paarmal von den Arabern gerippt wurde. Die machen das zwar, wollen dafür aber gut bezahlt werden.«

»Du meinst, für die Schokolade?«

»Ja, klar, und für den Sekt.«

Ich musste unwillkürlich schlucken. Ein abgrundtiefer Ekel kam in mir hoch. Aus meiner jahrelangen Tätigkeit bei der Sitte wusste ich, was die im Schwulen- und Prostituiertenmilieu oft verwendeten Begriffe wie Sekt und Schokolade bedeuteten. Aber ich versuchte, mir gegenüber Manni nichts anmerken zu lassen.

»Klausi war einer von denen, die den Strichern alles Mögliche versprechen, dann aber nicht zahlen können«, fuhr er fort. »Zwei- oder dreimal bezog er von den Jungs dafür auch Prügel. Er verdiente anscheinend nicht so toll, und wenn es dann ans Bezahlen ging, kam er ins Schwitzen.

Aber diese Sorte von Strichern nehmen ihre Freier grundsätzlich aus, selbst wenn sie anständig bezahlt werden. Wenn du einen von denen mit nach Hause nimmst, wirst du nach allen Regeln der Kunst beklaut. Vor denen ist nichts und niemand sicher. Sie nennen nie ihren richtigen Namen und übernachten oft bei ihren Freiern, da sie keine eigene Wohnung haben. Wird ihnen der Boden zu heiß, ziehen sie sofort weiter in die nächste Stadt.«

»Das hört sich nach verdammt viel Arbeit an«, sagte ich. »Ist das alles, was du mir zu bieten hast?«

»Ich werde dir spätestens morgen eine Liste von Leuten geben, die mit Türken und Arabern verkehren. Nur über die kommt ihr an den Täter ran. Natürlich werde ich mich auch umhören. Sobald ich etwas in Erfahrung bringen kann, rufe ich dich an. Die 3000 könnten mir schon guttun«, lächelte Manni.

»Okay, Kumpel«, sagte ich und lächelte hoffnungsvoll zurück. Es müsste doch mit dem Teufel zugehen, wenn mir Manni in der Sache nicht weiterhelfen konnte, dachte ich, als ich ein paar Minuten später im Auto saß. Dann überlegte ich mir, welch armseliges Leben Klaus Haag doch geführt haben musste. Er konnte einem leidtun. Als alternder, einsamer Schwuler ständig auf der Jagd nach dem sexuellen Kick zu sein, nach jungen Burschen, von denen er wusste, dass sie gefährlich waren, und von denen ihm nun einer zum Verhängnis wurde, schien mir alles andere, als ein schönes Leben zu sein.

Ohne Mannis Namen preiszugeben, berichtete ich dem Kommissionsleiter von dem Gespräch mit meinem Informanten. Zusammen mit den anderen Kollegen berieten wir sofort über mögliche Strategien, wie wir den Täter unter einer unbestimmten Zahl von türkischen und arabischen Strichern ermitteln könnten. Noch am gleichen Tag wurden Konzepte zur Fandung nach dem Mörder erarbeitet, die bereits am nächsten Morgen gestartet beziehungsweise umgesetzt werden sollten.

Doch dann, mitten in die Frühbesprechung, platzte der Anruf des BKA. Der AFIS-Rechner hatte nach Eingabe der am Tatort gesicherten Fingerspuren gleich drei Treffer ausgespuckt. Die anschließende manuelle Überprüfung der Fingerabdrücke verschaffte Gewissheit. Die Spuren, die auf verschiedenen Flaschen und Gläsern gesichert worden waren, stammten von einem 23-jährigen Mann namens Frank Radke. Und die Prints waren so frisch und an so eindeutigen Stellen gesichert worden, dass man davon ausgehen konnte, dass sie vom Täter stammten.

Radke war Deutscher, womit der hoch eingeschätzte Hinweis meines Informanten, der Mörder könne nur ein Türke oder Araber gewesen sein, wie eine Seifenblase zerplatzte.

Inzwischen war auch der Obduktionsbericht eingetroffen. Klaus Haag starb an inneren Blutungen, die von massiven Gewalteinwirkungen auf seinen Oberkörper und Kopf hervorgerufen worden waren. In seinem Brustkorb waren insgesamt sechs Rippen gebrochen und derart stark abgeknickt, dass sie die Lunge regelrecht aufgespießt hatten. Die Leber hatte einen sieben Zentimeter langen Riss und war ausgeblutet. Ebenso wurde an der Milz eine erhebliche Verletzung festgestellt.

Selbst wenn Leichen gekühlt aufbewahrt werden, unterliegen sie dem Verwesungsprozess, der dann natürlich langsamer vonstattengeht. Hierbei ändert sich unter anderem die Farbe der Haut, insbesondere an den Stellen, die zu Lebzeiten überbeansprucht wurden. So kommt es immer wieder vor, dass nach ein oder zwei Tage an einem Toten plötzlich Würgemale zu sehen sind, die man vorher nicht feststellen konnte.

Bei Klaus Haag gab es von Anfang an ein relativ eindeutiges Verletzungsbild. Der Mann kam durch schwere, stumpfe Gewalteinwirkung zu Tode. Doch schon nach einem Tag traten an der Oberhaut seiner Leiche Spuren hervor, die unmissverständlich darauf hindeuteten, dass der Täter sein Opfer buchstäblich totgetreten hat. Man sah sogar teilweise das Profil der Schuhsohlen auf Haags Rücken.

Nach Ablösen der Kopfschwarte stellte der Obduzent starke Unterblutungen des rechten Oberkopfes fest, woraus zu schließen war, dass Tritte und Schläge auch gegen den Kopf erfolgt sein mussten.

Frank Radke war trotz seiner erst 23 Jahren schon erheblich vorbestraft. Er hatte hauptsächlich Diebstähle, Unterschlagungen und Betrügereien begangen, aber auch zwei gefährliche beziehungsweise schwere Körperverletzungen. Als Stricher war er der Polizei noch nicht bekannt. Jeder in der Moko war sich sicher, dass wir den richtigen Fisch am Haken hatten. Wir mussten ihn nur noch an Land ziehen. Das war Aufgabe unserer Kollegen von der Fahndung. Obwohl Radke keinen festen Wohnsitz und keine Arbeitsstelle hatte, benötigten sie nicht einmal fünf Stunden, bis sie ihn mitten auf einer Straße am Rande der Stadt festnehmen konnten. Der mutmaßliche Mörder, der mit einem gestohlenen Fahrrad unterwegs war, ließ sich widerstandslos festnehmen.

Eine halbe Stunde später saß er uns im Vernehmungszimmer gegenüber. Mir fiel sofort der Verband und die starke Schwellung an seiner rechten Hand auf. Ich sprach ihn jedoch nicht gleich darauf an. Es wäre zu früh gewesen.

Frank Radke war ein kräftiger junger Mann. Etwa 185 Zentimeter groß und 90 Kilogramm schwer, wirkte er jedoch keinesfalls athletisch. Eigenartig waren seine tiefliegenden Augen, deren Blick seine Verschlagenheit verriet.

Er hatte bis zu den Schultern reichende, sehr ungepflegte, strähnige Haare, die schon lange keinen Frisör mehr gesehen hatten. Auch sein übriges Aussehen wirkte sehr ungepflegt. Hinzu kam ein penetranter Körpergeruch, an den ich mich erst einmal gewöhnen musste.

Wie tief muss man als Homosexueller sinken, um sich mit einem Stricher dieser Art einzulassen, dachte ich, bevor ich auch nur ein Wort mit Radke gewechselt hatte. Doch dann ging sofort eine rote Warnlampe bei mir an. Vorsicht!, mahnte meine innere Stimme. Vorurteile können Vernehmungen zum Scheitern bringen. Behandle ihn so, als ob du nichts riechst, als ob du seine schwarzen Fingernägel und das schuppig-rote Ekzem an der rechten Halsseite nicht siehst, und so, als ob kein schwuler Mordverdächtiger, sondern ein ganz normaler Mensch vor dir sitzt, sagte die Stimme.

Es lief das übliche Spiel ab. Radke war bereit, auszusagen, log aber, dass sich die Balken bogen. Doch zwischen den Lügen sagte er auch die Wahrheit. Er erzählte, wie er Klaus Haag im Karlsruher City-Treff kennengelernt hatte und wie es Tage später zu einem erneuten Kontakt kam, in dessen Folge er von Haag in seine Wohnung eingeladen wurde.

Haag sei vorangegangen. Er sollte 20 Minuten später nachkommen. Nur mit einem Bademantel bekleidet, sei er von Haag empfangen worden. Kaum sei er in der Wohnung gewesen, hätte Haag ihm Cognac und Bier angeboten. Sie hätten zusammen getrunken und Haag hätte schließlich eine Kassette mit einem knallharten Schwulenfilm in den Videorekorder eingelegt.

Plötzlich stockte Radke bei seiner Erzählung und gab vor, eine Blockade zu haben, weshalb er nicht weitersprechen könne.

»Kommen Sie, spielen Sie kein Theater und packen Sie aus!«, sagte Kriminalhauptkommissar Beckert.

»Sie verbessern Ihre Lage bestimmt nicht, wenn Sie jetzt einen auf Blackout machen. Also raus damit, wie ging es dann weiter?«, forderte ich den Tatverdächtigen auf.

Radke rang mit sich. Ich sah, wie seine Kiefermuskulatur mahlte und wie er mit dem Oberkörper leicht hin und her wippte. Die Finger seiner Hände hatten sich wie zum Gebet ineinander verschlungen. Sein Kopf war tief nach unten gesenkt. Plötzlich straffte sich sein Körper und er schaute mir direkt in die Augen.

»Ich wollte das nicht«, sagte er mit heiserer Stimme.

»Was wollten Sie nicht?«, fragte ich.

Radke schlug beide Hände vor sein Gesicht, ließ sie aber gleich wieder daran abgleiten und legte sie anschließend auf die Tischplatte.

»Zuerst fing es ganz normal an«, begann er. »Wir haben uns gegenseitig einen geblasen und dabei immer wieder getrunken. Dann ist es bei Klaus gekommen. Ich sah, dass seinem Sperma Blut beigemischt war, und als ich ihn danach fragte, sagte er zu mir, das sei bei älteren Männern nichts Ungewöhnliches. Von dem Blut kam auch etwas auf mein T-Shirt.«

Mein Kollege und ich wussten sofort, dass Radke in diesem Punkt log, und uns war klar, dass uns noch eine Menge Arbeit bevorstand, um Radke zumindest einigermaßen auf den Pfad der Wahrheit zu führen. Denn Radke wollte mit seiner Geschichte wahrheitswidrig erklären, wie das Blut des Opfers auf sein T-Shirt kam, weil er damit rechnen musste, dass das Kleidungsstück untersucht wird.

»Klaus hatte noch nicht genug«, fuhr Radke fort. »Er wollte mehr und riss einen Lederriemen von der Peitsche ab, den er fest um seinen Penis band. Damit steigerte er seine Erektion. Anschließend bat er mich, ihn mit dem Gürtel seines Bademantels an den Händen und mit einem schwarzen Hosengürtel an den Fußgelenken zu fesseln. Dazu legte er sich auf den Fußboden. Diesem Wunsch kam ich noch nach, dann hatte ich aber die Nase voll, zog mich an und verließ die Wohnung. Klaus rief mir hinterher, ich solle doch hierbleiben. Als ich die Wohnungstür hinter mir zuzog, hörte ich ein lautes Geräusch. Ich vermutete, dass ein schweres Möbelstück umgefallen war. Danach hörte ich noch zwei oder drei dumpfe Geräusche und ich dachte, Klaus ist beim Aufstehen mit dem Gürtel an den Beinen gestolpert und hingefallen. Erst wollte ich noch einmal zurück in die Wohnung, doch als es dann still war, bin ich die Treppe hinuntergegangen und habe das Haus verlassen. Gerade als ich die Haustür öffnete, kamen mir ein paar junge Männer entgegen, die ins Haus wollten. Ich habe mich aber nicht um sie gekümmert und bin weitergegangen. Allerdings bin ich mir sicher, dass die Jungs schwul waren. Deshalb nehme ich an, dass sie Klaus besuchen wollten.«

Radke lehnte sich zurück und verschränkte die Arme vor dem Körper. Ich wusste, was in ihm vorging. Er hatte uns eine Lügengeschichte aufgetischt und war zufrieden mit sich, weil sie seiner Meinung nach gut klang. Nun wartete er ab, ob wir darauf reinfallen würden. Doch wir wollten ihn noch ein wenig in Sicherheit wiegen, bevor wir zum ersten Schlag ausholten. So erhofften wir uns weitere Teilwahrheiten, die später wertvolle Mosaiksteinchen sein konnten.

»Fällt Ihnen sonst noch etwas zu dem Abend ein, oder ist das alles?«, fragte ich ihn.

Radke spielte den Nachdenkenden. Nach ein paar Sekunden sagte er:

»Ja, richtig, jetzt fällt mir ein, dass Klaus vor der Fesselung eine Natursektnummer wünschte. Er nutzte den Umstand aus, dass ich pinkeln musste, und bat mich, ich solle über ihn urinieren. Zu diesem Zweck kniete er sich in die Duschwanne und ich pinkelte über ihn. Das erregte ihn wahnsinnig. Er wollte das Gleiche auch bei mir machen, doch ich mochte das nicht.«

»Gab es sonst noch außergewöhnliche Sexualpraktiken zwischen Ihnen beiden?«, fragte Beckert.

Wieder spielte Radke den Nachdenklichen. Er schien sichtlich Oberwasser zu haben, als er mit dem Anflug eines Lächelns fragte:

»Was ist beim Sex schon außergewöhnlich? Es muss Spaß machen, das ist die Hauptsache.«

»Und hat es Spaß gemacht?«, fragte ich.

»Eigentlich schon. Aber wenn es sie tatsächlich so interessiert, fällt mir noch ein, dass Klaus mich bat, ihn auszupeitschen. Als ich nicht wollte, führte er den Stiel der Peitsche bei sich ein, um sich so zu befriedigen. Später holte er aus einer Schublade auch noch einen übergroßen Dildo, den er aber nicht benutzte.«

»Haben Sie Kondome benutzt?«, fragte ich.

»Ja, beim Blasen haben wir am Anfang Kondome benutzt. Dann haben wir die Dinger jedoch abgestreift und so weitergemacht.«

»Hatten Sie mit Herrn Haag auch Analverkehr, und wenn ja, wie oft?«, fragte Beckert.

»Ja, das haben wir auch gemacht. Aber wie oft das hin und her ging, kann ich nicht sagen.«

»War es das erste Mal, dass Sie mit Herrn Haag sexuell verkehrten, und waren Sie nur dieses eine Mal in seiner Wohnung?«, fragte ich.

»Ja, es war das erste und letzte Mal, dass ich mit Klaus Haag zusammen war.«

»Hat Ihnen Herr Haag vorher für Ihren Besuch Geld versprochen?«, fragte Beckert.

»Nein, aber er wollte mir von sich aus 200 oder 300 Euro geben.«

»Und haben Sie das Geld genommen?«, fragte ich.

»Nein, wo denken Sie hin! Ich bin doch kein Stricher«, antwortete Radke erbost.

»Sie sind aber arbeitslos und hätten das Geld bestimmt brauchen können, oder?«

»Ja schon, aber ich mache es nicht für Geld. Das habe ich noch nie gemacht!«

Beckert und ich waren uns sicher, dass Radke in diesem Punkt log.

»Hat er Ihnen deshalb so viel Geld angeboten, weil er wollte, dass Sie etwas ganz Perverses mit ihm machen?«, fragte ich ihn.

»Nein, ich glaube, er wollte mir Geld geben, weil ich ihm sympathisch war.«

»Woher stammt die Verletzung an Ihrer Hand?«, fragte Beckert.

»Vor drei Tagen fuhr ich mit meinem Fahrrad über eine plattgedrückte Coladose. Ich kam dabei ins Rutschen und stürzte.«

»Gibt es hierfür Zeugen?«, fragte ich.

»Nein, nicht, dass ich wüsste.«

»Sind Sie schnell oder eher langsam gefahren?«, fragte Beckert.

»Ich bin sehr schnell gefahren, sonst wäre ich nicht gestürzt«, erwiderte Radke.

»Dann haben Sie bestimmt auch an den Knien und Ellenbogen Verletzungen, oder?«, fragte ich.

»Nein, ich hatte Glück. Der Sturz ist Gott sei Dank glimpflich ausgegangen«, log Radke. »Ach, jetzt fällt mir ein, dass ich in der Wohnung von Klaus eine Geldbörse gefunden habe, die er lange vermisst hatte. Sie lag hinter einem Möbelstück. Ich habe sie hervorgeholt und ihm übergeben. Es befand sich aber kein Geld darin.«

»Ist das wichtig?«, fragte ich Radke.

»Finde ich schon«, antwortete er etwas verwundert. »Wenn Sie Fingerabdrücke von mir darauf finden, könnte leicht ein falsches Bild entstehen.«

Ich stand auf, ging um den Tisch herum und stellte mich hinter Radke. Dann legte ich meine rechte Hand schwer auf seine Schulter, beugte mich hinunter und sagte in ruhigem Ton zu ihm:

»Herr Radke, die Märchenstunde ist nun vorbei. Wenn Sie sich kein Eigentor schießen wollen, rate ich Ihnen dringend, endlich die Wahrheit zu sagen oder einfach nur die Klappe zu halten. Das, was Sie da von sich geben, ist Stuss. Halten Sie uns für so blöd, dass wir Ihnen das glauben könnten?«

»Ich ... weiß nicht, was ... was Sie meinen«, stotterte Radke.

»Wir meinen, nein wir wissen, dass ein 54-jähriger Mann kein Blut im Sperma hat, dass man sich bei einem Sturz vom Fahrrad bei hoher Geschwindigkeit nicht nur eine geschwollene Hand zuzieht, dass Sie die Geldbörse nicht zufällig gefunden, sondern gezielt gesucht und dann ausgeräumt haben, dass Sie hierbei Möbel umgeworfen haben, dass es die vier, fünf schwulen Jungs, die das Haus betreten haben, gar nicht gibt, und wir sind felsenfest davon überzeugt, dass Sie Klaus Haag brutal niedergeschlagen und so fest auf ihn eingetreten haben, dass er an inneren Verletzungen starb.«

Beckerts Stimme war laut und vorwurfsvoll, aber keineswegs drohend. Doch sie hatte Wirkung. Radke fiel regelrecht in sich zusammen. Schweißperlen bildeten sich auf seiner Stirn. Seine Hände, die er auf der Tischplatte abgelegt hatte, fingen an zu zittern. Er rutschte ein paarmal hin und her, bis es endlich aus ihm herausbrach:

»Bekomme ich nun lebenslänglich?«

Ich war inzwischen wieder vor ihn getreten und sah blanke Angst in seinen Augen.

»Vielleicht, vielleicht auch nicht. Das kommt ganz darauf an«, antwortete ich.

»Auf was kommt es an?«, fragte Radke mit leiser, brüchiger Stimme.

»Es kommt darauf an, dass Sie die Wahrheit sagen, nichts als die Wahrheit. Nur so können Sie Pluspunkte sammeln«, entgegnete mein Kollege.

Wieder vergingen endlose Sekunden, bis Radke aufschaute und mit gepresster Stimme hervorstieß:

»Also gut, ich sage jetzt die Wahrheit. Ich habe ganz einfach durchgedreht, warum, weiß ich nicht. Nachdem ich Klaus gefesselt hatte und er so auf dem Boden lag, schrie er mich an, ich soll ihn ankacken und ihn mit der Peitsche sowie mit dem großen Dildo schlagen. Ich habe das aber nicht gemacht. Daraufhin streifte er die Fußfessel ab, die ich nicht besonders festgezogen hatte, stand auf und befahl mir, dass ich mich auf die Couch legen sollte. Ich gehorchte, weil ich das Ganze auch nicht so ernst nahm. Bis dahin hatten wir beide ja auch Spaß.

Er stand dann in Höhe meines Kopfes, drehte sich plötzlich um und machte Anstalten, mir ins Gesicht zu kacken. Ich stieß ihn weg und Klaus schlug mit dem Gesicht gegen den Schrank. Als er sich umdrehte, war sein Gesicht voller Blut. Er brüllte mich an, ich solle ihn weiter schlagen, kam auf mich zu und holte mit seinen gefesselten Händen aus. Er traf mich am Kopf. Dann rief er: ›Schlag mich tot! Schlag mich doch tot! Es macht mir eh nichts aus!‹ Als er weiter auf mich losging, habe ich mich gewehrt. Ich versetzte ihm mehrere Faustschläge ins Gesicht. Er stürzte zu Boden. Dann trat ich wie von Sinnen auf ihn ein. Ich denke, ich habe mindestens sechs- bis achtmal mit voller Wucht auf ihn eingetreten. Auch auf den Kopf. Als ich wieder zu Verstand kam, sah ich Klaus blutverschmiert und regungslos am Boden liegen. Er hat aber noch geatmet und geröchelt. Dann habe ich die Wohnung durchsucht. Dabei habe ich eine ziemliche Verwüstung angerichtet. Es war mir alles egal. Schließlich habe ich eine Schachtel Zigaretten und 30 Euro an mich genommen, die auf dem Fußboden lagen. Danach bin ich aus der Wohnung geflüchtet.«

»Herr Radke, Sie lügen schon wieder! Die 30 Euro sind nicht auf dem Boden gelegen. Die haben Sie für Ihre Liebesdienste gefordert, stimmt's?«, hielt ich ihm vor.

»Ja, das stimmt«, gab Radke kleinlaut zu. »Ich wollte Geld dafür haben, aber er sagte, er habe keines. Als er auf dem Boden lag und sich nicht mehr rührte, habe ich die Geldbörse durchsucht und daraus 30 Euro entnommen. Das war alles, was er hatte.«

»Dann schlugen Sie ihn nicht wegen der Kackerei, sondern wegen des Geldes nieder, oder?«, fragte Kollege Beckert.

»Doch, es war wegen seiner perversen Wünsche und weil er auf mich einschlug. Das mit dem Geld war vorher.«

»Herr Radke, das ist doch Unsinn!«, warf ich ihm vor. »War es nicht so, dass Sie von ihm Geld forderten, als er die Schokoladennummer mit Ihnen abziehen wollte, und Sie ausgerastet sind, als er Ihnen nichts gab?«

»Ich sage jetzt gar nichts mehr und möchte sofort einen Anwalt sprechen«, stieß Radke hervor. Er hatte wohl gemerkt, dass er mit seiner Geschichte wieder nicht so richtig durchkam und dass wir ihm im Endeffekt einen astreinen Raubmord anlasten wollten. Gemäß der Strafprozessordnung gestatteten wir ihm, einen Rechtsanwalt anzurufen, und brachten ihn anschließend in die Zelle. Am nächsten Tag erließ der zuständige Richter wegen Raubmordes Haftbefehl gegen Frank Radke.

Doch Radke hatte Glück. Das Schwurgericht Karlsruhe verurteilte ihn vier Monate später wegen Totschlags zu acht Jahren Gefängnis. Es war ihm nicht zweifelsfrei nachzuweisen, dass er die Tat aus Habgier und unter dem Vorsatz begangen hatte, Klaus Haag zu ermorden.

Das verbrannte Kind

Es war die härteste Nuss, die ich jemals zu knacken hatte. Große und in dieser Form nie erlebte Zweifel regten sich in mir und ließen mich nicht mehr los. Würde ich es schaffen, diese scheinbar meterdicke Mauer, mit der der »Feuerteufel« sich umgab, zu durchbrechen und ihn zu einem Geständnis bewegen zu können, oder würde ich scheitern und dazu verurteilt sein, mein Wissen als eine ungeheuere Last ein Leben lang mit mir herumzutragen?

Es war 30 Minuten nach Mitternacht. Das etwa 2000-Seelen-Dorf lag in friedlichem Schlaf. Längst waren die Bürgersteige hochgeklappt, wie man sich landläufig ausdrückt. Die 76-jährige Margarete Batell, die in der Ortsmitte wohnte, hatte kurz zuvor noch ferngesehen und sich danach ins Bett gelegt. Sie konnte jedoch nicht einschlafen, weil sich ihre Katze unruhig verhielt. Als ihr vierbeiniger Liebling dann schließlich anfing, zu miauen und in dem dunklen Schlafzimmer panisch hin und her zu rennen, stand Margarete Batell auf. In diesem Moment hörte sie auch schon ein prasselndes Geräusch, so als ob es hagelte. Sie zog den Rollladen an dem Fenster hoch, von dem aus sie in den Hof des Anwesens schauen konnte, und sah ein einziges Flammenmeer vor sich. Schräg gegenüber ihres einein-halbstöckigen Hauses stand eine Scheune sowie ein daneben befindlicher Schuppen in hellen Flammen. Auch das zweistöckige Wohnhaus ihres rechten Nachbarn brannte.

Margarete Batell, die als junge Frau die Schrecken des Zweiten Weltkrieges erlebt hatte, dachte sekundenlang an einen Alptraum, wie sie ihn schon unzählige Mal zuvor geträumt hatte. Schließlich begriff sie, dass es dieses Mal Wirklichkeit war und sich kaum von damals unterschied, als die Brandbomben der Alliierten die Stadt, in der sie während des Krieges wohnte, in Schutt und Asche gelegt hatten.

Flammen schlugen bereits an ihr Fenster. Erst stieß sie einen Schrei des Entsetzens aus, dann rief sie aus Leibeskräften nach ihrem 42-jährigen Sohn, der mit ihr in dem kleinen Einfamilienhaus lebte. Doch Heinz Batell antwortete nicht. Margarete Batell rannte in sein Schlafzimmer, um ihn zu wecken. Aber er war nicht da.

Sie griff zum Telefonhörer und wählte die 112.

»Feuer, überall Feuer!«, schrie sie ins Telefon. »Kommen Sie schnell, sonst brennt hier alles nieder!«

Ihr Gegenüber hatte alle Mühe, von der aufgeregten Frau zu erfahren, wo genau es brannte.

Fast zeitgleich alarmierten noch zwei andere Nachbarn die Feuerwehr. Die drei Notrufe gingen alle um 0.39 Uhr ein. Weitere folgten. Es wurde sofort Brandalarm der höchsten Stufe ausgelöst. Um 0.47 Uhr meldete die Besatzung des ersten Polizeifahrzeuges, dass aus großer Entfernung ein riesiger Feuerschein über der Ortschaft zu sehen sei.

Der erste Löschzug der Feuerwehr traf um 1.01 Uhr ein und versuchte sofort, das Inferno zu bekämpfen. Nach und nach kamen weitere Löschzüge hinzu. Die Feuerwehr konzentrierte sich zunächst vor allem darauf, dass sich das riesige Feuer nicht auf andere Häuser ausbreitete. Scheune und Schuppen waren nicht mehr zu retten. Sie brannten bis auf die Grundmauern nieder. Ein in dem großen Hof abgestellter Wohnwagen brannte ebenso vollständig aus.

Letztlich war es dem beherzten Eingreifen der etwa 60 Feuerwehrleute zu verdanken, dass zwei Wohnhäuser zumindest teilweise gerettet und das Übergreifen der Flammen auf andere Häuser des alten Ortskernes verhindert werden konnten. Noch wichtiger war, dass keine Menschen zu Schaden kamen. Die betroffenen Bewohner konnten sich allesamt rechtzeitig in Sicherheit bringen. Der Sachschaden wurde auf etwa 750 000 Euro geschätzt.

Wie bei allen Bränden üblich, war die Polizei vor Ort. Zuerst die Kollegen der Schutzpolizei und kurze Zeit später kamen die Beamten des Kriminaldauerdienstes hinzu. Sie führten erste Befragungen von Zeugen durch und verfassten noch in der gleichen Nacht den sogenannten Brandbericht, der mir zusammen mit den Vernehmungsprotokollen schon morgens zu Dienstbeginn vorgelegt wurde.

Ich war zugegebenermaßen nicht sehr erfreut, als mir die Weiterbearbeitung des Falles übertragen wurde. Das lag daran, dass mir Branddelikte grundsätzlich zuwider sind, weil sie für mich ein hohes und nicht kalkulierbares Gesundheitsrisiko darstellen. Zum einen kann bei der unbedingt notwendigen Begehung eines Brandortes etwa durch herabstürzende Gebäudeteile jederzeit ein Unfall passieren und zum anderen atmet man zwangsweise hochgiftige Dioxine und Furane ein, die zweifellos im höchsten Maße lungenschädigend und als Langzeitfolge krebserregend sind.

Selbst wenn man eine Atemschutzmaske trägt, was sehr selten vorkommt, weil sie Sicht und Bewegungsfreiheit einschränkt, haften sich die hochgiftigen Partikel an Kleidung und Haaren fest und kontaminieren somit über längere Zeit mehr oder weniger die gesamte Umgebung eines Brandermittlers.

Doch nicht nur deshalb habe ich eine Abneigung gegen die Bearbeitung von Bränden. Anders als zum Bespiel bei Diebstahl, Raub und Mord unterscheidet sich die Brandursachenforschung von allen Sachgebieten der Kriminalpolizei dadurch, dass in den allermeisten Fällen nie klar zu erkennen ist, ob überhaupt eine Straftat im Sinne des Strafgesetzbuches vorliegt beziehungsweise ob etwas Verbotenes geschehen ist.

Die meisten Brände sind heutzutage auf technische Ursachen oder auf fahrlässige Verhaltensweisen von Personen zurückzuführen. Ohne es vorher zu wissen, führt man als Kriminalbeamter in diesen Fällen die oft sehr zeitaufwendigen, gesundheitsgefährdenden und nicht selten auch komplizierten Ermittlungen einzig und allein für die Versicherungen durch. Das gefällt mir gar nicht, denn wer macht sich schon gerne zum Büttel schwerreicher Versicherungsgesellschaften, die stets bestrebt sind, sich möglichst vor hohen Schadensersatzleistungen zu drücken.

Nachdem ich die sogenannte Brandmeldung des Kriminaldauerdienstes und die Vernehmungsprotokolle gelesen hatte, war mir klar, dass ich bei dem Ausmaß des Brandes und der Höhe des Schadens gezwungen war, den Ort des Geschehens noch am selben Morgen aufzusuchen, um mit der Ursachenforschung zu beginnen. Die Kollegen des Kriminaldauerdienstes hatten zu allem Übel auch noch den Verdacht geäußert, dass eventuell vorsätzliche Brandstiftung vorliegen könnte. Doch so etwas kam schon öfter vor, dachte ich mir, und nachher stellte sich dann heraus, dass einmal mehr ein defektes Heizkissen oder Lüfter den Brand ausgelöst hatte.

Ich fuhr alleine in die Gemeinde, die, was Brände anbelangt, keinen guten Ruf hatte. In den zurückliegenden Jahren brannte es dort immer mal wieder und in der Gegend wurden die Bewohner des Dorfes deshalb gerne »Zündler« genannt. In der Hoffnung, dass ich sehr bald die Brandursache herausfinden würde, machte ich mich auf den Weg.

Nach 20 Minuten Fahrzeit stieg ich aus dem Auto. Beißender Brandgeruch lag in der Luft. Ich sah die Verwüstung, die das Feuer hinterlassen hatte, und sofort beschlich mich ein unangenehmes Gefühl. Wie sollte ich in diesem Chaos von schwarzem Schutt herausfinden, wie es zu dem Brand gekommen war?

Ich fing an, wie ich bei Bränden immer anfange. Aus der Distanz verschaffte ich mir zuerst einen Überblick. Brandgeschädigt waren zwei Wohnhäuser, eine Scheune, zwei zusammengebaute Schuppen mit Garage sowie ein Wohnwagen. Die Gebäude waren allesamt um einen großen Hof gebaut, den man durch eine Einfahrt betreten konnte. Das Hoftor war nicht abgeschlossen. Man konnte aber auch noch an mehreren anderen Stellen in den Hof gelangen, so zum Beispiel über freies Gelände hinter der Scheune.

Die Scheune war bis auf die Grundmauern niedergebrannt, was den Verdacht nahelegte, dass das Feuer dort seinen Ursprung hatte. Doch der in einem Abstand von etwa zwölf Metern entfernte Doppelschuppen war ebenfalls sehr stark abgebrannt, wobei er in seiner Grundsubstanz aber immer noch besser erhalten war als die Scheune.

Die beiden Wohnhäuser, in denen sich beim Ausbruch des Brandes deren Bewohner aufgehalten hatten, waren nur teilweise beschädigt.

Aufgrund des Schadenbildes, man spricht auch von der Brandzehrung, legte ich mich sehr bald fest, dass das Feuer entweder in der Scheune oder im Schuppen ausgebrochen sein musste und sich danach durch Funkenflug rasch weiter verbreitet hatte. Diese Theorie fand insbesondere dadurch Nahrung, dass das Feuer die Wohnhäuser nur an den Dächern und nach unten, bis etwa zur Mitte der Gebäude erfasst hatte.

Ich überlegte. Wenn in einer Scheune Heu gelagert ist, muss man bei den Ermittlungen immer an Selbstentzündung denken, die aber nur unter ganz bestimmten Bedingungen möglich ist. Vereinfacht ausgedrückt, kann gelagertes Heu gären und hierbei so viel Wärme erzeugen, dass es sich selbst entzündet. Es war Mitte August, und in den vergangenen Tagen war es sehr schwül und heiß gewesen. Durchaus möglich, dass dies die Brandursache war. Aber ich wusste, eine Selbstentzündung von Heu kommt sehr selten vor.

In einem Raum des doppelten Schuppens befanden sich leicht brennbare Gegenstände wie Papier, Kleider, Teppiche, Gummireifen und Holz. In einem anderen Raum waren eine größere Menge Farbdosen und Flaschen gelagert, die offensichtlich Chemikalien unbekannter Art beinhalteten. Die Flaschen waren teils zerplatzt, teils ganz. Doch allesamt waren sie ausgebrannt.

Chemikalien können sich durch unkontrollierte Reaktionen oder auch durch Wärmezufuhr von außen selbst entzünden. Diese Ursache schien mir weitaus plausibler zu sein als eine Selbstentzündung des Heus, zumal der Eigentümer des Schuppens bei seiner Vernehmung angab, dass er Tage zuvor mit einer Farbe gestrichen hatte, der Leinöl beigemischt worden war.

Leinöl ist der klassische Stoff unter den biochemischen Produkten, der sich bei seiner Oxidation so stark erwärmen kann, dass er einen Putzlappen entzündet, mit dem man vorher das Leinöl weggewischt hat.

Für mich kam jedoch noch eine andere Brandursache infrage. Überall in der Scheune sowie an einem der Wohnhäuser waren elektrische Kabel in geradezu abenteuerlicher Weise verlegt. Aus Erfahrung wusste ich, dass elektrische Defekte ursächlich für die meisten Brände an Gebäuden sind.

Als ich die überaus schlampige Elektroinstallation sah, frohlockte ich innerlich, denn ich war mir sicher, dass ich den Fall sehr schnell klären konnte. Ich musste lediglich einen Elektrosachverständigen mit der Untersuchung beauftragen, der bestätigen konnte, dass es in einem Kabel oder einer Steckdose einen Kurzschluss gegeben hat. Anschließend musste ich nur noch denjenigen ermitteln, der die Pfuscharbeit durchgeführt hatte, und schon hatte ich meinen Täter, gegen den letzten Endes ein Strafverfahren wegen fahrlässiger Brandstiftung einzuleiten war.

Doch meine schöne Theorie zerplatzte wie eine Seifenblase. Der Elektrosachverständige brauchte etwa fünf Stunden, bis er zu dem Schluss kam, dass die Verlegung der Elektrokabel zwar gegen alle Regeln und Vorschriften verstieß, dass aber ganz sicher kein Defekt an den Leitungen vorhanden war, der ein Feuer hätte auslösen können.

Ich musste also die Ärmel hochkrempeln und mich an die Arbeit machen. Zusammen mit den Kollegen der Kriminaltechnik schaute ich mir die Brandzehrungen noch einmal genauer an. Wir kamen zu dem Schluss, dass eine vorsätzliche Brandstiftung, bei der ein Täter an mehreren Stellen gleichzeitig Feuer legte, sehr unwahrscheinlich schien. Außer bei der Scheune, deuteten die Brandzehrungen in auffälliger Weise nämlich darauf hin, dass das Feuer an den jeweiligen Gebäuden zuerst im oberen Drittel angefangen haben musste. Daraus folgerte ich, dass sich ein einzelner Brandstifter wohl kaum die Mühe machen würde, die zum Teil schwer zugänglichen Dachräume des Doppelschuppens aufzusuchen, um dort ein Feuer zu entfachen. Das würde zum einen sehr viel Zeit in Anspruch nehmen und zum anderen müsste er damit rechnen, dass er von irgendwelchen Zeugen im Lichtschein des Feuers gesehen wird.

Er könnte auch im Voraus nur schwerlich abschätzen, wie schnell sich das erste, von ihm gelegte Feuer ausbreitet, während er gerade dabei ist, an anderen Stellen weitere Brände zu legen.

Mir fiel auch auf, dass vor der rechten Hälfte des Doppelschuppens etwa 20 Ballen Stroh lagen, die teilweise zwar verbrannt waren, an denen aber kein sogenannter Brandherd festgestellt werden konnte. Für einen Brandstifter hätte sich jedoch das Stroh als leicht entzündbares Material geradezu aufgedrängt.

Aufgrund dieser Feststellungen wehrte ich mich gegen den Verdacht, dass mal wieder ein Feuerteufel in dem kleinen Ort zugeschlagen hatte. Sicher, so dachte ich, gab es für die Entstehung des Brandes eine einfache und plausible Erklärung, die ich aber nie herausfinden werde, was bei Bränden nicht ungewöhnlich ist. Gleichwohl blieb mir aber nichts anderes übrig, als den Fall auszuermitteln, wie wir das in der Fachsprache nennen. Das bedeutete, ich musste sämtliche Personen befragen, die durch den Brand in irgendeiner Weise geschädigt worden waren. Anschließend musste ich versuchen, durch Nachbarschaftsbefragungen Hinweise zu erlangen, die zur Klärung des Falles beitragen könnten.

Doch diese Befragungen verwirrten meine bisherigen Erkenntnisse über das Geschehen zusehends. Jeder wollte irgendetwas Wichtiges berichten, und während der eine angab, der Schuppen habe zuerst lichterloh gebrannt, schwor der andere Zeuge Stein und Bein, dass die Scheune schon lange brannte und die Flammen erst später auf die anderen Gebäude übergriffen.

Ein Zeuge wollte auch eine Explosion gehört haben, was sich später als wahr erwies, denn im Brandschutt konnte eine geborstene Gasflasche gefunden werden. Lag hier vielleicht ein Anschlag vor?

Durchaus möglich, dachte ich, denn in dem einen Haus, zu dem auch die Scheune gehörte, wohnte eine Familie mit mehreren Kindern, deren Vater ein Pakistaner und deren deutsche Mutter zum Islam konvertiert war. Entsprechend war sie mit Kopftuch und Kaftan bekleidet. Das sei sicherlich gewissen Leuten ein Dorn im Auge, sagte mir ein Zeuge hinter vorgehaltener Hand.

Mit den »gewissen Leuten« waren Personen gemeint, die politisch der rechten Szene angehörten. Durch eine Computerrecherche bekam ich heraus, dass in der Gemeinde etwa 20 junge Männer aufgrund ihrer ausgeprägt neonazistischen Gesinnung für einen Anschlag auf die Familie infrage kommen könnten.

Eine weitere Recherche ergab, dass im Jahr zuvor insgesamt 14-mal und im aktuellen Jahr dreimal Holzstapel außerhalb des Ortes durch unbekannte Täter angezündet worden waren. Sieben männliche Personen verschiedenen Alters wurden mit der Brandserie in Zusammenhang gebracht.

Insgesamt hatte ich also 27 Personen unter die Lupe zu nehmen, die im weitesten Sinne tatverdächtig waren. Mein Antrag, wegen des immensen Arbeitsaufwandes eine fünf Mann starke Ermittlungsgruppe aufzustellen, lief ins Leere. So machte ich mich daran, den riesigen Berg von Arbeit Stück für Stück alleine abzutragen.

Auf den Tag genau zwei Wochen später wendete sich das Blatt dramatisch. Es brannte erneut in dem Ort. Um 3.33 Uhr ging der erste Notruf bei der Funkleitzentrale ein. Eine Frau war am Apparat, die in panischer Angst berichtete, dass das Haus, in dem sie wohnt, in Flammen stehen würde. Sie sei in ihrer Wohnung im ersten Obergeschoss gefangen, da das Treppenhaus bereits lichterloh brenne. Der Beamte, der den Anruf entgegennahm, versuchte, die Frau so gut es ging zu beruhigen und ihr Anweisungen zu geben, damit sie in ihrer Angst nichts Unbedachtes tat, das sie das Leben kosten könnte.

Als er sie fragte, ob sich in ihrer Wohnung noch jemand aufhalte, erwiderte sie, ihr Sohn sei im Kinderzimmer, doch sie könne nicht zu ihm, weil sie durch Rauch und Flammen daran gehindert werde. Auf demselben Stockwerk würde auch noch ein junges Paar mit einem kleinen Kind wohnen. Im Erdgeschoss befände sich die Filiale einer Bäckerei, in der sich während der Nachtzeit niemand aufhalte.

Wie zwei Wochen zuvor, konnten Feuerwehr und Polizei schon von weitem Rauch und den hellen Schein des Feuers sehen. Doch jetzt war die Situation viel dramatischer. Über Funk hatten sie erfahren, dass sich in dem brennenden Haus noch Menschen, ja sogar Kinder befanden, die von den Flammen eingeschlossen waren. Außerdem teilte der Funksprecher mit, dass der neue Brand in unmittelbarer Nähe des vorherigen Brandes entstanden sei.

Elf Minuten nach Eingang des Notrufes war der erste Einsatzwagen der Polizei vor Ort. Löschzüge der Feuerwehr folgten im Minutenabstand und begannen sofort mit ihrer gefährlichen Arbeit. Aus dem zweieinhalbstöckigen Haus schlugen an mehreren Stellen Flammen. Insbesondere der Dachstuhl stand unter Vollbrand. In einer dramatischen Rettungsaktion konnten die Anruferin und ihr Sohn geborgen werden.

Während die 31-jährige Mutter die ganze Zeit über am offenen Fenster ihres Badezimmers auf ihre Rettung wartete und dadurch trotz der enormen Rauchentwicklung wenigstens noch einigermaßen atmen konnte, erlitt ihr Sohn durch Feuer und Rauch so schwere Verletzungen, dass bei seiner Bergung bereits Herzstillstand eingetreten war. Notärzte konnten den kleinen Jungen jedoch reanimieren und eilends in die Kinderklinik bringen.

Als die Mutter vom Zustand ihres Sohnes erfuhr, bekam sie einen schweren Schock, weshalb auch sie ins Krankenhaus gebracht werden musste.

Die Feuerwehrleute riskierten alles, um das Ehepaar mit dem Kleinkind zu retten, doch sie konnten sich nicht mehr in alle

Räume vorkämpfen, so dass sie annehmen mussten, dass die Eltern samt Kind den Flammen zum Opfer gefallen waren. Lähmendes Entsetzen machte sich breit.

Nach Minuten der Ungewissheit ging plötzlich ein Raunen der Erleichterung durch die Reihen der Feuerwehr, Polizei und Schaulustigen. Es stellte sich heraus, dass das junge Paar samt Kind durch einen zufällig vorbeifahrenden Mann gerettet worden war. Er hatte die Situation erkannt und kurz entschlossen von einem Nachbarhaus eine Leiter geholt, die er an das breite Sims stellte, auf dem sich das Paar mit dem Kleinkind vorübergehend gerettet hatten. Die drei befanden sich nun wohlbehalten und unverletzt bei Nachbarn, die ihnen Mut zusprachen und ihnen einen warmen Tee zubereiteten.

Die Feuerwehr brauchte einige Zeit, um den Brand zu löschen. Ohne dass ich noch einmal darum bitten musste, wurde noch am selben Morgen eine Ermittlungsgruppe in einer Stärke von 14 Mann auf die Beine gestellt.

Inzwischen traf die Nachricht ein, dass mit dem Ableben des achtjährigen Jungen zu rechnen sei. Innerhalb kürzester Zeit entstand ein gewaltiger Druck der Öffentlichkeit. Die Bewohner des Ortes waren aufs Äußerste verunsichert und besorgt. Es schien festzustehen, dass hier ein Feuerteufel sein Unwesen trieb, der nicht davor zurückschreckte, Menschenleben zu vernichten.

War es ein Mörder, der Feuer als Werkzeug zur Tötung verwendete, oder war es ein geisteskranker Pyromane, der sich an lodernden Flammen ergötzte und dem es dabei gleichgültig war, dass Menschen ums Leben kamen?

Ebenso wie auf Mord, kann ein Gericht auch auf Brandstiftung mit Todesfolge eine lebenslange Freiheitsstrafe verhängen. Ob dem Täter dies bewusst war? Ich bezweifelte es, doch machte ich mir keine weiteren Gedanken darüber, da erwiesenermaßen auch die Todesstrafe einen Mörder nicht von seiner Tat abhält.

Zur Stärkung und Wiederherstellung des Sicherheitsgefühls der Bevölkerung und zur Verhinderung weiterer Brandstiftungen wurden Kräfte der Schutzpolizei zusammengezogen, die bei Einbruch der Dunkelheit bis zum Sonnenaufgang unermüdlich Streife fuhren und Personen sowie Fahrzeuge kontrollierten.

Außerdem wurden verdeckte und zum Teil auch gezielte Observationsmaßnahmen mit dem Ziel durchgeführt, den Täter auf frischer Tat zu ertappen.

Schon nach kurzer Einarbeitungszeit lief der Motor der Ermittlungsgruppe auf Hochtouren. Zuerst wurden die Hausbewohner detailliert befragt. Monika Packer, die Mutter des in Lebensgefahr schwebenden Jungen, hatte sich von ihrem Schock einigermaßen erholt und war aus dem Krankenhaus entlassen worden. Sie gab Folgendes an:

»Abends war ich mit meinem Sohn auf einer Feier. Wir sind gegen 1.15 Uhr heimgekommen und sofort zu Bett gegangen. Zu diesem Zeitpunkt war es im Haus absolut still.

Irgendwann, ich muss wohl im Halbschlaf gewesen sein, hörte ich ein Knacken und Krachen. Es war ein Geräusch, so wie es beim Verbrennen von Holz entsteht. Kurz darauf hat jemand an der Haustür Sturm geläutet. Ich stand auf und ging zur Sprechanlage. Es meldete sich jedoch niemand, weshalb ich die Wohnungstür öffnete. Ich sah, dass das Treppenhaus voll dunklem Rauch war, weshalb ich die Tür sofort wieder schloss und mich ins Esszimmer begab, von wo aus ich die Feuerwehr anrief.

Danach ging ich ins Kinderzimmer und rief meinem Sohn zu, dass er aufstehen soll, da es im Haus brennen würde. Thorsten antwortete etwas und ich dachte, er würde aus seinem Zimmer kommen. Gesehen habe ich nichts, da der Strom ausgefallen war. Anschließend begab ich mich ins Badezimmer. Mehrfach habe ich Thorsten gerufen, doch er kam nicht. Ich wollte nach ihm schauen, aber es war mir nicht mehr möglich. Die ganze Wohnung war voller Rauch, der heiß und beißend war. Man konnte unmöglich Atmen.

Aus dem Badezimmerfenster habe ich laut um Hilfe gerufen. Ein Mann stellte eine Leiter unter das Fenster, aber die Leiter war zu kurz. Ich musste so lange ausharren, bis die Feuerwehr kam und mich rettete. Immer wieder habe ich nach Thorsten gerufen. Am Anfang gab er noch Antwort, aber dann nicht mehr.«

»Frau Packer, haben Sie, als Sie in der Nacht nach Hause kamen, die Haustür hinter sich zugezogen und sich danach vergewissert, ob das Schloss eingeschnappt war?«, fragte der Kollege.

»Die Tür schließt normalerweise automatisch. Ich habe nicht darauf geachtet, ob sie danach richtig zu war«, antwortete Monika Packer.

»Gab es in letzter Zeit irgendwelche Probleme mit den Nachbarn, Mitbewohnern oder dem Hauseigentümer?«, bohrte der Kollege weiter.

»Nein, nicht, dass ich wüsste. Allerdings wurde mir vor etwa zwei Monaten eine Geldbörse gestohlen, die ich kurzzeitig auf der Treppe abgelegt hatte. Ich vermutete, dass der Täter durch die unverschlossene Haustür gekommen war. Dass meine Mitbewohner die Geldbörse gestohlen haben, halte ich für sehr unwahrscheinlich.«

»Frau Packer, wir vermuten, dass der Brand vorsätzlich gelegt wurde. Haben Sie eine Ahnung, wer das gewesen sein könnte?« Der Kollege ließ trotz des angegriffenen Zustandes der Frau nicht locker.

»Nein, ich kann mir nicht vorstellen, wer so etwas Furchtbares gemacht haben könnte.«

»Sind Sie mit einem Mann liiert? Litten Sie vielleicht unter Beziehungsstress? Wie ist die Beziehung zu ihrem Ex-Mann?«

»Nein, ich bin mit keinem Mann liiert und habe auch keinerlei Beziehungsstress. Mit meinem Ex-Mann verstehe ich mich gut. Auch im Umgang mit unserem gemeinsamen Sohn gibt es keine Schwierigkeiten.«

Im Anschluss an die Vernehmung von Monika Packer wurde deren Exmann befragt. Er bestätigte die Aussage seiner geschiedenen Frau und erwähnte nebenbei, dass sie vor zwei Jahren aufgrund psychischer Probleme einen Selbstmordversuch mit Tabletten unternommen habe. Weitere sachdienliche Angaben konnte er nicht machen.

Parallel dazu wurde auch das junge Paar befragt, das quasi in letzter Sekunde von dem Autofahrer gerettet werden konnte. Die Vernehmungen brachten jedoch kein brauchbares Ergebnis.

Unzählige andere Zeugen wurden befragt. Verdächtige wurden vorläufig festgenommen und nach ihrer Überprüfung wieder freigelassen.

Ein ortsansässiger Kollege der Schutzpolizei hatte den Hinweis gegeben, dass ein Zeitungsausträger des Ortes vor zirka 20 Jahren im Verdacht stand, eine Serie von Brandstiftungen begangen zu haben. Der Zufall wollte es, dass dieser Mann in der Brandnacht von einer Streife kontrolliert worden war, die allerdings nichts von seiner Vergangenheit wusste. Dennoch nahmen ihn die Kollegen als Verdächtigen mit auf das Revier. Dort wurde er ausführlich befragt. Hierbei gab er an, dass es vor 15 bis 20 Jahren in seinem Elternhaus gebrannt habe. Bei dem Brand sei sein Vater schwer verletzt worden und habe irreparable Hirnschädigungen davongetragen. Die Polizei habe ihn verdächtigt, doch habe er in dieser Nacht nachweislich gearbeitet. Dennoch sei er in Untersuchungshaft gekommen. Seitdem würde man ihn im Dorf Feuerteufel nennen.

Die Kollegen horchten auf. Der Mann passte zweifellos in das Raster eines Brandstifters. Er war immer nachts beziehungsweise frühmorgens unterwegs und er war psychisch auffällig, was auch ein Laie unschwer erkennen konnte. Zudem schien er Alkoholiker zu sein und als Raucher hatte er stets ein Feuerzeug in der Tasche.

Als dringend tatverdächtig wurde er der Kriminalpolizei überstellt und gleich noch einmal in die Mangel genommen. Dabei gab er plötzlich zu, Jahre zuvor mit einem Feuerzeug eine Scheune in Brand gesteckt zu haben. Er sei deswegen ein Jahr in U-Haft gesessen und schließlich zu einem Jahr Gefängnis auf Bewährung verurteilt worden.

»Warum haben Sie das nicht bei Ihrer ersten Befragung gesagt?«, fragte Kriminalkommissar Kuhn den Mann.

»Ich habe nicht mehr daran gedacht.«

»Das glauben Sie wohl selbst nicht!«, warf Kuhn dem Mann vor.

»Ich hatte Angst, ein Eigentor zu schießen, wenn ich das sage«, berichtigte er sich.

»Wie haben Sie damals die Scheune in Brand gesteckt?«, fragte Kuhn weiter.

»Na, wie man eine Scheune halt so anzündet. Ich bin reingegangen, habe mein Feuerzeug angemacht und es ans Stroh gehalten. Es hat sofort gebrannt. Dann bin ich wieder rausgegangen und habe mich auf den Nachhauseweg gemacht. Zu Hause habe ich mich sofort ins Bett gelegt und gewartet, bis ich das Tatütata der Feuerwehr hörte. Später bin ich noch einmal hin, habe aber darauf geachtet, dass man mich nicht sieht.«

Kommissar Kuhn sah, dass der Mann lächelte. »Warum haben Sie eben gelächelt?«, fragte er.

Der Mann machte sofort ein ernstes Gesicht. »Ich habe nicht gelächelt«, log er.

»Waren Sie schon einmal in einer Psychiatrie?«

»Ja! Aber wann das war, kann ich nicht mehr sagen. Es war wegen meiner Alkoholsucht.«

»Haben Sie in der vergangenen Nacht das Wohnhaus in Brand gesteckt?«, fragte Kuhn und schaute seinem Gegenüber direkt in die Augen. Dieser senkte seinen Blick und ließ seinen Kopf in die Hände fallen. Nach ein paar Sekunden raffte er sich wieder auf und sagte mit fester Stimme:

»Nein, das war ich nicht. Es gibt noch andere Feuerteufel in dem Kaff. Ich bin nicht der Einzige!«

Kuhn versuchte, mit Fragen nach seinem Alibi den Tatverdächtigen ins Wanken zu bringen. Der Mann hatte ein schlechtes, oder besser gesagt, gar kein Alibi. Er gab an, seine Zeitungen in einem anderen Viertel des Dorfes ausgetragen zu haben. Zeugen konnte er aber nicht nennen, die ihn zur Tatzeit gesehen hatten. Schließlich konnte Kuhn trotz aller Mühen den Mann nicht so weit bringen, ein Geständnis abzulegen. Wohl oder übel musste er ihn wieder auf freien Fuß setzen, da er keinerlei handfeste Beweise gegen ihn hatte.

Wir von der Ermittlungsgruppe waren alle der Meinung, dass der Mann ein typischer Pyromane war. Ein Mensch also, der sich daran ergötzte, Feuer zu entzünden. Je größer und verheerender das Feuer, desto mehr Lust empfinden solche in ihrer Psyche gestörten Menschen. Er war zur heißesten Spur geworden, die wir hatten. Die Frage war nur, wie wir ihn überführen konnten.

Wir beauftragten zwei Brandsachverständige des Landeskriminalamtes mit der Untersuchung des Brandortes. Nachdem diese kein brauchbares Ergebnis liefern konnten, schalteten wir noch einen sehr bekannten und mit vielen Vorschusslorbeeren ausgezeichneten privaten Sachverständigen ein. Dieser stellte fest, dass der Brand ganz eindeutig im Treppenhaus begonnen hatte. Als Brandherd lokalisierte er die Ecke rechts hinter der Haustür, in der ein Abfalleimer stand, in dem er noch Reste von Zigaretten fand.

Der auf mich sehr unsicher wirkende Gutachter stellte die Vermutung auf, dass jemand aus Versehen eine brennende Zigarette in den Abfalleimer warf, die das darin befindliche Papier entzündete. Diese Erklärung erschien mir nicht sehr überzeugend. Gleichwohl war sie nicht zu widerlegen.

Doch ich hatte das Gefühl, dass das Feuer eine ganz andere Ursache hatte. Nicht zuletzt auch wegen des vorangegangenen Brandes, der gerade mal zwei Wochen zurücklag, sagte mir mein Instinkt, dass hier tatsächlich ein Feuerteufel am Werk war. Und dieser Feuerteufel war hoch gefährlich. Er hatte im wahrsten Sinne des Wortes Blut geleckt und würde mit Sicherheit weitermachen.

Aber wie kam der Täter ins Haus? An der Haustür konnten keine Einbruchspuren festgestellt werden. Von den Hausbewohnern erfuhren wir, dass der Türschließer nicht immer einwandfrei funktionierte. Tatsächlich konnten wir rekonstruieren, dass das Schließblech so weit zurückgesetzt war, dass die Schlosszunge nicht allzu weit in die sogenannte Schlossfalle ragte. Das hatte zur Folge, dass man die Tür mit wenig Kraftaufwand aufdrücken konnte.

Bereits beim Erscheinen der Feuerwehr war die Scheibe an der Tür zerborsten. Nur wenige Glassplitter lagen im Flur. Die meisten außen auf der Treppe. Wir stellten die Vermutung auf, dass die Scheibe durch die große Hitze des Feuers nach außen gedrückt wurde und dabei zersplitterte. Doch konnte es auch sein, dass der Täter zuerst ein kleines Loch in die Scheibe schlug und danach mit einem Geißfuß das übrige Glas nach außen riss.

Die Meinungen innerhalb der Ermittlungsgruppe klafften

weit auseinander. Fast jeder stellte eine eigene Theorie auf. Nach wie vor stand der Zeitungsausträger im dringenden Verdacht. Doch mit dem Gutachten der Sachverständigen konnten wir ihn nicht in die Enge treiben. Als wir ihn zum dritten Mal zur Vernehmung holen wollten, war er plötzlich wie vom Erdboden verschluckt, was ihn noch verdächtiger machte.

Schließlich konnten wir seine Freundin ausfindig machen, die, ohne konkret danach gefragt worden zu sein, spontan aussagte, es habe frühmorgens schon öfter gebrannt, wenn ihr Freund die Zeitung ausgetragen habe. War er tatsächlich der Feuerteufel? Wir waren uns fast sicher. Die Fahndung nach ihm wurde mit Hochdruck vorangetrieben, und schon nach kurzer Zeit hatten wir Erfolg. Aber auch bei der dritten Vernehmung legte der Mann kein Geständnis ab. Es war zum Haareraufen!

Bei anderen Tatverdächtigen, die wir meist in mühevoller Kleinarbeit ermittelt hatten, bissen wir ebenfalls auf Granit.

In diesem Stadium der Ermittlungen war ich zusammen mit dem Ermittlungsgruppenleiter hauptsächlich mit der Organisation und Koordination der durchzuführenden Maßnahmen beschäftigt. Gleichzeitig war ich für die Aktenführung verantwortlich. Diese Aufgabe beinhaltet unter anderem das chronologische Einfügen von Protokollen und Berichten in die Akte, aber insbesondere auch das Erkennen von Zusammenhängen einzelner Vorgänge.

Nachdem der behandelnde Arzt bereits am ersten Tag signalisiert hatte, dass der achtjährige Thorsten Packer in Lebensgefahr schwebe und, sollte er überleben, wegen des langen Herzstillstandes höchstwahrscheinlich schwerste Hirnschädigungen erlitten habe, teilte das Klinikum am Nachmittag des vierten Tages schließlich mit, dass bei dem Kind der Hirntod eingetreten sei.

In Deutschland ist es Vorschrift, dass der sogenannte Hirntod von zwei Ärzten aus verschiedenen Abteilungen eines Klinikums festgestellt werden muss. Damit soll verhindert werden, dass bei einem Patienten wegen der eventuellen Fehldiagnose eines einzelnen Arztes die lebenserhaltenden Maßnahmen unterbrochen werden und damit innerhalb kurzer Zeit Herzstillstand eintritt.

Bei Thorsten Packer wurden im Rahmen der genau vorgeschriebenen Untersuchungen, die zwischen 14 und 15 Uhr stattfanden, keine Hirnströme mehr gemessen. Nach Rücksprache mit den Eltern wurden schon eine Stunde später die Maschinen abgeschaltet, die sein kleines Herz während der vier Tage im Koma am Schlagen hielten.

Ich habe später nie nach den Umständen des aus meiner Sicht sehr schnellen Abschaltens der Maschinen gefragt, aber als ich davon erfuhr, war ich nicht nur sehr traurig, sondern wunderte mich auch über das Verhalten der Eltern. Meine bisherige Erfahrung war die, dass Eltern oder nahe Angehörige von Patienten in vergleichbaren Fällen viel länger warteten, bis sie endlich ihr Einverständnis dafür gaben, dass die Herz-Lungen-Maschine abgeschaltet wird.

Schon zwei Tage zuvor war in mir ein erster Verdacht aufgekommen. Er war jedoch so ungeheuerlich, schien so unwirklich zu sein, dass ich ihn nicht auszusprechen wagte. So trug ich ihn eine ganze Zeit lang mit mir herum, bis es irgendwann aus mir herausplatzte.

»Die Mutter war es!«, rief ich während einer kurzen Lagebesprechung in den Raum.

Die meisten starrten mich an, als ob ich vom Mars käme. Der Leiter der Ermittlungsgruppe konnte sich ein Lächeln nicht verkneifen.

»Wie kommst du denn auf diese absurde Idee?«, fragte er. »Eine Mutter zündet doch kein Haus an, in dem sie und ihr

Kind sowie eine weitere Familie wohnen. Sie hätte doch dann damit rechnen müssen, dass alle, einschließlich sie selbst, ums Leben kommen.«

Ich versuchte, meinen Verdacht zu begründen.

»Der Brand entstand zweifellos im Treppenhaus«, begann ich. »An der Hauseingangstür gab es keine eindeutigen Aufbruchspuren, womit zumindest in Erwägung zu ziehen ist, dass das Feuer von einem Hausbewohner gelegt worden sein könnte. Hinzu kommt, dass es zwei Wochen zuvor in der unmittelbaren Nachbarschaft brannte. Ein Zusammenhang ist unverkennbar.«

Ich schaute in zweifelnde Gesichter und versuchte meinen Verdacht gegen Monika Packer weiter zu begründen. Wie alle anderen von dem Brand in irgendeiner Weise betroffenen Personen musste auch die Mutter des verstorbenen Jungen unter die Lupe genommen werden. Diese Aufgabe war mir vorbehalten, da ich Hauptsachbearbeiter des Falles war. Ein undankbarer Job, denn wie sollte man mit einer Mutter umgehen, die gerade ihren achtjährigen Sohn verloren hat. Ihr Mann hatte ausgesagt, dass sie etwa zwei Jahre zuvor einen Suizidversuch unternommen habe. Weiter wurde bekannt, dass sie schon mehrfach in der Psychiatrie war.

Mein ungeheurer Verdacht gegen die Mutter wurde aber vielmehr von einer anderen Tatsache genährt: Monika Packer war ein Adoptivkind. Als ich das zum ersten Mal hörte, fiel es mir fast wie Schuppen von den Augen. Deprivationsschädigung! Das ist ein klassischer Fall von Deprivationsschädigung, dachte ich. Mein Puls schnellte hoch. Ich versuchte mich zu erinnern, wann ich das Wort zum ersten Mal gehört hatte. Es war vor vielen Jahren. Ein 19-jähriger junger Mann hatte seine Eltern grausam ermordet und zerstückelt. Die Leichenteile entsorgte er in Abfallcontainern, die auf Autobahnparkplätzen standen. Ein Motiv war nicht erkennbar. Der Täter machte keine Angaben hierzu. Wenn er danach gefragt wurde, zuckte er nur mit den Schultern. Die Tat gab er jedoch zu.

Wie konnte jemand aus gutem Hause so etwas machen? In der Familie schien alles perfekt zu sein. Es gab keine größeren Probleme. Ich zermarterte mir tagelang mein Hirn, doch ich kam zu keinem Ergebnis. Nach Auflösung der Mordkommission wurde ich schließlich wieder vom Tagesgeschäft auf meinem Dezernat eingeholt. Ich musste mich um Fälle kümmern, die zwar weniger spektakulär, aber dennoch dringend zu bearbeiten waren.

Irgendwann kam mir die Idee, mich noch einmal um den jungen Mörder zu kümmern. Ich rief den zuständigen Staatsanwalt an und erfuhr, dass ein erfahrener Psychologe inzwischen ein Gutachten erstellt hatte, das dem Täter zur Tatzeit eine verminderte Zurechnungsfähigkeit zubilligte. Mich interessierte das Thema und so bat ich den Staatsanwalt, mir eine Kopie des Gutachtens zukommen zu lassen, in dem ich zum ersten Mal mit dem Begriff »Deprivationsstörung« konfrontiert wurde.

Das Gutachten umfasste 87 DIN-A4-Seiten und war teilweise in hochwissenschaftlicher Sprache geschrieben. Ich verbrachte einige Stunden damit, die Erklärung herauszufiltern, die der Gutachter für die Tat des jungen Mannes gefunden hatte.

Auf den Punkt gebracht, kam der Diplompsychologe zu dem Schluss, dass Kinder, die bis zu einem Alter von etwa fünf Jahren von ihrer Mutter getrennt werden, durch das Trauma der Trennung eine sogenannte Deprivationsschädigung erleiden können.

Deprivation leitet sich vom englischen Wort »deprivation« ab und bedeutet so viel wie »Beraubung, Entziehung, schmerzlicher Verlust« und stammt aus dem lateinischen Verb »privare« = »berauben, absondern«.

Wie eruiert werden konnte, wurde der 19-jährige Täter von

seinen späteren Opfern im frühen Kindesalter adoptiert. Seine leibliche Mutter hatte ihn vier Wochen nach der Geburt wie einen Hund an einer Autobahnraststätte ausgesetzt.

Der Gutachter führte an, dass sogar einen Tag alte Säuglinge, die nach der Geburt dauerhaft von der leiblichen Mutter getrennt werden, dem Schicksal einer Deprivationsschädigung unterworfen sein können, selbst wenn sie alsbald einer Ersatzmutter zugeführt werden.

Die Deprivationsschädigung ruft meist erst zu einem späteren, sehr variablen Zeitpunkt eine Neurose hervor, deren Ursache von den Betroffenen nicht zu erkennen ist. Diese Neurose kann wiederum äußerst multiple Erscheinungsformen aufweisen. Die gravierendste und verhängnisvollste Folge ist die, dass die Person im Normalzustand durchaus sozial eingestellt, liebenswert und sympathisch sein kann. Dass aber derselbe Mensch unter ganz bestimmten Umständen auch zu kontrollierten, respektive völlig unkontrollierten Zerstörungs- und Gewaltausbrüchen bis hin zu Mord und Totschlag neigt. Man spricht dann auch von aggressiven Durchbrüchen. Dabei schreckt er nicht davor zurück, Menschen und Dinge zu zerstören, die er besonders liebt. Diese Art Täter können für ihr Verhalten keine Erklärung abgeben, weil sie im Grunde genommen selbst nicht wissen, was während der Tat in ihnen vorgegangen ist. Sie wissen nur, dass sie etwas Schreckliches getan haben, und glauben, verrückt zu sein. Manchmal können sie die Tat auch so weit verdrängen, dass sie davon überzeugt sind, sie habe nie stattgefunden.

Doch nicht jedes adoptierte Kind leidet an Deprivationsstörungen. Der Gutachter schrieb, dass über die Häufigkeit dieses Phänomens keine gesicherten Erkenntnisse vorliegen würden. Aufgrund seiner jahrelangen Erfahrung schätzte er den Anteil auf etwa zehn Prozent der Adoptivkinder.

Je mehr ich darüber nachdachte, desto sicherer wurde ich mir. Bei Monika Packer muss es sich um eine deprivationsgeschädigte Person handeln, die fähig war, aus irgendeinem nichtigen Anlass heraus, ihr Haus anzuzünden und dabei ganz bewusst auch noch ihr eigenes Kind umzubringen.

Als ich mit meinen Ausführungen fertig war, schüttelten die meisten Kolleginnen und Kollegen den Kopf. Niemand wollte zunächst den Verdacht gegen Monika Packer mit mir teilen. Es klang einfach zu absurd, dass diese Frau der Feuerteufel war und ihren einzigen Sohn auf dem Gewissen haben sollte. Doch ich hatte erreicht, dass man zumindest über diese Möglichkeit nachdachte. Ich nahm Monika Packer noch genauer unter die Lupe.

Durch Befragungen von Angehörigen, Freunden und Bekannten stellte sich heraus, dass sie im Alter von vier Jahren von ihrer leiblichen Mutter weggegeben worden war. Sie kam in ein Heim und danach in eine Pflegefamilie, wo sie regelmäßig durch überharte Strafen misshandelt wurde. Zum Beispiel musste sie eine ganze Nacht lang im eiskalten Wasser einer Badewanne sitzen, weil sie aus Sicht des Pflegevaters nicht artig war.

Mit fünfeinhalb Jahren wurde sie von dem bis dahin kinderlosen Ehepaar Alfred und Dagmar Stein adoptiert. Ab da ging es ihr gut. Sie wurde liebevoll behandelt, obwohl sie oft sehr schwierig war.

In der Schule wurde sie als Waisenkind gehänselt. Es gab Vorfälle, die sich weder die Lehrer noch die Eltern erklären konnten. So zerbrach Monika Packer anscheinend grundlos die Füllfederhalter ihrer Mitschüler. Während eines Schulfestes goss sie Terpentin über eine Torte. Gelegentlich zog sie andere Schüler einfach an den Haaren.

Als sie etwas älter war, soll sie an Autos Antennen abgebrochen haben.

Bereits mit 15 Jahren unternahm sie den ersten Selbstmordversuch. Weitere folgten. Nach mehreren Kurzzeitaufenthalten in der Psychiatrie kam sie schließlich in eine stationäre Langzeittherapie, die jedoch nicht den gewünschten Erfolg brachte. Weitere Suizidversuche folgten.

Die Psychiater attestierten ihr ein ausgeprägtes Borderline-Syndrom und eine emotionale, instabile Persönlichkeitsstörung, die autoaggressive Folgen nach sich ziehen können.

Mehrere Zeugen gaben an, dass Monika Packer zum Lügen und Stehlen neige. Schließlich machte ich einen Zeugen ausfindig, dessen Aussage aber dann ausnahmslos alle Mitglieder der Ermittlungsgruppe aufhorchen ließ: Monika, so behauptete der Mann, der sich als früherer Freund ausgab, habe vor etwa zehn Jahren in einem Treppenhaus einen Kinderwagen angezündet. Das Feuer wurde jedoch rechtzeitig entdeckt. In dem Haus habe eine kinderreiche türkische Familie gewohnt. Monika habe im Obergeschoss einen Bekannten besuchen wollen, ihn aber nicht angetroffen. Dann habe sie einfach den Kinderwagen in Brand gesteckt, obwohl sie zu der türkischen Familie keinerlei Bezug gehabt habe.

Ich war mir schon vorher ziemlich sicher, dass die Mutter ihren Sohn auf dem Gewissen hatte, doch nach dieser Aussage wusste ich es hundertprozentig. Aber die meisten Kolleginnen und Kollegen konnten es immer noch nicht glauben und stützten sich lieber auf das Gutachten des Sachverständigen, wonach der Brand wahrscheinlich durch eine brennende Zigarette entstanden sei, die aus Unachtsamkeit in den hinter der Eingangstür stehenden Papierkorb geworfen wurde.

Kriminaloberkommissarin Doris Gengel war eine sehr erfahrene Kollegin. In unzähligen Ermittlungsverfahren hatte sie ihr Können schon unter Beweis gestellt. Auch in diesem Fall zeigte sie sehr viel Engagement. Selbst dreifache Mutter, tat ihr der achtjährige Thorsten Packer besonders leid. Sie war es auch, die Monika Packer zu Beginn betreut und mit ihr die erste Befragung durchgeführt hatte. Daneben verhörte sie noch mehrere andere Zeugen, so dass sie viele Detailkenntnisse des Falles besaß.

Meinem Verdacht gegen Monika Packer stand sie zunächst sehr skeptisch gegenüber. »Eine Mutter macht so etwas nicht«, war ihr erster Kommentar. »Der Frau Packer würde ich das auch nicht zutrauen«, fügte sie hinzu.

Doch je mehr über Monika Packer bekanntwurde, desto mehr öffnete sich Kriminaloberkommissarin Gengel meiner Theorie. Einen Tag vor Thorstens Beerdigung drängte ich darauf, Monika Packer unverzüglich als Beschuldigte zu vernehmen. Bislang war sie ja nur als Zeugin befragt worden. Ich befürchtete, sie könnte in Anbetracht der Beisetzung ihres Sohnes abermals einen autoaggressiven Schub bekommen und wieder ein Haus anzünden oder vielleicht Selbstmord begehen.

Aus Gründen der Pietät entschied jedoch der Ermittlungsgruppenleiter, Monika Packer erst nach der Beerdigung zu verhören. So gut es ging, sollte sie bis dahin observiert werden. Mein Einwand, dass ihre Vernehmung und die damit einhergehende Überführung als Täterin insbesondere auch ihrem eigenen Schutz diene, da durch eine Observation ihr Selbstmord in letzter Konsequenz nicht verhindert werden könne, fand kein Gehör.

Vor der Beerdigung erschienen mehrere Todesanzeigen in den Tageszeitungen. Der kleine Thorsten Packer war mit seinen kurzen blonden Haaren und dem offenen, freundlichen Gesicht zu Lebzeiten offenbar äußerst beliebt. In zum Teil sehr emotionalen Texten verabschiedeten sich Klassenkameraden, Freunde, die Fußballmannschaft, in der er spielte, und Verwandte.

Monika Packer und ihre Adoptiveltern ließen folgende Anzeige veröffentlichen:

»Das Liebste, was wir hatten, ist uns genommen worden.
Thorsten brachte uns die Sonne, das Lachen und die Freude.
Unendlich ist der Schmerz, die Trauer und die Leere.
Durch eine sinnlose Tat musste mein einziges Kind, unser einziger Enkel sterben.
Warum?
Wir werden Dich immer in unserem Herzen tragen.«

Dazu veröffentlichte Monika Packer im Mitteilungsblatt der Gemeinde noch folgenden Text:
»Wer kann mit so einer Schuld leben, Menschenleben zu riskieren und ein unschuldiges Kinderleben zu zerstören?
Wer?«

Daneben hatte sie ein Bild ihres Jungen setzen lassen.

Monika Packer hatte die Schule und den Fußballverein ihres Sohnes darum gebeten, dass die Schüler und Vereinskameraden weiße Luftballone in den Himmel steigen lassen, sobald der Sarg in die Erde gesenkt werde.

Ich wohnte der Beerdigung von weitem bei. Es war ein sehr ergreifendes Bild, als etwa 200 bis 300 weiße Luftballone in den Himmel stiegen und dazu ein trauriges Lied erklang. Monika Packer weinte herzzerreißend. Sie musste gestützt werden, um sich auf den Beinen halten zu können.

Wegen des bevorstehenden Wochenendes, aber auch aus Taktgefühl warteten wir noch drei Tage, bis wir Monika Packer zum ersten Mal als Beschuldigte verhörten. Es war mein Part, denn ich war der sogenannte Hauptsachbearbeiter des Falles.

Ich hatte mich sehr gründlich auf das Verhör vorbereitet und war mir absolut sicher, die Tatverdächtige zu einem Geständnis bewegen zu können, hatte ich doch in unzähligen anderen Verfahren bereits die übelsten Ganoven, die schlimmsten Mörder »weichgekocht«.

Zuvor hörte ich mir noch einmal den Mitschnitt ihres Notrufes an. Beim ersten Durchlauf achtete ich auf ihre Stimmlage und auf ihre Wortwahl. Ihre Panik und Angst klangen echt.

Als ich beim zweiten Durchlauf etwas lauter drehte, erschrak ich. Ich hatte den Kopfhörer auf und hörte im Hintergrund zwar leise, aber ganz deutlich: »Mama ... Mama, hilf mir!«, rufen.

Mir lief es eiskalt den Rücken hinunter. Das war zweifellos die Stimme des kleinen Thorsten, und seine Mutter hatte in diesem Moment nichts Besseres zu tun, als mit der Feuerwehr zu telefonieren. Gewiss war der Notruf wichtig. Aber noch wichtiger wäre es gewesen, erst mal nach dem Kind zu schauen. Ich war mir sicher, dass Monika Packer ihren Sohn hätte retten können, wenn sie es nur gewollt hätte.

Um besseren Zugang zu der Tatverdächtigen zu finden, bat ich Kriminaloberkommissarin Gengel, der Vernehmung beizuwohnen. Wir waren ein eingespieltes Team, in dem jeder wusste, mit welchen Methoden zu welchem Zeitpunkt Tätern am besten beizukommen war.

Wenn man in Deutschland einen Tatverdächtigen vernimmt, muss man mit ihm zuallererst eine Beschuldigtenbelehrung durchführen. Unterlässt man dies, unterliegt die Vernehmung einem Beweisverwertungsverbot. Das heißt im Klartext, dass die Vernehmung und das entsprechende Protokoll nicht in das Verfahren einfließen dürfen, selbst wenn der Täter ein lückenloses Geständnis abgelegt hat.

Uns war klar, dass wir bei Monika Packer vorsichtig zu Werke gehen mussten. So wie wir sie einschätzten, war sie eine hochgradige Psychopatin, die sich sofort in ihr Schneckenhaus zurückziehen würde, falls ihr etwas nicht passte.

Als sie behutsam darüber belehrt wurde, dass sie im Verdacht stehe, eine schwere Brandstiftung begangen zu haben, und sie das Recht habe, die Aussage zu verweigern oder einen Rechtsanwalt anzurufen, fing sie sofort kopfschüttelnd zu weinen an.

»Ich habe nichts getan … ich habe nichts getan!«, stammelte sie. »Meinen Sie, ich bringe meinen eigenen Sohn um? Für wen halten Sie mich? Ich bin keine Mörderin! Das haben andere gemacht. Es gibt genug in dem Ort, die so etwas machen!«

Mit Engelszungen versuchten wir, Monika Packer zu beruhigen, da wir bei dieser Vernehmung wenigstens ansatzweise so etwas wie ein Geständnis von ihr erlangen wollten. Wir fragten sie nach ihrer Kindheit, und sie erzählte, dass sie davon nicht mehr allzu viel wisse.

Vage Erinnerungen habe sie noch an ihre Pflegefamilie, aber nur deshalb, weil sie dort sehr hart bestraft wurde, wenn sie böse gewesen sei. Auf meine Frage, in welcher Form sie böse war, zuckte Monika Packer mit den Schultern und sagte:

»Ich weiß es nicht mehr. Ich war halt böse, sonst wäre ich doch nicht bestraft worden.«

Vor etwa einem Jahr sei ein Brief vom Jugendamt Köln gekommen, aus dem hervorging, dass ihre Mutter mit ihr in Kontakt treten wolle. Sie habe eingewilligt und sich mit ihrer Mutter am Hauptbahnhof Karlsruhe getroffen. Bei dieser Gelegenheit habe die Mutter erzählt, sie sei damals mit ihr nicht mehr fertiggeworden, weshalb sie sie im Alter von vier Jahren bei einer Pflegefamilie untergebracht habe. Doch da habe es Probleme gegeben, weshalb sie schließlich in ein Heim musste.

Das Treffen mit der Mutter sei nur kurz gewesen. Weitere Kontakte habe es nicht gegeben.

Monika Packer tat mir sehr leid. Mir war klar, dass die Frau in ihrem Leben schon einiges mitgemacht hatte, was sicherlich deutliche Spuren in ihrer Psyche hinterlassen hatte. Hinzu kam, dass sie stark übergewichtig und nicht gerade eine Schönheit war. Ihre Haut schien ungepflegt und ihre Kleidung war nicht sehr vorteilhaft. Das blonde Haar trug sie kurz, und man konnte vermuten, dass ihr Frisör alles andere als ein Meister seines Faches war. Abgekaute Fingernägel verstärkten den Eindruck, dass Monika Packer psychische Probleme hatte. Dennoch, als sie so zitternd und weinend vor uns saß, stiegen in mir Zweifel auf. War diese Frau tatsächlich fähig, Häuser in Brand zu stecken und damit Menschen, ja sogar ihren eigenen Sohn zu opfern?

Wir konzentrierten uns auf jede einzelne Geste, auf jedes Wort der Frau, um den Tatverdacht irgendwie untermauern zu können. Aber Monika Packer gab sich kaum eine Blöße.

»Wann war Ihr letzter Suizidversuch und warum haben Sie den unternommen?«, fragte ich sie.

»Der war vor etwa zwei Jahren. Ich wollte mich mit einer Überdosis Paracetamol umbringen, weil ich Schwierigkeiten mit meinem Sohn hatte.«

»Welche Art von Schwierigkeiten waren das?«

»Das weiß ich nicht mehr so genau. Es ist schon so lange her.«

»Versuchen Sie sich bitte zu erinnern.«

»Es war auch deshalb, weil meine beste Freundin einen Partner gefunden hatte und ich plötzlich das fünfte Rad am Wagen war.«

Bei dieser Aussage klingelte es sofort bei meiner Kollegin und mir. Widerfuhr ihr unmittelbar vor den Bränden ein ähnliches Erlebnis und wollte sie dieses Mal nicht nur sich, sondern auch andere mit in den Tod ziehen? Das würde sehr gut in das Bild einer deprivationsgeschädigten Person passen. Wir versuchten einzuhaken, doch Monika Packer wich mehr aus Instinkt als aus Berechnung aus.

Wie schon oft bei anderen Vernehmungen sehr erfolgreich durchgeführt, spielten wir der Tatverdächtigen einen »Ball« zu und hofften, sie würde ihn auffangen, um ihn als eine Art Rettungsanker zu verwenden. Wenn sie erst einmal nach dem Ball greifen würde, hätten wir einen guten Ansatz, in der Vernehmung weiterzukommen.

»Frau Packer, rauchen Sie?«

Natürlich wussten wir, dass sie rauchte.

»Ja, ich rauche.«

»Welche Marke bevorzugen Sie?«

»Meistens rauche ich Marlboro.«

»Haben Sie geraucht, als Sie die Haustür aufgeschlossen und das Haus betreten haben?«

»Nein, ich glaube nicht.«

Nun flog der »Ball« durch die Luft.

»Könnte es nicht sein, dass Sie geraucht und die Kippe nach dem Betreten des Hauses versehentlich in den Abfalleimer geworfen haben, der rechts hinter der Tür stand?«

Falls Monika Packer tatsächlich den Brand vorsätzlich gelegt hatte, würde sie die Chance jetzt wahrnehmen und sich auf ein Versehen hinausreden. Dessen war ich mir fast sicher. Sie überlegte endlos lange Sekunden.

»Nein, ich habe nicht geraucht«, antwortete sie mit fester Stimme. »Das weiß ich genau, weil ich gar keine Zigaretten mehr hatte.«

Jetzt haben wir sie in der Falle, dachten wir, denn uns lag die glaubhafte Zeugenaussage eines Mannes vor, der behauptete, gesehen zu haben, dass Monika Packer noch zwei Zigaretten und ein Feuerzeug in ihrer Marlboro-Schachtel hatte.

»Frau Packer, Sie lügen! Wir wissen genau, dass Sie noch im Besitz von zwei Zigaretten waren, als Sie das Fest verließen!«

»Ich kann nur noch einmal betonen, dass ich nicht geraucht habe, als ich nach Hause gekommen bin.«

»Was haben Sie mit den beiden Zigaretten gemacht?«

»Ich weiß nicht, was mit den Zigaretten passiert ist.«

»Also hatten Sie noch zwei Zigaretten?«

»Kann sein, aber auch nicht.«

»Frau Packer, ein Brandsachverständiger hat festgestellt, dass das Feuer vermutlich im Papierkorb hinter der Tür entstanden ist. Wenn Sie vielleicht doch geraucht und die Kippe nicht richtig ausgedrückt haben, bevor Sie sie in den Papierkorb warfen, geben Sie es bitte Ihrem verstorbenen Sohn zuliebe zu. Wir denken, dass Sie dafür wahrscheinlich nicht ins Gefängnis müssen.«

Auch diesen zweiten Ball fing Monika Packer nicht auf. Wir warfen ihr noch einen dritten zu.

»Im Abfallkorb wurden die Reste von zwei Zigarettenkippen gefunden. Falls die von Ihnen stammen, können wir Ihnen das mit Hilfe einer DNA-Untersuchung nachweisen. Geben Sie endlich zu, dass Sie bei Ihrer Heimkehr geraucht haben!«

»Nein, ich habe im Treppenhaus nie geraucht. Es kann allerdings sein, dass die Kippen von mir stammen, denn manchmal habe ich abgebrochene Zigaretten in den Abfallkorb geworfen.«

Es war zum Verrücktwerden! Monika Packer hatte eine Mauer um sich gebaut, die so hoch und so dick war, dass sie offensichtlich jedem Angriff standhielt. Doch ihre Aussage untermauerte meine Vermutung, dass sich der Brandsachverständige geirrt hatte. Mehr denn je war ich mir sicher, dass Monika Packer das Feuer absichtlich gelegt hatte. Aus ihrem Verhalten war zu schließen, dass sie genau wusste, dass man ihr mit den aufgefundenen Kippen keinen Strick drehen konnte.

Doris Gengel und ich zogen einen letzten Trumpf. Wir einigten uns darauf, dass ich die Tatverdächtige im Folgenden alleine in die »Mangel« nehme. Damit war keinesfalls gemeint, dass sie irgendeinem Zwang ausgesetzt werden sollte. Die Freiheit der Willensentschließung des Beschuldigten darf auf keinen Fall beeinträchtigt werden. Zwang, Täuschung oder List sind bei polizeilichen Vernehmungen gemäß § 136a der Strafprozessordnung strengstens verboten. Es gibt jedoch genügend legale Mittel, einen Tatverdächtigen zum Reden zu bringen. Ein geschickter Polizeibeamter versteht es, durch entsprechende Fragen seinem Gegenüber ein Geständnis zu entlocken. Ich halte es immer so, dass ich versuche, dem zu Vernehmenden das Gefühl zu geben, er sei nicht der absolute Verlierer bei der Sache. Das ist der springende Punkt.

Hierbei ist es auch eminent wichtig, darauf zu achten, dass der Täter nicht sein Gesicht verliert. Das geht am besten, wenn man ihn alleine vernimmt und dabei zu ihm ein Vertrauensverhältnis aufbaut. Einem einzelnen Kriminalbeamten gegenüber ist es für den Täter wesentlich leichter, zuzugeben, Mist gebaut zu haben, als vor zwei oder noch mehr Personen.

Ich legte mir folgende Taktik zurecht: In erster Linie wollte ich Monika Pacher aus ehrlichem Herzen helfen und genauso wollte ich ihr gegenüber auch erscheinen. Ich empfand tiefstes Mitleid für sie und wollte, dass sie ihr Gewissen erleichtert, damit sie mit ihrer Schuld besser leben kann. Denn eines war klar: Wenn sie das Feuer vorsätzlich gelegt und es nicht fertiggebracht hatte, auch in den Flammen zu sterben, musste eine ungeheuere Last auf ihren Schultern liegen, und es bestand die Gefahr, dass sie noch einmal das Gleiche tut, um endgültig aus dem Leben zu scheiden, und dass sie dabei wiederum andere mit in den Tod reißt.

Deshalb versuchte ich, mit allen mir zur Verfügung stehenden Mitteln Zugang zur Psyche der Tatverdächtigen zu finden. Ich zog sämtliche Register meines Könnens. Dabei legte ich zuallererst den »Mantel« des Kriminalbeamten ab. Danach schlüpfte ich abwechselnd in die Rollen eines guten Freundes, eines alle Sünden vergebenden Priesters und sogar eines verständnisvollen, gütigen Vaters. Manchmal hatte ich das Gefühl, an den Fugen der meterdicken Mauer, mit der sich Monika Packer umgeben hatte, zumindest zu kratzen, um etwas Halt zu bekommen. Doch dann glitt ich wieder an ihr ab, um im Niemandsland zu landen. Ich kam einfach nicht an die Frau ran.

Als ich mir gar nicht mehr anders zu helfen wusste, schlüpfte ich wieder in den Kriminalbeamten und konfrontierte sie knallhart mit Fakten, die eindeutig für ihre Schuld sprachen. Unter anderem warf ich ihr vor, wir hätten herausbekommen, dass sie bei der Feier in der Brandnacht aus der Geldbörse einer anderen Frau 15 Euro gestohlen habe, dass Zeugen aussagten, sie sei ziemlich frustriert gewesen, weil sie keinen Mann finden würde, und dass sie sich gegenüber anderen Personen geäußert habe, die Scheune und der Schuppen, die in ihrer unmittelbaren Nachbarschaft abbrannten, seien ein Schandfleck gewesen. Und schließlich warf ich ihr mit aller Schärfe vor, dass sie vor etwa zehn Jahren schon einmal in einem Treppenhaus Feuer gelegt hatte, das nur durch Zufall rechtzeitig entdeckt worden sei.

Doch all das prallte an Monika Packer ab. Meist unter Tränen wiederholte sie immer und immer wieder, dass sie nicht der Feuerteufel sei und sie niemals ihrem Sohn so etwas hätte antun können.

Nach fünf Stunden beendete ich völlig erschöpft die Vernehmung. Ich hatte mein Pulver verschossen und in der nicht gerade mit scharfem Intellekt ausgestatteten Monika Packer meinen Meister gefunden. Frustriert wie nie zuvor in meinem Leben, machte ich Feierabend und fuhr nach Hause.

Obwohl ich todmüde war, machte ich in der folgenden Nacht

kaum ein Auge zu. Fiel ich doch einmal in einen Halbschlaf, träumte ich von Feuer. Ich sah Monika Packer, wie sie in einem riesigen Hochhaus gleich an mehreren Stellen zündelte und wie unzählige Frauen und Kinder elend verbrannten. Schweißgebadet wachte ich dann auf.

Müde und ausgelaugt, fuhr ich am nächsten Morgen verspätet zum Dienst. Kaum hatte ich mir einen Kaffee eingeschenkt, sprach mich der Ermittlungsgruppenleiter an.

»Wir haben uns die Sache überlegt und sind zu dem Schluss gekommen, dass du die Frau noch einmal in die Mangel nehmen solltest. Vielleicht war sie es gar nicht, aber der Teufel will es, vielleicht dreht sie heute bei. Du solltest es noch einmal versuchen«, sagte er.

»Ohne mich!«, erwiderte ich. »Ich kann nicht mehr. Habe alles versucht. Ich weiß, dass sie es war, aber die arme Frau ist irre und deshalb kommt man ihr nicht bei. Und das ist auch der Grund, weshalb ich in ihr meinen Meister gefunden habe.«

»Willst du, dass sie morgen Nacht das Gleiche tut? Könntest du damit leben?«

Mit dieser Frage traf mich der Ermittlungsgruppenleiter mitten ins Herz. Natürlich könnte ich damit nicht leben. Ich würde mir ewig Vorwürfe machen, wenn Monika Packer wieder von ihrem blinden Zerstörungswahn befallen Feuer legen würde. Nicht auszudenken, wenn dabei wieder Menschen zu Tode kommen würden. Spätestens dann würde ich mich fragen, ob ich tatsächlich alles versucht, alles gegeben habe. Doch bin ich nicht gestern bereits an meine Grenzen gegangen, habe ich sie vielleicht nicht sogar schon überschritten?

»Kurt Klingenfuß wird dich unterstützen«, hörte ich den Ermittlungsgruppenleiter sagen.

Um Gottes willen, dachte ich. Zwei Männer, da macht die doch gleich zu! Klingenfuß stand bereits neben mir. Ich unterdrückte deshalb eine Äußerung, die mir schon auf der Zunge lag. Dann überlegte ich kurz: Warum nicht, kam mir in den Sinn. Mehr wie schiefgehen konnte es nicht. Und wenn einer die nötige Ausdauer hat, dann war es KK, wie wir unseren Kollegen scherzhaft nannten. Sein anderer Spitzname war »King of the Mountains«, weil Klingenfuß ein Bergsteiger war, der in dieser Sportart beachtliche Erfolge vorweisen konnte. Er war ein zäher, drahtiger Bursche, der kein Gramm zu viel auf den Rippen hatte. Bei Ermittlungen ging er meist sehr zielgerichtet vor. Wenn er Frauen vernahm, hatte ich allerdings manchmal den Eindruck, dass ihm etwas Feingefühl fehlte. Aber vielleicht würde er es als erfahrener Bergsteiger schaffen, die hohe und glatte Mauer, die Monika Packer vor sich errichtet hatte, zu bezwingen.

»Wir probieren es einfach noch einmal«, sagte er aufmunternd zu mir.

Zu müde, dem noch irgendetwas entgegenzuhalten, erwiderte ich:

»Meinetwegen. Wenn du dir vorstellen kannst, eine senkrechte, 1000 Meter hohe und mit Eis überzogene Wand ohne Haken und Seil zu bezwingen, soll es mir recht sein.«

»Mach mal halblang«, antwortete Klingenfuß und lachte.

Wir legten uns eine Strategie zurecht und kamen überein, dass wir Monika Packer zur Mittagszeit zu Hause bei ihren Adoptiveltern abholen und zum örtlichen Polizeiposten verbringen, um sie in einer Räumlichkeit zu vernehmen, die sie noch nicht kannte. Zur Mittagszeit deshalb, weil das eine Zeit ist, in der die Familie üblicherweise zusammenkommt. Eine überraschende Trennung von dem schützenden Hort ihrer Adoptiveltern, so hofften wir, würde sie vielleicht ins Wanken bringen.

Am selben Morgen war Kriminaloberkommissarin Doris Gengel mit einer Kollegin unterwegs und traf zufällig den Adoptivvater der Tatverdächtigen in einer Gastwirtschaft. Ohne konkret darauf angesprochen zu werden, berichtete er, Monika habe sich ihm gegenüber dahingehend geäußert, dass sie jetzt wohl einen guten Anwalt brauche. Er habe ihr geantwortet, er würde ihr keinen Anwalt besorgen, da sie dann möglicherweise freigesprochen und dann wieder etwas passieren werde.

Auf die Frage, ob er der Meinung wäre, dass seine Adoptivtochter der Feuerteufel sei, zuckte er mit den Schultern und sagte, er würde bei ihr mit allem rechnen. Seine Frau habe schon vor Wochen festgestellt, dass mit Monika wieder etwas nicht stimme. Sie habe sich ein paarmal in ihrer Wohnung eingeschlossen und auf ihrem CD-Player immer wieder ein bestimmtes Lied angehört. Wenn sie das in der Vergangenheit gemacht habe, sei immer irgendetwas passiert. Jetzt haben sie Angst um ihr Haus, denn sie befürchten, dass Monika es anzünden könnte.

Als ich das hörte, kam in mir wieder etwas Energie zurück. Mehr noch als vorher, wurde mir bewusst, dass Monika Packer eine psychisch kranke, jedoch auch hoch gefährliche Frau war, die unbedingt aus dem Verkehr gezogen werden musste.

Erwartungsgemäß trafen wir sie bei ihren Adoptiveltern an. Sie war gerade beim Mittagessen. Ohne irgendwelche Einwände erklärte sie sich bereit, sich einer neuerlichen Vernehmung zu unterziehen.

Zehn Minuten später saßen wir mit ihr in einem kleinen Dienstzimmer und begannen mit der Vernehmung. Unsere Taktik zeigte die erhoffte Wirkung. Monika Packer schien dieses Mal nicht mehr so gefestigt zu sein. Man merkte ihr an, dass sie Halt suchte, ihn aber nicht fand. Sie tat mir unendlich leid. Dennoch hielt sie unseren Fragen über eine Stunde stand. Immer und immer wieder beteuerte sie, das Feuer nicht gelegt zu haben.

»Meinen Sie, ich bringe meinen Buben um? Ich bin doch nicht verrückt! Er war doch alles, was ich hatte!«, schrie sie weinend, als wir versuchten, sie zum wievielten Mal mit den wenigen Fakten, die wir hatten, in eine Ecke zu drängen.

»Doch, Frau Packer, Sie sind verrückt, Sie sind krank, und das wissen Sie auch«, antwortete ich. »Sagen Sie endlich die Wahrheit! Nur so können wir Ihnen helfen, nur so können wir noch Schlimmeres verhindern.«

»Was soll noch schlimmer sein, als der Tod meines Kindes? Es gibt nichts Schlimmeres!«, entgegnete Monika Packer weinend.

»Sie haben Recht, es ist das Schlimmste, was einer Mutter widerfahren kann. Und gerade deshalb sollten Sie an Ihre Mutter und an Ihren Vater denken, die sich große Sorgen um Sie machen.«

»Es sind nur meine Adoptiveltern«, erwiderte die Tatverdächtige mit leicht trotzigem Unterton.

»Sie wurden von den beiden doch immer gut behandelt. Ich bin mir sicher, dass Sie genauso geliebt wurden und immer noch geliebt werden wie ein eigenes Kind.«

Doch Monika Packer ließ sich einfach nicht erweichen, ein Geständnis abzulegen, auch nicht, als wir ihr versprachen, dass wir sie nicht ins Gefängnis stecken, sondern erfahrenen Ärzten zuführen würden. Und ohne Geständnis hatten wir keinerlei Handhabe, andere vor der tödlichen Zerstörungswut der Frau zu schützen. Wir hatten keine Beweise, mit denen wir einen Richter hätten überzeugen können, die Tatverdächtige in Haft zu nehmen oder in die geschlossene Abteilung einer Psychiatrie einzuweisen. Kurt Klingenfuß und ich waren nahe dran, aufzugeben. Doch dann passierte etwas, das ich nie vergessen werde und das meine Meinung über das Verhalten des Kollegen Klingenfuß gegenüber Frauen total auf den Kopf stellte.

Wir drei saßen uns wie in einem gleichschenkeligen Dreieck

gegenüber. Monika Packer bildete die Spitze. Klingenfuß und ich waren jeweils etwa einen Meter von ihr entfernt. Es gab keinen Tisch zwischen uns. Als ich das Gefühl hatte, dass nun gar nichts mehr ging, rückte Klingenfuß mit seinem Stuhl plötzlich direkt vor Monika Packer. Mit gespreizten Beinen schloss er die dicken Knie der Tatverdächtigen ein. Dann legte er beide Hände auf die Oberschenkel der Frau, schaute ihr tief in die Augen und sagte:

»Frau Packer, kann es nicht sein, dass Sie doch geraucht haben und dass Sie vielleicht aus Versehen …«

»Man wird doch wohl noch rauchen dürfen«, unterbrach Monika Packer meinen Kollegen vorwurfsvoll. »Das ist ja nicht verboten, oder?«

Es wird mir ewig ein Rätsel bleiben, warum diese Frau jetzt plötzlich einknickte. Solche oder ähnliche Fragen hatten wir ihr vorher schon zur Genüge gestellt. Ich kann nur vermuten, dass es Klingenfuß Hände waren, die auf ihren Oberschenkeln ruhten und die Kehrtwende herbeiführten. Auf jeden Fall wusste ich in diesem Moment, dass wir der Lösung des Falles sehr nahe waren. Nun mussten wir nur noch darauf achten, keinen Fehler mehr zu machen.

»Natürlich dürfen Sie rauchen. Das kann Ihnen niemand verbieten«, antwortete Klingenfuß.

»Können Sie sich noch erinnern, wo Sie geraucht haben?«, fragte ich behutsam.

»Ich bin runter in den Hof beziehungsweise in den Garten. Das habe ich zuvor schon öfter gemacht. Dort steht ein Aschenbecher.«

Ich biss mir gerade noch rechtzeitig auf die Zunge, um ihr nicht vorzuwerfen, dass sie wieder log, als ich bemerkte, dass ihre Erzählung wohl mit dem ersten Brand begann.

»Als ich rauchte, bin ich etwas weiter in den Hof gegangen.«

»Was meinen Sie mit weiter?«

»Der Hof gehört ja nicht zu unserem Haus«, wich Monika Packer aus. »Aber ich war schon oft dort. Die Kinder spielen dort auch. Als ich meine Zigarette zu Ende geraucht hatte, ging ich zurück und drückte sie im Aschenbecher aus.«

»Was haben Sie dann gemacht?«

»Ich weiß es nicht mehr so richtig.«

»Versuchen Sie sich zu erinnern«, bat ich.

»Ich bin dann Richtung Scheune gegangen, die unserem Nachbarn gehört.«

»Was wollten Sie dort?«

»Ich wollte zum Hasenstall. Mehr wollte ich nicht.«

»Haben Sie sich zu diesem Zeitpunkt noch eine Zigarette angezündet?«

»Nein.«

»Wie ist das Feuer dann entstanden?«

»Rechts neben dem Hasenstall war Heu aufgeschichtet. Ich holte mein Feuerzeug aus der Tasche und hielt es an das Heu. Es brannte zunächst nur eine kleine Flamme. Dann verließ ich die Scheune und ging zum Schuppen, wo ebenfalls Heu lagerte. Der Schuppen war offen. Ich zündete das Heu an. Als ich die Flammen sah, bekam ich es mit der Angst zu tun und rannte so schnell ich konnte in meine Wohnung. Ich ging noch auf die Toilette und legte mich danach ins Bett. Kurze Zeit später klingelte es. Eine Nachbarin teilte mir über die Sprechanlage mit, dass es brennt. Ich ging runter und sah mir das Ganze an.«

»Können Sie sich erklären, weshalb Sie das Heu angezündet haben?«, fragte Klingenfuß.

»Nein, dafür habe ich keine Erklärung.«

»Haben Sie sich über etwas geärgert?«, fragte ich.

»Nein. Als ich das ganze Ausmaß des Brandes sah, hatte ich schon ein komisches Gefühl. Ich fragte mich, warum ich das wohl gemacht habe, konnte aber keine Antwort darauf finden.«

»Und wie war das bei dem zweiten Brand?«, fragte Klingenfuß.

»Nachdem Thorsten und ich zu Hause waren, brachte ich erst den Jungen zu Bett. Ich konnte noch nicht schlafen. Später ging ich dann runter und habe die beiden Zigaretten geraucht, die der Zeuge an dem Abend bei mir gesehen hatte.

Nachdem ich mit dem Rauchen fertig war, ging ich zurück ins Haus. Ich kann beim besten Willen nicht mehr sagen, warum ich dann wieder gezündelt habe. Im unteren Bereich des Treppenhauses waren auf einem Kinderwagen, der den Mitbewohnern gehörte, Stuhlauflagen abgelegt. Sie wissen doch, solche mit Schaumstoff an der Unterseite. Die habe ich angezündet. Danach bin ich schnell die Treppe hoch und in meine Wohnung gegangen. Dabei sah ich, dass sich das Feuer schnell ausbreitete. Vor Angst habe ich mich sofort ins Bett gelegt. Kurz danach klingelte es auch schon Sturm. Ich stand auf, ging zur Wohnungstür, öffnete sie und dabei kam mir bereits starker Rauch entgegen. Um zu verhindern, dass der Rauch in meine Wohnung kommt, schloss ich schnell die Tür und ging zu Thorstens Zimmer. Dort rief ich ganz laut, dass es brennt.

Plötzlich war die ganze Wohnung voller Rauch. In diesem Moment wusste ich nicht mehr, was ich machen sollte. Schließlich ging ich zum Telefon und rief die Feuerwehr an.«

»Warum haben Sie sich nicht erst um Ihren Sohn gekümmert?« Ich musste mich beherrschen, Monika Packer nicht anzubrüllen.

»Ich war total durcheinander.«

»Was ging in Ihrem Kopf vor, als Sie die Stuhlauflagen anzündeten?«, fragte ich.

»Nichts! Zumindest kann ich mich nicht erinnern, ob ich dabei etwas gedacht habe.«

»War Ihnen bewusst, dass Sie Ihren Sohn, die Mitbewohner und sich selbst in höchste Gefahr brachten?«

»Nein, das war mir nicht bewusst. Ich dachte, dass das Feuer nicht so schlimm werden würde und auf das ganze Haus übergreift. Ich hatte vorher etwas Alkohol getrunken und fühlte mich so leicht. Deshalb machte ich mir keine weiteren Gedanken.«

Ich musste mich wiederum beherrschen, nicht aufzubrausen, als ich Monika Packer fragte:

»Gab es keine Chance, Ihren kleinen Jungen aus seinem Zimmer zu holen?«

Die Frage hätte ich mir eigentlich sparen können. Denn ich war mir absolut sicher, dass Monika Packer genügend Zeit hatte, ihren Sohn zu retten, wenn sie es nur gewollt hätte.

»Nein, es war alles so stark verraucht, und vor lauter Panik bin ich dann ins Bad geflüchtet. Ich wusste mir einfach nicht mehr zu helfen. Irgendwie hatte ich in dieser Situation eine Blockade. Ich kann mir das alles nicht erklären.«

Auch diese letzte Vernehmung dauerte Stunden. Monika Packers Geständnis endete mit folgenden Worten:

»Ich möchte sagen, dass mir das Ganze sehr leidtut. Wenn ich könnte, würde ich alles ungeschehen machen. Mein Sohn fehlt mir sehr. Er war das Liebste, was ich hatte. Ich sehe jetzt ein, dass ich psychisch krank bin und unbedingt in Behandlung muss, damit so etwas nicht wieder geschieht.«

Nach Rücksprache mit dem zuständigen Staatsanwalt wurde Monika Packer unmittelbar im Anschluss an ihre Vernehmung in die geschlossene Abteilung des Psychiatrischen Landeskrankenhauses Wiesloch gebracht. Rechtsgrundlage waren der § 20

Strafgesetzbuch und der § 126a der Strafprozessordung. Diese beiden Paragrafen besagen unter anderem, dass eine Person mit einer krankhaften seelischen Störung bei Begehung einer Straftat ohne Schuld handelt und dass gegen diese Person ein Unterbringungsbefehl in eine psychiatrische Anstalt erlassen werden kann.

Bei der späteren Verhandlung vor dem Landgericht Karlsruhe bestätigte ein Gutachter erwartungsgemäß die Schuldunfähigkeit der Angeklagten. Monika Packer konnte somit nicht wegen der von ihr begangenen besonders schweren Brandstiftung mit Todesfolge verurteilt werden. Das Gericht befand, dass sie auf unbestimmte Zeit ihr Leben hinter den Mauern der sogenannten Forensischen Abteilung des Psychiatrischen Landeskrankenhauses verbringen muss. Es wäre zu wünschen, dass Monika Packer dort erfolgreich therapiert wird und irgendwann wieder in Freiheit kommt, ohne dass sie jedoch eine Gefährdung für andere darstellt.

Der Serienmörder
Heinrich Pommerenke

Ab dem Sommer 1959 wurde der Name Pommerenke von unzähligen Eltern und Großeltern in Baden-Württemberg und dem angrenzenden Rheinland-Pfalz als äußerst wirksames Druckmittel dafür eingesetzt, dem ungehorsamen Nachwuchs fürchterliche Angst einzujagen. Ich war damals ein achtjähriger Knirps, der von der bösen Welt der Erwachsenen noch nicht viel wusste. Das änderte sich mit einem Schlag. Noch heute klingt mir der Satz in den Ohren: »Komme ja nicht zu spät heim, du weißt, der Pommerenke holt dich sonst.«

Obwohl er sich schon längst hinter Gittern befand, war Heinrich Pommerenke ab 1959 und noch Jahrzehnte danach das Schreckgespenst schlechthin. Immer wieder kam das Gerücht auf, Pommerenke, die Bestie in Menschengestalt, sei ausgebrochen und würde wieder sein Unwesen treiben.

Es waren nur wenige Wochen nach Bekanntwerden der grässlichen Taten Pommerenkes vergangen, als ich einmal als kleiner Steppke mit meinen Freunden bis weit in die Dämmerung hinein Fußball spielte. Die Heimkehr von dem etwa zwei Kilometer entfernten Fußballplatz bis nach Hause ist mir nach über 50 Jahren noch so gut in Erinnerung, als ob es erst gestern gewesen wäre.

Damals waren bei Nacht die Straßen nur schlecht oder gar nicht beleuchtet. Insbesondere die Seitenstraßen erschienen mir so dunkel und so furchterregend, dass ich sie abends normalerweise nur in Begleitung eines Erwachsenen beging. An diesem Abend war ich aber alleine unterwegs. Niemand konnte mir beistehen, wenn Pommerenke kommen würde, um mich zu »holen«. Zu allem Elend führte mich der Weg auch noch am Friedhof vorbei.

Was sich in diesen Minuten in meinem kleinen Kopf abspielte, war ein Szenarium grässlichsten Ausmaßes. Natürlich war die Dunkelheit noch dunkler als sonst und natürlich war kein Mensch auf der Straße, den ich um Hilfe bitten konnte. Meinen neuen Lederball, auf den ich ganz stolz war, hatte ich extra fest unter meinem rechten Arm eingeklemmt, weil ich es dem Mörder nicht leichtmachen wollte, ihn mir so einfach wegzunehmen.

Es sollten die längsten zwei Kilometer werden, die ich je zu Fuß zurücklegen musste. Nach jedem Schritt rechnete ich damit, dass Pommerenke hinter einer Häusernische, einem Strauch, oder am Friedhof gar hinter einem Grabstein hervorstürzen und mich umbringen würde, um meinen kostbarsten Besitz, meinen neuen Lederball, zu bekommen.

Mehrmals kam mir in den Sinn, den Ball einfach wegzuwerfen, damit Pommerenke keinen Grund mehr hatte, mich zu überfallen. Aber da war ja noch die Dunkelheit und mir war doch eingetrichtert worden, dass dieser Mörder alle Kinder »holt«, die nicht rechtzeitig nach Hause kommen. Das schien diesem furchtbaren Unhold Grund genug zu sein, mich zu töten. Ob mit oder ohne Ball, ich war so oder so geliefert, wenn ich ihm in die Hände fiel. Also ging ich mit schnellen Schritten meines Weges und wagte kaum zu atmen. Jedes noch so leise Geräusch nahm ich wahr, um es mit meinem kindlichen Instinkt zu deuten. Das kleine Herz schlug mir bis zum Halse. Auf gut Deutsch hatte ich die Hosen gestrichen voll.

Die Abreibung, die ich wegen des zu Spätkommens von meinem strengen Vater erhielt, erschien mir wie eine Erlösung von den Qualen, die ich zuvor auf meinem Heimweg durchlitten hatte.

Einmal fragte ich meine Mutter, welche Verbrechen Pommerenke denn begangen habe und wie der Mann aussehe. Ich weiß noch genau, welche Bilder vor meinem geistigen Auge abliefen, als sie, wohl selbst voller Furcht vor dem grausamen Mörder, mir in geheimnisvollem Ton erzählte, Pommerenke würde mit einem großen scharfen Messer Frauen den Bauch aufschlitzen und den Hals durchschneiden. Kinder würde er langsam erwürgen, um sie danach verschwinden zu lassen. Der Mann sehe so furchterregend aus, dass auch erwachsene Männer vor ihm Reißaus nehmen würden, wenn sie ihn von ferne sehen. Er sei auch sehr stark und so schnell auf den Beinen, dass ihm niemand entkommen könne. Das reichte, um zu bewirken, dass ich lange, lange Zeit nie mehr zu spät nach Hause kam.

Dem furchterregenden und legendär-grausigen Ruf Heinrich Pommerenkes lag eine Serie von schweren und schwersten Verbrechen zugrunde, die dieser Mann in einem Zeitraum von nur vier Jahren begangen hatte.

Im Alter von 18 Jahren überfiel Pommerenke im österreichischen Bregenz zum ersten Mal zwei Frauen. Es waren englische Touristinnen, die er sich, damals noch etwas dilettantisch, als Opfer ausgesucht hatte. Er beobachtete sie eine Zeit lang, verfolgte sie und wartete am späten Abend auf eine günstige Gelegenheit, sich ihnen in den Weg zu stellen. Einen Schreckschussrevolver drohend auf sie gerichtet, zwang er die jungen Frauen, sich abseits des Weges auf den Boden zu legen. Gerade als er sich über seine Opfer hermachen wollte, wurde er von Passanten gestört und flüchtete.

So begann die grausame »Karriere« des Serienmörders

Heinrich Pommerenke. Diesem ersten Versuch eines Notzuchtverbrechens folgten bis zu seiner Festnahme am 19. Juni 1959 insgesamt

- vier bestialisch begangene Morde, teilweise mit anschließendem postmortalem Geschlechtsverkehr
- zwölf Mordversuche
- zwei vollendete Vergewaltigungen an lebenden Opfern
- 25 versuchte Vergewaltigungen
- fünf schwere Raubüberfalle, zum Teil mit Schusswaffe
- ein räuberischer Diebstahl
- zehn schwere Einbruchsdiebstähle
- sechs einfache Diebstähle

Was die Vergewaltigungen und Vergewaltigungsversuche anbelangt, ist davon auszugehen, dass die jeweiligen Opfer einen guten Schutzengel hatten, denn Pommerenke gab später bei seiner Vernehmung an, er habe weit mehr als nur vier Frauen töten wollen. In seinem Hirn habe die Zahl 71 317 herumgespukt. Diese Zahl würde sich aus seiner eigenen Glückszahl 7, aus 13, der Glückszahl seiner Mutter, und aus 17, der Nummer eines Autoskooters, zusammensetzen. Der Autoskooter habe ihm besonders gut gefallen, als er eine Zeit lang bei einem Schausteller gearbeitet habe.

Natürlich sind 71 317 Mordopfer auch für einen Serienmörder ein absolut utopisches Ziel. Das gestand sich selbst Pommerenke ein. Doch wollte er zunächst einmal mindestens sieben Frauen töten und danach die Zahlen 13 und 17 ins Auge fassen. Auf die Frage, warum er diesen Entschluss gefasst habe, meinte er, er hätte bei Frauen nie Glück gehabt und sei bei ihnen immer zu kurz gekommen. Das war die erschreckende Logik dieses Frauenmörders.

Es würde bei weitem den Rahmen sprengen, in diesem Buch alle Verbrechen Heinrich Pommerenkes minuziös zu beschreiben. Deshalb berichte ich nur über die Haupttaten. Die ›weniger schweren Verbrechen‹ werde ich lediglich streifen, sofern sie zur Abrundung des Geschehens wichtig erscheinen.

Nach dem ersten Vergewaltigungsversuch in Bregenz folgte neun Monate später, genau am 19. Mai 1956, der zweite in Hamburg. Dieses Mal ging Pommerenke schon weitaus brutaler vor. Das Opfer war eine 15-jährige Schülerin, die abends alleine unterwegs war. Er folgte dem Mädchen, um es an einem Bahndamm hinterrücks mit einem Würgegriff zu überfallen. Obwohl der Angriff sehr massiv war und die Schülerin bereits am Boden lag, konnte sie zumindest zeitweise laut schreien. Als schließlich ein Fahrradfahrer nahte, ergriff Pommerenke die Flucht. Er entkam unerkannt.

Nur zwei Monate später, am 29. Juli 1956, überfiel er in Hamburg wiederum eine 15-jährige Schülerin, indem er genauso vorging wie am 19. Mai. Auch hier wurde er wieder durch einen Passanten gestört und flüchtete.

In den nächsten sieben Monaten verübte er im Bereich Hamburg sieben weitere Vergewaltigungsversuche, bis er schließlich am 5. Februar 1957 zum ersten Mal wirklich zum Erfolg kam. An diesem Abend gab er sich besondere Mühe. Er wollte endlich mit einer Frau den Geschlechtsverkehr durchführen, koste es, was es wolle. Lange schon stand er an einer Straßenbahnendhaltestelle und wartete auf ein geeignetes Opfer. Seine Wahl fiel auf eine junge Frau namens Juliane Dehm. Es war schon dunkel, als das spätere Opfer aus der Straßenbahn stieg und sich auf den Heimweg begab. Pommerenke folgte der Frau in sicherem Abstand und holte sie erst ein, als er glaubte, eine günstige Örtlichkeit erreicht zu haben. Auf einem Damm, nur 100 Meter von ihrer Wohnung entfernt, schlich er sich leise an die

Frau heran und fiel über sie her. Ohne Vorwarnung würgte er das Opfer, bis es bewusstlos wurde. Juliane Dehm hatte keine Chance, sich aus dem Würgegriff zu befreien und um Hilfe zu rufen. Dieses Mal leistete Pommerenke ganze Arbeit.

Nachdem die Bewegungen der Frau erschlafft waren, schleifte sie der Täter den Damm hinunter, wo er sich ungestört an dem leblosen Opfer vergehen konnte. Mehr durch Zufall als durch die Absicht Pommerenkes überlebte Juliane Dehm die Tat.

Hierzu muss man wissen, dass ein massiver Würgevorgang von einem Täter nie so kontrolliert vorgenommen werden kann, dass die konkrete Gefahr einer Tötung ausgeschlossen werden kann. Unter Würgen versteht man den Angriff des Täters auf den Hals des Opfers mit einer oder mit beiden Händen. Von Drosselung spricht man dagegen, wenn ein sogenanntes Strangulationswerkzeug zum Töten verwendet wird.

In den meisten Fällen erfolgt beim Würgen eine seitliche Kompression des Kehlkopfes und der Luftröhre, oder der Kehlkopf des Opfers wird durch Druck von vorne gegen die Wirbelsäule gepresst, wodurch die Luftwege verengt oder sogar ganz verschlossen werden. Gleichzeitig kommt es durch eine Kompression der Halsschlagadern zu einer starken Verringerung oder gar vollständigen Unterbrechung der Blutzufuhr zum Gehirn. Unter Umständen können die tiefe Bewusstlosigkeit und der anschließende Tod bereits nach weniger als einer Minute eintreten. Dies ist insbesondere dann der Fall, wenn beim Würgen eine traumatische Reizung des sogenannten Nervus vagus erfolgt. Das ist jener Nervenstrang, der für die Funktion der Halsorgane und speziell des Kehlkopfes verantwortlich ist.

Schon durch relativ leichten Druck auf die Glomus caroticum genannten Nervenknoten, die sich an beiden Halsseiten befinden, kann es zum Abfall des Blutdruckes und zu einem plötzlichen Herzstillstand kommen.

Ein Würgen als Todesursache kann in den allermeisten Fällen sehr leicht nachgewiesen werden. Bereits bei der ersten Leichenschau am Tatort sind für den Kriminalbeamten und den hinzugerufenen Polizeiarzt oft deutliche Hinweise in Form von Stauungsblutungen in den Bindehäuten der Augen und streifenförmige braunrote Hautvertrocknungen am Hals erkennbar. Auch sind oft Kratzeffekte an der Oberhaut sichtbar, die durch das Eindrücken der Fingernägel hervorgerufen werden.

Bei der späteren Obduktion finden sich in nahezu allen Fällen subkutane Blutunterlaufungen im Unterhautfettgewebe, Zerreißungen der oberflächlichen Halsmuskulatur oder sogar Frakturen am Kehlkopf und Zungenbein.

Unter Berücksichtigung all dieser Umstände hatte Juliane Dehm unwahrscheinliches Glück. Teilweise entkleidet, kam sie nach längerer Zeit wieder zu sich und konnte sich nach Hause schleppen. Sie litt wochenlang an Schluckbeschwerden, und die Würgemale an ihrem Hals waren noch nach zwei Monaten sichtbar.

In der Folgezeit beging der inzwischen 21-jährige Pommerenke einen Einbruchsdiebstahl, einen Betrug und zwei weitere Vergewaltigungsversuche. Beim zweiten Vergewaltigungsversuch war das Opfer bereits 54 Jahre alt. Die Frau sah jedoch schon wesentlich älter und sehr verhärmt aus. Dies war ein deutlicher Hinweis darauf, dass es sich bei Pommerenke schon in diesem Stadium um einen Sittlichkeitstäter der übelsten Sorte handelte, dem es lediglich darauf ankam, Frauen zu vergewaltigen, ohne Rücksicht auf Alter und Aussehen.

Sechs Monate nach der Vergewaltigung von Juliane Dehm gelang es Pommerenke wieder, seinen unbändigen Geschlechtstrieb zu befriedigen. Am 17. August 1957 überfiel er in einem Hamburger Stadtteil die 17-jährige Hilde Mast nach bewährter Methode. Er lauerte der jungen Frau an einer Straßenbahnhaltestelle auf und folgte ihr zirka 300 Meter bis kurz vor ihr Elternhaus. Dieses Mal drückte er beim Würgen das Gesicht des Opfers in den sandigen Boden, wodurch die Bewusstlosigkeit noch schneller eintrat. Er schleppte die leblose Frau hinter ein Auto und verging sich an ihr. Anschließend nahm er noch ihre Handtasche an sich, in der sich lediglich etwa zehn bis 15 D-Mark befanden. Wohl als eine Art Trophäe behielt er diese Handtasche bis zu seiner späteren Festnahme in seinem Besitz.

Hilde Mast überlebte schwer verletzt. Doch zu den Würgemalen am Hals trug sie tief in ihrem Innern unsichtbare Narben davon, die niemals mehr heilen sollten und unbeschreiblich schmerzhaft waren, weil sie immer wieder aufbrachen, wenn sie zum Beispiel schweißüberströmt nach furchtbaren Alpträumen des Nachts aufwachte. Allein schon, wenn ein Mann nur versuchte, Kontakt mit ihr aufzunehmen, geriet die junge Frau noch jahrelang in Panik.

Wie ein gefährliches Raubtier, das einmal Menschenblut geleckt hat, war Pommerenke stets auf der Suche nach neuen Opfern. So beging er in Hamburg neben mehreren kleinen Delikten noch sieben weitere Vergewaltigungsversuche. Als ihm schließlich in dieser Stadt der Boden zu heiß wurde, reiste er ruhelos in Deutschland und der benachbarten Schweiz umher. Sein Weg führte ihn über Heidelberg, Wyhlen bei Lörrach, Basel, Hildesheim bis nach Karlsruhe. Überall setzte er mehr oder weniger seine grausame Serie von Verbrechen fort.

Dabei wich er in einem Fall von seiner bisherigen Vorgehensweise – dem Würgen bis zur Bewusstlosigkeit – ab und versuchte am Neckarufer in Heidelberg zwei Frauen, die gemeinsam unterwegs waren, mit einer etwa 35 Zentimeter langen und 20 Millimeter dicken Stahlgewindestange zu überfallen, um sie zu vergewaltigen. Er schlug ihnen die gefährliche Waffe mehrfach auf den Kopf. Als er damit nicht sofort die erhoffte Wirkung erreichte und Passanten hinzukamen, flüchtete Pommerenke. Die beiden Frauen überlebten schwer verletzt.

Am 27. Januar 1958 streifte er auf der Suche nach einem geeigneten Opfer durch Karlsruhe. Schon spät in der Nacht entschloss er sich, in ein Schwesternheim einzudringen, um eine junge Krankenschwester zu vergewaltigen. Nachdem er sich durch Aufbrechen einer Tür Zutritt in das Gebäude verschafft hatte, schlich er sich in ein Zimmer, in dem zwei Schwestern schliefen. Durch den Anblick der Schlafenden wurde er sexuell stark erregt. Pommerenke hatte jedoch Angst, die beiden zu überfallen, da er fürchtete, sie könnten schreien und er würde dadurch entdeckt. Er schlich weiter durch das Gebäude und kam in ein Zimmer, in dem vier Kinder schliefen. Da er immer noch sexuell erregt war, nahm er ein vierjähriges Mädchen aus seinem Bettchen, entkleidete und küsste es am ganzen Körper, insbesondere auch im Schambereich. Als das schlaftrunkene Kind langsam erwachte und zu schreien anfing, legte es Pommerenke auf den Fußboden und flüchtete. Dabei wurde er von einer Krankenschwester gesehen.

Nicht unerwähnt sollte bleiben, dass er damals in Karlsruhe auch einmal als Exhibitionist auftrat. Eine Straftat, die allzu oft und allzu gerne als harmlos eingestuft wird. Auffallend war, dass Pommerenke dabei zwei Frauen onanierend verfolgte und es ihm gelang, auf die Kleidung der beiden Opfer zu ejakulieren.

Auch stahl er zum Trocknen aufgehängte Frauenunterwäsche, die er zum Onanieren verwendete. Mit Vorliebe stülpte er sich dabei Nylonstrümpfe über das Geschlechtsteil.

Alle Kriminologen oder Psychologen, die Exhibitionisten und sogenannte Wäschefetischisten gerne oder gar grundsätzlich als harmlos beurteilen, sollten sich den Fall Pommerenke besonders vor Augen halten, wenn sie Gutachten über Sexualtäter erstellen. Denn Pommerenke ist absolut kein Einzelfall. In meinem ersten Buch »Die Samaritermaske« habe ich von in aller Regel harmlos eingestuften Voyeuren berichtet, die über den Voyeurismus zu Mördern wurden.

Am späten Abend des 17. November 1958 beging Heinrich Pommerenke dann seinen ersten richtigen Mordversuch. Er lauerte an der Straßenbahnhaltestelle Dornwaldsiedlung in Karlsruhe-Durlach auf ein geeignetes Opfer. Seine Wahl fiel auf die 45-jährige, verwitwete Mechthilde Auer, die aus der Straßenbahn stieg, um die restlichen 800 Meter zu Fuß nach Hause zu gehen. Nachdem er seine Wahl getroffen hatte, verfolgte er die Frau auf ihrem Heimweg. An einer geeigneten Stelle, neben einem Bahndamm, schlich er sich von hinten an sie heran, nahm sie in einen Würgegriff und ließ sich mit ihr den Bahndamm hinunterfallen. Unten angekommen, würgte er sie bis zur Bewusstlosigkeit und verging sich anschließend an der leblosen Frau. Nachdem er sich sexuell abreagiert hatte, stach er mit einem Taschenmesser seinem Opfer in Tötungsabsicht mehrfach in den Hals. Wie durch ein Wunder überlebte die schwer verletzte Mechthilde Auer.

Ab diesem Zeitpunkt hatte Pommerenke erst richtig »Blut geleckt«. Es war nur noch eine Frage der Zeit, bis ihm sein erster Mord gelingen würde.

Drei Monate später war es so weit. Am Nachmittag des 26. Februar 1959 besuchte er in Karlsruhe insgesamt drei Kinovorstellungen. Wie schon so oft, wurde er durch verschiedene Filmszenen sexuell erregt. Zwischen der zweiten und dritten Vorstellung kaufte er sich deshalb ein Rasiermesser, mit dessen Hilfe er eine Frau vergewaltigen und töten wollte.

Am frühen Abend fiel seine Wahl auf die 17-jährige Margot

Huber. Es war etwa 19.00 Uhr, als die junge Frau alleine durch den Karlsruher Schlossgarten ging. Pommerenke verfolgte sie ein Stück weit und fiel sie schließlich von hinten an. Margot Huber hatte jedoch einen Schutzengel, der seine Aufgabe wohl sehr ernst nahm. Kaum hatte Pommerenke die Frau auf den Boden geworfen und sein Messer gezückt, kam ein Mann des Weges und Pommerenke musste unverrichteter Dinge flüchten. Zuvor nahm er noch die Handtasche seines Opfers an sich, die er später wegwarf, nachdem er festgestellt hatte, dass sich kein Geld darin befand.

Nur wenige Stunden später, kurz nach Mitternacht, erspähte Pommerenke auf seinem raubtierähnlichen Streifzug eine Frau, die nach einem Gaststättenbesuch im Freien urinierte. Dadurch sexuell bis aufs Äußerste erregt, beschloss er, die Frau zu vergewaltigen und zu töten. Er folgte ihr in einem Abstand von zirka 25 Metern. Es war starker Nebel, weshalb er sich noch besser an das Opfer heranschleichen konnte. Die 50-jährige Kontoristin Klara Steiner befand sich auf dem Nachhauseweg. Sie war 1,62 Meter groß und wog nur 45 Kilogramm. So wirkte sie trotz ihrer Größe eher zierlich, ja fast schon abgemagert, ausgezehrt und verhärmt. Ihre braunen, langen Haare waren zu zwei Zöpfen zusammengebunden, die sie kranzartig zusammengerollt und im Nacken mit Haarnadeln befestigt hatte, was jedoch Pommerenke nicht sehen konnte, da die Frau eine gelbe Wollstrickmütze trug.

Bekleidet war Klara Steiner mit einem rotbraunen Mantel. Darunter trug sie einen grauschwarzen Rock, eine blaue Wollweste und einen gelben Pulli. Da sie trotz der kalten Jahreszeit nur Halbschuhe anhatte, konnte Pommerenke bereits aus der Distanz sehen, dass sein Opfer beige Nylonstrümpfe trug. Dies beflügelte seine sexuelle Fantasie bis nahezu ins Unermessliche. Nylonstrümpfe, Strumpfgürtel und Schlüpfer waren die Kleidungsstücke, die er bevorzugt von Wäscheleinen stahl, um sie als Stimulans beim Onanieren zu verwenden.

Wie Pommerenke, wohnte die aus Leipzig stammende Klara Steiner in Durlach, einer kleinen Vorstadt von Karlsruhe. Schon unzählige Male ging sie zu Fuß diesen Weg. Sie hatte keine Angst, weil die Straße belebt und auch gut beleuchtet war. Wer sollte auch von ihr etwas wollen? Jeder Räuber hätte aus 100 Metern Entfernung gesehen, dass bei ihr nichts zu holen ist. In den letzten zehn Jahren wurde sie auch von keinem Mann mehr beachtet. Mit einer auffallend starken Bartbehaarung und einer vom harten Leben hervorgerufenen fahlen, von tiefen Falten durchzogenen Gesichtshaut, sah sie viel älter aus, als sie in Wirklichkeit war. Für niemanden, so war sie sich sicher, könnte sie ein lohnendes Opfer sein.

Klara Steiner hatte natürlich keine Ahnung davon, dass es den meisten Sexualtätern, die ohne Zweifel in hohem Maße triebgesteuert sind, nicht so sehr auf das Aussehen ihrer Opfer ankommt. Wichtig für diese Täter ist vor allem, dass es ein weibliches Wesen ist, das sie zur Befriedigung ihres Geschlechtstriebes missbrauchen können. Einem sehr hohen Prozentsatz von ihnen ist es nach der Tat nicht möglich, das Opfer auch nur annähernd zu beschreiben. Oftmals kommen lediglich Aussagen wie: »Sie war groß und ich glaube, sie war noch nicht so alt«, oder Ähnliches zustande. Mehr können diese gefährlichsten aller Straftäter oft nicht angeben.

Lautlos wie eine Raubkatze verfolgte Pommerenke sein Opfer. Sein Blick richtete sich ausschließlich auf die schlanken Waden der Frau. Magisch davon angezogen, konnte er es kaum noch erwarten, endlich seine sexuelle Gier zu befriedigen. Unmittelbar nach einer Autobahnbrücke sprang er dann sein Opfer völlig geräuschlos von hinten an.

Pommerenke sagte dazu aus:

»Obwohl auf der anderen Straßenseite zwei Personen standen, fiel ich infolge meiner starken Erregung über die Frau her. Mit einem Satz sprang ich sie von hinten an, nahm sie sofort in den Würgegriff und ließ mich mit ihr die Böschung hinunterfallen. Wir überschlugen uns ein paarmal. Trotzdem habe ich den Würgegriff nicht gelockert. Ob die Frau geschrien hat, weiß ich nicht, wenn, dann nur ganz kurz. Sie hat sich auch kaum gewehrt. Als wir unten zum Liegen kamen, war sie schon bewusstlos. Ich habe sie dann an den Füßen gepackt und weiter weg von der Straße geschleift. Dann habe ich mit dem Rasiermesser der Länge nach ihre Kleidung aufgeschnitten, um so leichter und schneller ihren Körper entblößen zu können. Auch ich habe mich dann am Oberkörper entblößt. Meine Hose habe ich nur nach unten gestreift. Ich wollte unbedingt ihren nackten Körper auf meinem spüren und legte mich deshalb auf sie. In dieser Stellung gelang es mir aber nicht, in sie einzudringen, weshalb ich sie auf den Bauch legte und den Geschlechtsverkehr von hinten durchführte. Sie war immer noch bewusstlos und gab keinen Laut von sich. Ich kann nicht sagen, ob sie noch atmete.

Nachdem ich meine Befriedigung gefunden hatte, habe ich die Frau wieder auf den Rücken gedreht und ihr anschließend den Hals durchgeschnitten. Danach ließ ich sie liegen und ging nach Hause. Unterwegs warf ich das Rasiermesser in einen Bach. Zu Hause angekommen, legte ich mich gleich ins Bett und schlief sofort und tief wie ein Murmeltier ein.«

Soweit die Aussage des Mörders.

Klara Steiners Leiche wurde erst gegen Mittag von einem Fußgänger entdeckt. Sie lag fast in der Mitte eines sogenannten Kleeblattteiles der Autobahnanschlussstelle Karlsruhe. Das Kleeblatt war nur sehr spärlich bewachsen. Es schien verwunderlich, dass keiner der zahlreichen Autofahrer, die vormittags an dieser Ausfahrt die Autobahn verließen, die Leiche gesehen hatte.

Die sofort alarmierte Schutzpolizei konnte nicht verhindern, dass sich in kürzester Zeit über 1000 Schaulustige am notdürftig abgesperrten Tatort einfanden und der Verkehr auf der Durlacher Allee zum Erliegen kam. Bis zum Eintreffen der eilends zusammengerufenen Mordkommission war der grausam zugerichtete Leichnam ungeschützt den Blicken der Neugierigen ausgesetzt. Es dauerte eine geraume Zeit, bis die Beamten der Spurensicherung und der Gerichtsmediziner ihre Arbeit aufnehmen und sie nach langen akribischen Untersuchungen vorerst abschließen konnten. Erst dann wurde die Leiche abtransportiert.

Aufgrund der am Tatort gefundenen Blutspuren konnte bewiesen werden, dass Pommerenke bei seinem ersten Mordgeständnis nur teilweise die Wahrheit sagte. Tatsächlich verhielt es sich nämlich so, dass er seinem Opfer bereits am Fuße der Böschung den Hals bis fast zur Wirbelsäule hin durchtrennte. Erst dann schleifte er die tote Frau etwa 30 Meter weiter in das Innere des Kleeblattes, wo er sich schließlich, so wie von ihm beschrieben, an der Leiche verging.

Sein Vorgehen war nicht nur besonders brutal und grausam, sondern auch überaus dreist, musste er doch damit rechnen, dass er jederzeit von einem die Autobahn verlassenden Autofahrer entdeckt werden konnte. Es lag nahe, dass diese Dreistigkeit ausschließlich in dem unbändigen Sexualtrieb des Mörders begründet war, den es zu befriedigen galt, egal, wo und unter welchen Umständen.

Nachdem er zunächst abstritt, von vornherein vorgehabt zu haben, an diesem Abend die beiden Frauen zu töten, gab er bei einer späteren Vernehmung zu, er habe sich während der Kinovorstellungen an die Zahl 71 317 sowie an sein zu früherer Zeit abgelegtes »Gelübde« erinnert und danach den Beschluss gefasst, in Karlsruhe mit der Ermordung von Frauen zu beginnen.

Auch gab er schließlich zu, Klara Steiner am unteren Ende der Böschung mit dem Rasiermesser sofort den Hals durchtrennt zu haben. Erst danach habe er sie von der Straße weiter weggeschleift, um sich in aller Ruhe an der Leiche sexuell zu vergehen.

Klara Steiner führte ein Einkaufsnetz mit sich, in dem sich verschiedene Utensilien, jedoch keinerlei Ausweispapiere befanden. Da die Getötete offensichtlich von niemand vermisst wurde, mussten sich die kriminalpolizeilichen Ermittlungen nicht nur auf den unbekannten Mörder, sondern auch auf die Feststellung der Identität des Opfers erstrecken. In Presse und Rundfunk wurde eine umfangreiche Fahndung eingeleitet. Alle Polizeistationen Deutschlands und des benachbarten Auslandes wurden per Telefax über den Sachverhalt informiert und um Mitfahndung nach dem Mörder gebeten.

Nach Veröffentlichung von Bildern des Opfers meldeten sich drei Tage nach der Tat zwei Zeugen, die Klara Steiner erkannten. Dagegen verlief trotz fieberhafter Ermittlungen und der Aussetzung einer hohen Belohnung die Fahndung nach dem Täter zunächst erfolglos.

Unbeeindruckt von der großangelegten Öffentlichkeitsfahndung schlug Pommerenke nur eine Nacht nach dem Mord an Klara Steiner die Schaufensterscheibe eines Karlsruher Waffengeschäftes ein und entwendete ein Kleinkalibergewehr, mit dem er hauptsächlich Raubüberfälle zur Bestreitung seines Lebensunterhaltes verüben wollte. Eineinhalb Stunden nach dem Einbruch drang er in die Städtische Kinderklinik ein, um dort Essbares und sonstige Gegenstände zu entwenden. Außerdem wollte er eine Frau oder ein Mädchen vergewaltigen. Eine Krankenschwester ertappte ihn. Obwohl Pommerenke das Kleinkalibergewehr auf die Frau richtete, ließ diese sich nicht einschüchtern und fasste nach dem Gewehrlauf, um ihn zur Seite zu drücken. Daraufhin ergriff der Mörder die Flucht.

Noch in dieser Nacht und am darauffolgenden Tag verübte Pommerenke jeweils unter Vorhalt der Schusswaffe drei Raubüberfälle, wobei die Beute allerdings sehr gering ausfiel. Weitere Überfälle folgten. Kein Beamter des Polizeipräsidiums Karlsruhe kam zunächst auf die Idee, dass die Taten von ein und demselben Verbrecher verübt wurden, da sie in ihrer Vorgehensweise sehr stark voneinander abwichen.

Lediglich ganze vier Wochen nach dem ersten Mord beging der Sexualtäter dann seine zweite Bluttat. Pommerenke arbeitete zu dieser Zeit in einem Hotel in Hornberg. Es war der Abend des 25. März 1959, kurz nach 21 Uhr, als er die hübsche 18-jährige, noch in Ausbildung befindliche Friseurin Gabriele Stock auf ihrem etwa ein Kilometer langen Nachhauseweg verfolgte. Sie wohnte in der etwas außerhalb gelegenen Siedlung »Niederwasser«. Nur noch zirka 200 Meter von ihrem elterlichen Wohnhaus entfernt, fiel der Mörder mit seiner bewährten Methode sein Opfer von hinten an. Im Würgegriff schleppte er die junge Frau über eine Straße zu einer etwas abseits befindlichen offenen Straßenwarthütte. Im Innern warf er sie auf den Boden und schlug den Kopf der sich heftig wehrenden Gabriele Stock mehrfach auf dort liegende Granitsteine.

Als sich das Opfer immer noch bewegte, nahm der Mörder einen backsteingroßen Granitstein in die Hand und schlug diesen mehrmals mit voller Wucht so lange auf den Kopf der Frau, bis sie sich nicht mehr rührte, sondern nur noch stöhnende Laute von sich gab.

Wie bei seinem ersten Mord schnitt er danach die Kleidung seines Opfers der Länge nach durch, entkleidete sich selbst und führte anschließend den Geschlechtsverkehr durch. Erst als sich Pommerenke sexuell abreagiert hatte, will er, während er sich anzog, gemerkt haben, dass die Frau noch lebte. Um sie völlig zum Schweigen zu bringen, sei er dann mit dem linken Fuß unter Aufbietung seines gesamten Körpergewichtes so lange auf dem Hals des Opfers gestanden, bis er sich sicher war, sein Opfer endgültig getötet zu haben. Danach kleidete er sich in aller Ruhe weiter an. Anschließend hob er die Tote auf, trug sie über die Straße und warf sie die dort sechs Meter tiefe Uferböschung der Gutach hinunter. Seelenruhig ging er dann nach Hause und legte sich ins Bett.

Gabriele Stocks Vater erstattete noch in der Nacht auf dem Landespolizeiposten Hornberg Vermisstenanzeige, nachdem seine Tochter nicht von ihrer Arbeit nach Hause gekommen war. In der Morgendämmerung wurde sofort eine umfangreiche Suchaktion nach der Friseurin eingeleitet, die zwei Stunden später zum traurigen Erfolg führte.

Nach dem Fund der grausam zugerichteten Leiche wurde bei der Kriminalhauptstelle Freiburg eilends die Mordkommission aufgerufen. Die am Tatort eintreffenden Kriminalbeamten, Kriminaltechniker und der Gerichtsmediziner stellten unter anderem Folgendes fest:

»Die Leiche lag rücklings im Flussbett der Gutach, die an dieser Stelle gestaut war und zur Bergung der Leiche abgelassen wurde. Teile der Kleidung waren über den Kopf der Leiche gezogen. Noch vorhandene Unterwäsche war der Länge nach aufgetrennt oder aufgerissen.

Oberhalb der Leichenfundstelle, am rechten Fußgängerweg der B 33, wurden Blutspuren, Haarbüschel und Teile eines zerrissenen Halskettchens gefunden. An einem Strauch am oberen Teil der Böschung hingen kleine Gehirnteilchen. An der gegenüberliegen Böschung und vor der in unmittelbarer Nähe befindlichen hölzernen Bauhütte konnten Kampf- und Blutspuren festgestellt werden. Neben einem Steinhaufen wurde ein aufgeschnittener und völlig durchbluteter Schlüpfer gefunden. Dort wurden auch frische Scharrspuren festgestellt, die darauf hindeuteten, dass zwischen dem Täter und dem Opfer ein heftiger Kampf stattgefunden haben musste.

Aus den genauen Untersuchungen der Leiche vor Ort und der späteren Obduktion ergab sich zweifellos der Tatbestand eines Sexualmordes. Weiter wurde festgestellt, dass das Opfer mit einem schweren Stein erschlagen wurde. Die Schädeldecke am Hinterkopf war völlig zertrümmert, ebenso die vordere Stirnseite.«

Das Verbrechen löste nicht nur in der Bevölkerung, sondern auch bei den betroffenen Polizeidienststellen Abscheu und Gräuel aus. Die Ermittlungen und Fahndung nach dem Täter wurden fast ins Unendliche gesteigert. Doch ohne Erfolg. Es wurden zwar einige Tatverdächtige überprüft und dabei teilweise sogar in Haft genommen, aber der Mord konnte letztlich nicht geklärt werden.

Bereits zwei Monate später, am 30. Mai 1959, folgte Pommerenkes nächster Versuch, eine junge Frau zu töten, um mit ihr postmortal den Geschlechtsverkehr durchzuführen.

Pommerenke war gerade nach einer fünftägigen Haftstrafe wegen illegalen Grenzübertrittes von den Schweizer Behörden nach Deutschland überstellt worden, als er in Singen am Hohentwiel in den frühen Morgenstunden Annemarie Kleiner beobachte, wie sie nach einem nächtlichen Bummel in ihr Elternhaus zurückkehrte. Er folgte ihr bis zum Haus, verschaffte sich dort einen Überblick und entfernte sich anschließend.

Eine Stunde später kam er wieder, drang über ein angelehntes Fenster in das Haus ein und begab sich in das Zimmer der jungen Frau, die fest auf einem Sofa schlief. Pommerenke wollte sein Opfer töten und sich anschließend an der Leiche vergehen. Als er jedoch das Licht im Zimmer anschaltete, um danach die Schlafende sofort in den Würgegriff zu nehmen, wachte Annemarie Kleiner auf und fing an, sich zu wehren und zu schreien. Der Mörder drückte ihr mit aller Kraft den Hals zu. Aber letztlich rettete der Frau ein glücklicher Umstand das Leben. Denn beim Würgevorgang kniete Pommerenke nämlich auf der Couch neben seinem Opfer. Durch die heftige Gegenwehr der Frau rutschte er ab und fiel zu Boden. Diese Gelegenheit nutzte Annemarie Kleiner, um nochmals aus Leibeskräften zu schreien. Der Mörder befürchtete nun, von Hausmitbewohnern entdeckt zu werden, und flüchtete.

Die Würgemale am Hals des Opfers waren noch Monate nach der Tat zu sehen.

Durch den Misserfolg in keiner Weise abgeschreckt, beging Pommerenke nur zwei Tage später seinen dritten Mord. Am 31. Mai 1959 reiste er mit dem Zug nach Wiesbaden und Frankfurt. In beiden Städten besuchte er mehrere Kinovorstellungen. Wie schon oftmals zuvor, wurde er durch verschiedene Filmszenen in höchstem Maße sexuell erregt. Diese Szenen waren jedoch keineswegs über das Normalmaß hinaus sexistisch gestaltet. Vielmehr verhielt es sich so, dass bei Pommerenke schon während einer harmlosen Liebesszene eine sexuelle Erregung einsetzte, die er kaum oder gar nicht mehr unterdrücken konnte und auch nicht wollte.

Etwa gegen 23.30 Uhr desselben Tages begab er sich zum Frankfurter Bahnhof. Auf den Fahrplänen sah er, dass wenige Minuten später der Alpensee-Express einlaufen musste. Immer noch in höchster sexueller Erregung, wollte der Mörder noch in dieser Nacht seine unbändige Gier befriedigen. Er fasste spontan den Entschluss, in diesen Zug zu steigen, um sich darin ein geeignetes Opfer zu suchen.

Während der Fahrt überkam Pommerenke ein mulmiges Gefühl. Mehrfach ging er durch die Abteile. Dabei überfiel ihn die Einbildung, beobachtet zu werden, was jedoch nicht der Fall war. Aus diesem Grund verließ er in Heidelberg den Zug und bestieg kurz darauf einen Ferien-Sonderzug, der Richtung Schweiz fuhr.

Wieder durchstreifte er die Abteile, wobei er auf einer Liegebank Sophia Rille entdeckte. Die 21-jährige Frau schlief ganz allein in dem Abteil. Eine Zeit lang beobachtete Pommerenke das Abteil, bis er es schließlich betrat und sich ebenfalls auf eine Bank legte. Er tat, als ob er schlafen würde, hatte aber sein Opfer ständig im Auge. Als Sophia Rille irgendwann erwachte und aufstand, um zur Toilette zu gehen, folgte ihr Pommerenke. Dabei fasste er den Entschluss, die junge Frau zu töten, um sich danach an der Leiche sexuell zu vergehen. Er kam auf die Idee, Sophia Rille aus dem Zug zu stoßen. Die Tatsache, dass sie austreten musste, verstärkte bei dem Mörder die sexuelle Erregung.

Während die Frau auf der Toilette war, öffnete Pommerenke die in unmittelbarer Nähe befindliche linke Wagentür einen Spalt breit und schraubte zwei Birnen der Deckbeleuchtung heraus. Als Sophia Rille die Toilette verließ, um zu ihrem Abteil zurückzukehren, stellte sich der Mörder in Position. Durch die fehlende Beleuchtung nahm Sophia Rille ihn erst wahr, als es schon zu spät war. Der Zug fuhr zu diesem Zeitpunkt mit einer Geschwindigkeit von zirka 120 Stundenkilometern. Er befand sich kurz vor Ebringen bei Freiburg, wo er jedoch als Sonderzug nicht hielt.

Die Frau wunderte sich noch, warum die Tür nicht richtig geschlossen war, als sie auch schon einen heftigen Stoß von der Seite bekam. Ohne die geringste Chance zur Gegenwehr stürzte sie gegen die angelehnte Tür, stieß diese durch ihr Körpergewicht und durch die Wucht des von Pommerenke erhaltenen Stoßes auf. Mit einem kurzen, schrillen Schrei verschwand sie in der Dunkelheit.

Hastig, jedoch ohne aufzufallen, begab sich der Mörder zwei Abteile weiter, wo er unbemerkt die Notbremse zog. Nachdem der Zug endlich zum Stillstand gekommen war, stieg Pommerenke aus und versteckte sich in einem Gebüsch. Dort wartete er, bis der Zug weiterfuhr. Danach lief er auf den Gleisen zurück, um sein Opfer zu suchen. Er fand es schließlich etwa 100 Meter nördlich des Bahnhofes Ebringen. Sophia Rille lebte noch. Sie lag zwischen den Gleisen und stöhnte. Pommerenke holte seinen Hirschfänger hervor und versetzte der Frau einen tödlichen Stich in die Halsgrube. Danach zog er die Leiche der Frau die Böschung hinunter, wo er ihr die Kleidung vom Körper schnitt. Nachdem er sich gleichfalls entblößt hatte, legte er sich auf die Tote und vollzog den Geschlechtsverkehr.

Anschließend schleifte er die Leiche in einen in der Nähe befindlichen, zirka 50 Zentimeter tiefen und ausgetrockneten Wassergraben, deckte sie notdürftig mit Gras zu und suchte danach nochmals den Tatort ab. Er fand ein paar kleine Münzen, die Armbanduhr und die stark beschädigte Geldbörse des Opfers. Seelenruhig begab er sich dann zu Fuß bis nach Leutersberg. Von dort reiste er per Anhalter bis nach Schonach im Schwarzwald.

Bereits am nächsten Tag überfiel der Mörder wieder ein Frau. Die 33-jährige Berta Lang befand sich auf dem Weg zwischen Gremmelsbach und Triberg. Pommerenke verfolgte die Frau über eine Strecke von etwa einem Kilometer. In seinem Geständnis beteuerte er, dass er sein Opfer dieses Mal nur berauben wollte, was jedoch allein aufgrund des von ihm verwendeten Tatwerkzeuges nicht glaubhaft war.

Ganz in der Nähe des Triberger Bahnhofes schlich er sich von hinten an die Frau heran und versetzte ihr mit einem Metzgerbeil zwei Schläge auf den Kopf. Berta Lang ging sofort zu Boden. Pommerenke will dann lediglich der Schwerverletzten die Handtasche entrissen und sofort die Flucht ergriffen haben. Das Opfer überlebte den Überfall mit bleibenden Schäden.

Gerade mal drei Tage später beging Pommerenke wiederum einen versuchten Mord. In diesem Fall wurde deutlich, dass es sich bei ihm um einen Mörder handelte, für den es offensichtlich keine Grenzen gab.

Es war der 5. Juni 1959. An diesem Tag wollte er abermals seine sexuelle Gier stillen, indem er sich entschloss, eine Frau oder ein Mädchen umzubringen, um anschließend an der Leiche den Geschlechtsverkehr durchzuführen. Er durchstreifte die Gegend um Heidelberg. Sein Weg führte ihn unter anderem an der kleinen Stadt Wiesloch vorbei.

Etwas außerhalb der Stadt befand sich ein Freibad, in dessen Nähe sich der Mörder unter dem Schutz von Bäumen und Büschen auf die Lauer legte. Es dauerte einige Zeit, bis die beiden Geschwister Daniel und Roswitha Bauer das Schwimmbad verließen und zu Fuß nach Hause gingen. Daniel war sieben und seine Schwester fünf Jahre alt. Als sie in Pommerenkes Blickfeld gerieten, entschloss er sich, die Kinder zu töten, um sich an ihnen sexuell vergehen zu können. Er folgte ihnen und schlich sich von hinten an sie heran. Als er sich unbeobachtet glaubte, fiel er die Kinder blitzartig an, indem er sie gleichzeitig mit je einer Hand massiv würgte.

Doch der Mörder hatte sich dieses Mal wohl selbst überschätzt. Allein mit seinen beiden Händen konnte er die Geschwister nicht unter Kontrolle bringen. Daniel und Roswitha schrien aus Leibeskräften, weshalb Pommerenke schließlich von ihnen ablassen und flüchten musste.

Noch am gleichen Tag fuhr Pommerenke mit dem Zug nach Karlsruhe. In den nächsten zwei Tagen überfiel er in dieser Stadt fünf Frauen, um sich an ihnen sexuell zu vergehen. In drei Fällen versuchte er mit seiner Würgegriffmethode zum Erfolg zu kommen. Er wurde jedoch jedes Mal durch hinzukommende Passanten gestört und musste flüchten. In zwei anderen Fällen wendete er eine völlig neue Angriffstechnik an.

Dabei durchstreifte er mit einem gestohlenen Fahrrad die Stadt und deren Randbezirke, um wie eine blutrünstige Bestie nach geeigneten Opfern Ausschau zu halten. Es war der 7. Juni 1959, um 2.30 Uhr, als er vor sich eine Radfahrerin entdeckte. Er verfolgte sie über eine Strecke von etwa zwei Kilometern. Als er sich einigermaßen sicher wähnte, beschleunigte er sein Tempo und holte die Radfahrerin ein. Längst schon hatte er seinen Hirschfänger in der rechten Hand. Auf gleicher Höhe mit ihr versetzte der Mörder seinem Opfer einen Stich in den Rücken, unterhalb des linken Schulterblattes. Pommerenke rechnete damit, die junge Frau würde dadurch vom Fahrrad stürzen und anschließend so wehrlos sein, dass er sich über sie hermachen konnte.

Maria Schneider nahm den Stich jedoch nur als dumpfen Schlag gegen ihren Rücken wahr. Hierzu ist zu bemerken, dass eine solche Wahrnehmung bei Opfern mit Stich- oder auch Schussverletzungen, insbesondere wenn der Angriff unvorbereitet kommt, eher die Regel als die Ausnahme ist. In der polizeillichen Praxis berichten selbst Schwerverletzte immer wieder, dass sie lediglich einen Schlag gespürt hätten. Es gab auch schon Fälle, in denen die Opfer überhaupt nichts spürten. Grund hierfür ist, dass der Wundschock so groß und so schnell sein kann, dass er im winzigen Bruchteil einer Sekunde das Schmerzzentrum ausschaltet. Visuelle Wahrnehmungen zum Beispiel benötigen dagegen weitaus mehr Zeit, um das Nervenzentrum zu erreichen und dort umgesetzt zu werden. Es gab schon Menschen, denen bei einem Unfall ein Arm abgetrennt wurde und die das bei vollem Bewusstsein erst merkten, als sie von anderen darauf aufmerksam gemacht wurden.

Mehr instinktiv erfasste Maria Schneider aber die Situation. Sofort dachte sie an einen Überfall und fuhr trotz der schweren Verletzung weiter. Ihr einziger Gedanke war, vor dem Mann zu flüchten, der ihr offensichtlich Böses wollte. Mit unbändigem Lebenswillen trat sie in die Pedale und erreichte nach 300 Metern ihr Elternhaus.

Pommerenke hingegen hielt nach Ausführung des Stiches sein Fahrrad an. Er wollte abwarten, bis sein Opfer die Kräfte verlassen und es zum Stürzen kommt. Zu seiner Verwunderung fuhr die junge Frau aber weiter, weshalb er sie, wie ein Jäger das angeschossene Wild, langsam verfolgte.

Der Stich müsste doch jetzt endlich wirken, dachte er, aber nichts geschah. Aus einigem Abstand sah er, wie Maria Schneider das Haus erreichte und wie ihre Mutter in der Haustür erschien. Er überlegte noch kurz, ob er nicht beide Frauen töten sollte, kam aber davon ab, weil ihm das Risiko dann doch zu hoch erschien. Unerkannt fuhr er mit dem gestohlenen Fahrrad weiter.

Nachdem er am Nachmittag des gleichen Tages ins Kino ging und sich dabei abermals sexuelle Erregung verschaffte, setzte er schon in der darauffolgenden Nacht auf die gleiche Art und Weise zu seinem nächsten Mord an. Wieder verfolgte er eine junge Fahrradfahrerin und rammte dieser seinen Hirschfänger während der Fahrt gleich zweimal in den Rücken. Auch diese Frau kam nicht zu dem von Pommerenke erwarteten Sturz, sondern konnte mit dem Fahrrad ihrem Mörder entrinnen.

Durch die Misserfolge war Pommerenke frustriert. Gleichwohl wollte er noch in dieser Nacht seine sexuelle Gier befriedigen, koste es, was es wolle. Da erinnerte er sich an die Begehungsweise seines ersten Mordes. Er legte sich in der Nähe einer etwas außerhalb gelegenen Gaststätte auf die Lauer. Dort wollte er warten, bis die Bedienung Feierabend hatte und nach Hause ging. Gegen 2.15 Uhr war es dann so weit. Die 39-jährige Martha Reschke kam aus dem Lokal. Sie war allein, doch ging sie nicht zu Fuß, wie es sich Pommerenke erhoffte, sondern fuhr mit ihrem Fahrrad nach Hause. Der Mörder folgte ihr. Noch bevor sich für ihn eine günstige Gelegenheit bot, hatte Martha Reschke ihre nahe gelegene Wohnung erreicht. In sicherem Abstand wartete der Mörder, bis die Frau ihre Parterre-Wohnung betreten hatte und kurze Zeit später die Lichter in den Zimmern ausgingen. Dann schlich er sich an das Mehrfamilienhaus heran. Für Pommerenke war es kein Problem, anschließend über das in etwa 1,80 Metern Höhe befindliche und offen stehende Küchenfenster in die Wohnung des Opfers einzusteigen. Einen auf halber Höhe an der Hauswand angebrachten Wasserhahn benutzte er als Kletterhilfe. Den weiteren Tatablauf schilderte Pommerenke bei seinem Geständnis wie folgt:

»Da ich Hunger hatte, suchte ich in der Wohnung zuerst nach Lebensmitteln. Ich fand aber nur Dosenmilch, die ich austrank. Dann suchte ich nach Geld, insbesondere nach der Geldtasche der Kellnerin, fand sie aber nicht. Im Wohnzimmer stöberte ich ohne Erfolg den Schrank durch. Dann begab ich mich ins Schlafzimmer, wo die Kellnerin mit ihrem Mann und einem Kind schliefen. Zwei Männerhosen, die auf dem Nachttisch lagen, nahm ich an mich, um sie draußen auf dem Flur zu durchsuchen. Ich fand darin aber nur ein paar Münzen.

Auf der Suche nach weiterem Geld kam ich am Ende des Flures in ein Zimmer, in dem ein junges Mädchen schlief. Im Halbdunkel sah ich, dass die Bettdecke zurückgeschlagen und der Unterkörper des Mädchens entblößt war. Bei diesem Anblick erwachte sofort meine Geschlechtslust. Ich ging zu der Schlafenden und versetzte ihr mit meinem Hirschfänger mehrere Stiche – wohin, weiß ich nicht mehr genau, ich glaube, es war in den Hals. Ich stach blindlings auf sie ein und wollte sie dann vergewaltigen. Das Mädchen fing jedoch auf einmal an zu schreien und nach ihrem Vater zu rufen. Ich musste deshalb auf dem gleichen Wege flüchten, wie ich in das Haus gekommen war.«

Die damals 14-jährige Bettina Reschke hatte großes Glück. Sie überlebte schwer verletzt die Attacke des Serienmörders. Einer der Stiche ging nur ganz knapp an der Halsschlagader vorbei. Eine Perforierung dieser Hauptarterie hätte für das Mädchen den sicheren Tod bedeutet.

Die Bluttat an der 14-jährigen Bettina Reschke brachte Pommerenke nicht die erwünschte Befriedigung. Allein aus diesem Grund wollte er noch am gleichen Tag, es war der 8. Juni 1959, eine Frau töten, um endlich seine sexuelle Gier zu befriedigen. Sein Weg führte ihn von Karlsruhe über Ettlingen nach Rastatt. In einem Waldstück bei Rastatt legte er sich in der Nähe einer Wegbiegung auf die Lauer.

Es dauerte eine ganze Weile, bis schließlich gegen 18.30 Uhr ein geeignetes Opfer kam. Es war die 16-jährige Schülerin Helga Weiß. Sie war auf dem Heimweg von der Handelsschule Rastatt und ging zu Fuß in Richtung Ötigheim. Das Mädchen bemerkte nicht, dass es von einem Mann beobachtet und verfolgt wurde. Wie sollte es auch, denn Pommerenke nutzte die Deckung des Waldes geschickt aus. So konnte er auch sein Opfer unbemerkt überholen und ihm schließlich entgegengehen. Auf gleicher Höhe angekommen, fiel der Mörder die Schülerin an, nahm sie sofort in den Würgegriff und schleppte sie ins Gebüsch.

Die 16-jährige wehrte sich nach Leibeskräften, konnte sich zunächst sogar befreien und wegrennen. Doch nach 25 Metern holte sie Pommerenke wieder ein und warf sie zu Boden. Dann würgte er sie, bis sie das Bewusstsein verlor. Anschließend trennte er mit seinem Hirschfänger der Länge nach die Bekleidung seines Opfers auf und entblößte es. Dem Mörder war wichtig, dass er die Wärme des von ihm missbrauchten Körpers spürte, selbst wenn das Opfer schon tot war. Aus diesem Grund entkleidete er sich auch selbst, bevor er sich auf das Mädchen legte und an der Bewusstlosen den Geschlechtsverkehr durchführte.

Während des Geschlechtsverkehrs kam die Überfallene zu sich und schlug die Augen auf. Pommerenke unterbrach den Geschlechtsakt und drückte Helga Weiß so lange den Hals zu, bis sie aus seiner Sicht wieder bewusstlos war. Dann machte er weiter. Angeblich wollte er sie erst nach der Vergewaltigung töten.

Nachdem er seine Befriedigung erlangt hatte, wollte er dem Mädchen den Hals durchschneiden. Er versetzte ihr zunächst einen Halsstich. Als er sein Messer zum Durchtrennen des Halses ein zweites Mal ansetzte, stellte er aber fest, dass sein Opfer schon tot war. In aller Ruhe und Gelassenheit durchsuchte der Mörder die Schultasche des Mädchens. Er entnahm daraus eine Geldbörse mit etwa 5 D-Mark, eine Tüte Bonbons, ein Buch und einen Damenknirps. Bevor er sich entfernte, drückte er der toten Schülerin die Augen zu. Hierzu gab er lapidar an:

»Ich konnte den Anblick nicht ausstehen!«

Nur 200 Meter von der Leiche entfernt, legte er sich im Wald nieder. Er wollte sich ausruhen, wie er sagte. Um es sich gemütlicher zu machen, spannte er über seinem Kopf den Schirm der Ermordeten auf. In aller Ruhe und Gelassenheit wartete er mehrere Stunden ab, bis es dunkel wurde. Dann fuhr er mit seinem Fahrrad davon.

Man muss sich das einmal vor Augen halten: In knapp vier Monaten beging Pommerenke insgesamt 27 mittlere bis schwere und schwerste Straftaten, darunter vier Morde. Allein in der Zeit zwischen dem 5. und 8. Juni 1959, also in nur vier Tagen, verübte er einen Mord, vier Mordversuche und zwei Notzuchtsverbrechen. Um seine brutalen Taten auszuführen, stahl er dabei noch drei Fahrräder.

Im Anschluss an diese neuerliche Bluttat fuhr Pommerenke einen Tag später nach Baden-Baden. In der Nacht zum 10. Juni verübte er einen Einbruch in ein dortiges Waffengeschäft. Dabei stahl er unter anderem auch ein Kleinkalibergewehr samt dazugehöriger Munition. Um sie handlicher zu machen, verkürzte der Mörder den Lauf und den Schaft der Waffe. Die abgesägten Teile vergrub er im Wald bei Rastatt. Dort wurden sie später auch gefunden.

Nachdem er zwei weitere Einbruchsdiebstähle mit geringer Beute verübt hatte, brach er am 19. Juni 1959 in das Gebäude der Bundesbahndirektion Karlsruhe ein. Dort fiel ihm ein Bargeldbetrag von 541,30 D-Mark in die Hände. Gerade als er das Geld an sich nehmen wollte, kam ein Beamter des Nachtdienstes hinzu. Diesen bedrohte er mit der Schusswaffe und zwang ihn, ein Fenster für seine Flucht zu öffnen. Pommerenke konnte anschließend problemlos flüchten.

Noch am gleichen Tag fuhr der Serienmörder nach Hornberg im Schwarzwald, wo er bei einem Schneidermeister einen Anzug bestellt hatte, den er mit dem geraubten Geld nun auch bezahlen konnte. Dabei unterlief ihm ein verhängnisvoller Fehler. Er ließ in dem Geschäft versehentlich das abgesägte Kleinkalibergewehr zurück, das er paketartig in Zeitungspapier gewickelt hatte. Als der Schneider Minuten später auf den eigenartig verpackten Gegenstand aufmerksam wurde und nachsah, fuhr ihm ein Schreck durch die Glieder. Aber er machte das einzig Richtige und verständigte sofort die Polizei. Es dauerte nicht lange, bis die mit dem Fall befassten Kriminalbeamten schlussfolgerten, dass es sich bei dem Gewehr um die Tatwaffe handelte, die bei dem Raub auf die Bundesbahndirektion Karlsruhe verwendet worden war.

Nach dem seltsamen Kunden des Schneiders wurde fieberhaft gefahndet. Schon nach kurzer Zeit und noch am selben Tage konnte Pommerenke ausgerechnet in dem Friseursalon festgenommen werden, in dem ehemals sein zweites Mordopfer, die 18-jährige Gabriele Stock, gearbeitet hatte. Er wollte sich dort die Haare schneiden lassen.

Bei seinem späteren Geständnis gab er zu, dass er unmittelbar danach seinen fünften Mord begehen wollte. Er plante, jene Frau noch einmal aufzusuchen und endgültig zum Schweigen zu bringen, die ihn wohl als Einzige richtig gesehen hatte und ihn vermutlich auch wiedererkennen würde. Es war Annemarie Kleiner, die er 20 Tage zuvor, am 30. Mai 1959, in ihrer Wohnung in Singen am Hohentwiel überfiel, nachdem er sie längere Zeit auf ihrem Nachhauseweg verfolgt hatte.

Damals, so warf er sich selbst vor, habe er den Fehler gemacht, das Licht in dem Zimmer einzuschalten, bevor er sich dem Opfer genähert hatte. Annemarie Kleiner überlebte bekanntlich nur, weil sie durch das Anschalten des Lichtes erwachte und weil Pommerenke während des anschließenden Kampfes vom Sofa auf den Boden stürzte und die Frau diese Gelegenheit wahrnahm, aus Leibeskräften zu schreien, so dass der Mörder gezwungen war, sofort zu flüchten, wollte er nicht von Hausmitbewohnern entdeckt werden.

Nach seiner Verhaftung wurde sehr schnell festgestellt, dass Pommerenke tatsächlich nach der Beschreibung des Bahnbediensteten als Täter für den in der Karlsruher Bundesbahndirektion verübten Raubüberfall infrage kam. Die Merkmale passten exakt auf Pommerenke.

Kriminalrat Zizmann war auf einer Dienstfahrt unterwegs, als er von der Festnahme Pommerenkes und den damit verbundenen Umständen erfuhr. Er unterbrach seine Fahrt und begab sich sofort zu der Polizeidienststelle, wo der vermeintliche Räuber festgehalten wurde.

Der Kriminalbeamte schien einen sechsten Sinn zu haben. Oder war es seine Spürnase, die ihm signalisierte, dass hier der Polizei ein großer Fisch ins Netz gegangen war? Der Zufall wollte es wohl auch, dass Kriminalrat Zizmann den Fall Sophia Rille bearbeitete, jenen Mord, bei dem Pommerenke sein Opfer aus dem Zug gestoßen hatte.

Als Zizmann dem Festgenommenen gegenübersaß, fiel ihm sofort eine Personenbeschreibung ein, die ein Fahrgast abgegeben hatte, dem damals Pommerenke in dem Zug aufgefallen war. Da, oder gerade weil der Festgenommene alles abstritt, was man ihm vorhielt, hakte Kriminalrat Zizmann mit der Verbissenheit eines erfahrenen Ermittlers nach. Er stellte fest, dass sich Pommerenke zur Zeit des Mordes an Gabriele Stock, die in dem Straßenwarthäuschen bei Hornberg getötet wurde, in der kleinen Stadt aufgehalten hatte.

Das waren die ersten konkreten Anhaltspunkte, die Zizmann und seine eilig einberufene Mordkommission motivierten, den immer noch leugnenden Pommerenke auf Herz und Nieren zu überprüfen.

Innerhalb der nächsten Tage forschten die Beamten mit einem noch nie dagewesenen Aufwand im bisherigen Leben des Tatverdächtigen und erstellten ein sogenanntes Bewegungsbild von ihm. Von Tag zu Tag, von Stunde zu Stunde verdichtete sich der Verdacht gegen Heinrich Pommerenke. Gleichzeitig wurde er immer wieder verhört. Der Tatverdächtige wies den Vorwurf des Mordes hartnäckig zurück, gab jedoch zahlreiche andere von ihm begangene Straftaten zu. Damit wollte er wohl die Vernehmungsbeamten ablenken und deren Erfolgseifer befriedigen.

Zwischenzeitlich wurden verschiedenen Zeugen, die Pommerenke im Zusammenhang mit seinen verübten Verbrechen gesehen hatten, Lichtbilder des Tatverdächtigen vorgelegt. Insbesondere Annemarie Kleiner, jenes Opfer, das Pommerenke zu Hause schlafend überfallen und gewürgt hatte, erkannte ihn auf den Bildern eindeutig wieder, was allerdings in der deutschen Rechtssprechung keinen absoluten Beweis darstellte.

Sogenannte Wahlgegenüberstellungen mit anderen Zeugen verliefen jedoch weniger erfolgreich. Zum Beispiel die Zeugen aus dem Reisezug erkannten Pommerenke nicht. Doch kurioserweise lies sich der Mörder gerade durch diese Wahlgegenüberstellung beeindrucken. Das Ergebnis wurde ihm natürlich nicht mitgeteilt. Er war danach sichtlich nervös. Seine Nervosität verstärkte sich noch, als man bei ihm am gleichen Tag Haarproben von Kopf- und Schambereich nahm.

Kriminalrat Zizmann und Kriminalhauptkommissar Gut entgingen die Reaktionen Pommerenkes nicht. Ganz im Gegenteil! Sie achteten auf jede kleine Geste und Mimik, beobachteten ständig die Augen des Verdächtigen und kamen dabei immer mehr zu dem Schluss, dass ihnen mit Pommerenke der lange gesuchte Frauenmörder ins Netz gegangen war.

Sie agierten bei den Vernehmungen äußerst geschickt und unendlich geduldig, bauten dem Tatverdächtigen immer wieder »Brücken« und erreichten schließlich, dass er am vierten Tag nach seiner Festnahme als Erstes jenen Mordversuch zugab, bei dem er in Karlsruhe der 45-jährigen Mechthilde Auer an der Straßenbahnhaltestelle auflauerte, sie verfolgte, von hinten anfiel, in den Würgegriff nahm und sich mit ihr den Bahndamm hinunterfallen ließ, sie dort bis zur Bewusstlosigkeit würgte, um sich dann an dem leblosen Opfer zu vergehen.

Als Pommerenke nahezu emotionslos berichtete, wie er nach der Vergewaltigung der Frau mehrfach sein Messer in den Hals stieß, waren sich Kriminalrat Zizmann und Kommissar Gut sicher, dass dieser eiskalte Verbrecher die vier Morde in Karlsruhe, Hornberg, Ebringen und Rastatt begangen hatte.

Jetzt schien der Augenblick gekommen, ihn konkret mit dem Fall Annemarie Kleiner in Singen am Hohentwiel zu konfrontieren. Da Pommerenke das Licht anmachte, weil er sein Opfer sehen wollte, konnte ihn Annemarie Kleiner sehr gut erkennen. Das war auch der Grund, weshalb er sie nochmals aufsuchen wollte, um sie als unliebsame Zeugin für immer zum Schweigen zu bringen. Zizmann und Gut zogen ihren besten Trumpf. Sie eröffneten Pommerenke, dass er bei einer Lichtbildvorlage von seinem Opfer zweifelsfrei identifiziert worden war. Sichtlich beeindruckt, gestand Pommerenke ohne Umschweife diese Tat.

Die beiden Kriminalbeamten wussten, dass sie nun kurz vor ihrem Ziel waren, und ließen nicht mehr locker. Doch in der Folgezeit gab Pommerenke alles zu, nur keinen einzigen Mord. Er berichtete über seine unzähligen Notzuchtsverbrechen und anderen Taten in allen möglichen Städten und Orten. Dabei unterlief ihm aber ein weiterer verhängnisvoller Fehler. Er erwähnte, dass er im Jahr 1957 als Wagenpage in Zügen des Reiseunternehmens SCHARNOW-HUMMEL gearbeitet hatte und nach ein paar Monaten wegen Unregelmäßigkeiten entlassen worden war. Sofort klickte es bei Zizmann und Gut. Sie hatten inzwischen eine Art Vertrauensverhältnis zu dem Tatverdächtigen aufgebaut und ein Auszug aus dem Vernehmungsprotokoll liest sich so:

Zizmann: »Heinz [so wurde Pommerenke genannt], die Umstände sprechen klar gegen dich. Auf die Dauer hilft dir kein Leugnen, es verschlimmert nur deine Lage. Bis jetzt sind wir doch miteinander klargekommen. Also, wie war das mit dem Mord in Karlsruhe?«

Pommerenke (lässt resignierend den Kopf auf den Tisch sinken, richtet sich dann aber gleich wieder auf und antwortet mit fester Stimme): »Morde gehen mich nichts an, weder in Karlsruhe, noch sonst wo! Ich habe Ihnen alles gesagt, mehr weiß ich nicht!«

Gut: »Mehr weißt du nicht? Ist dein Gedächtnis wirklich auf einmal geschwunden? Wie war das in Hornberg in der Straßenwartshütte, am Bahndamm in Ebringen und im Wald bei Rastatt?«

Pommerenke (zuckt mit den Schultern): »Das geht mich alles nichts an, davon weiß ich nichts!«

Zizmann: »Woher kommen die Blutflecken an deinem Anzug?«

Pommerenke (mit einem für ihn typischen mokanten Lächeln, das man immer dann bei ihm sah, wenn er glaubte, sich erfolgreich rausreden zu können): »Da habe ich mich irgendwo bei einem Überfall auf eine Frau verletzt. Notzuchtsverbrechen habe ich ja bereits genügend gestanden. Was wollen Sie denn noch?«

Zizmann: »Ich will die volle Wahrheit, Heinz, und zwar aus deinem Mund! Bisher hast du mich nicht angelogen und hast mir offen deine Verbrechen gestanden. In wenigen Stunden erhalten wir untrügliche Beweise, dass du, und nur du allein die vier Morde begangen hast. Nicht nur durch Zeugen, sondern durch die Untersuchungsergebnisse der Gerichtsmedizin und unserer Labore. Willst du dann vor mir, der dir die ganze Zeit Verständnis entgegengebracht hat, als dummer, erbärmlicher Lügner dastehen?«

In diesem Moment hätte man eine Stecknadel fallen hören können. Pommerenke stierte mit weit aufgerissenen Augen in eine imaginäre Ferne. Plötzlich und schlagartig sank sein Kopf auf die Tischplatte. Nach endlosen Sekunden stieß er hervor:
»Ja, ja ich war es! Ich habe die Frauen umgebracht!«

So brach der Serienmörder Heinrich Pommerenke unter der Last der Indizien und Beweise zusammen. Er legte in der Folgezeit und über mehrere Wochen hinweg ein umfangreiches Geständnis über seine Bluttaten ab, wobei er immer wieder versuchte, besonders brutale Verhaltensweisen zu beschönigen.

Nicht nur Kriminalrat Zizmann und Kriminalkommissar Gut atmeten auf, sondern auch die gesamte Polizei im südwestdeutschen Raum, die schon über Monate hinweg bei der Fahndung nach dem Frauenmörder kaum aus den Stiefeln gekommen war.

Zwei Männer, die bis dahin wegen dringenden Verdachts, diese Morde begangen zu haben, in Haft waren, wurden noch am gleichen Abend auf freien Fuß gesetzt. Als am nächsten Tag in dicken Schlagzeilen und durch Radiomeldungen von dem großen Erfolg der Polizei berichtet wurde, überkam die Bevölkerung in ganz Südwestdeutschland eine Woge der Erleichterung.

Am Montag, dem 3. Oktober 1960, ein Jahr und vier Monate nach seiner Verhaftung, begann vor dem Freiburger Schwurgericht die Verhandlung gegen den Serienmörder Heinrich Pommerenke. Der Prozess fand sowohl in der gesamten Bundesrepublik als auch im Ausland größtes Interesse. Wegen Gefährdung der Sittlichkeit, wie es damals hieß, fand er größtenteils unter Ausschluss der Öffentlichkeit statt. Allerdings waren 35 Journalisten und Fotoreporter, und aus beruflichen Gründen auch zahlreiche Juristen, Mediziner, Sachverständige und Kriminalbeamte, zugelassen.

Aus Pietät vor den Angehörigen der Ermordeten und aus Rücksichtnahme auf die vielen Frauen und Mädchen, die von Pommerenke überfallen wurden, jedoch oft wie durch ein Wunder dem Tod entgangen waren, bat der Vorsitzende des Schwurgerichtes vor der Eröffnung des Prozesses in einer Pressekonferenz die zahlreichen Journalisten um eine zurückhaltende Berichterstattung.

Alle Opfer mussten natürlich als Zeugen aussagen. Auch Pommerenkes Mutter und Schwester waren geladen. Während die Mutter sich mit einem ärztlichen Attest entschuldigte, bat die Schwester schriftlich darum, nicht erscheinen zu müssen. Das Schwurgericht sah schließlich in Absprache mit der Staatsanwaltschaft davon ab, die beiden zwangsweise vorführen zu lassen.

Die Verhandlung sollte mehr als drei Wochen dauern. Fünfzig Aktenordner mit Vernehmungsprotokollen, Berichten, Tatort- und Leichenaufnahmen legte die Kriminalpolizei der Staatsanwaltschaft und dem Gericht zur Wahrheitsfindung vor. Das von Professor Dr. Hans Ruffin von der Freiburger Universität ausgearbeitete psychiatrische Gutachten hatte allein einen Umfang von 200 Seiten. Der Psychiater kam zu dem Ergebnis, dass Pommerenke eine durchschnittliche Intelligenz besitzt und strafrechtlich voll verantwortlich ist.

Zu Beginn der Verhandlung wurde wie üblich die Anklageschrift verlesen. Danach wurde ausführlich der Lebenslauf des Angeklagten erörtert.

Pommerenke kam am 6. Juli 1937 in Bentwisch Kreis Rostock zur Welt. Eineinhalb Jahre später wurde seine Schwester Sieglinde geboren. Seine Kindheit soll ziemlich freudlos verlaufen sein, nicht zuletzt auch, weil sein Vater in den Krieg musste und der Junge ihn nur sah, wenn er Fronturlaub hatte.

Von seiner Mutter sei er oft grundlos geschlagen worden. Sie habe ihn nie über Recht oder Unrecht aufgeklärt, sondern sofort zugeschlagen, wenn er etwas falsch gemacht hatte. Da sich seine Mutter einem anderen Mann zuwandte, wurde der kleine Heinrich zu den Großeltern abgeschoben.

In der Schule gehörte Pommerenke zu den Schlechteren und musste zwei Klassen wiederholen. Angeblich habe die Rektorin Vorurteile gegen ihn gehabt und ihn immer als Sündenbock herangezogen, wenn irgendetwas passierte.

Tatsächlich verübte Pommerenke während der Schulzeit schon unzählige kleinere Diebstähle, um an Geld zu kommen. Das Diebesgut verkaufte er teilweise. Wurde er erwischt, verprügelte ihn seine Mutter oder Großmutter. Schließlich riss er zweimal von zu Hause aus.

In der Schule versuchte sich Pommerenke mehrfach Mädchen sexuell zu nähern. Ein jüngeres Mädchen wollte er verführen, und mit einem gleichaltrigen, jedoch geistig beschränkten Mädchen führte er Doktorspiele durch, nachdem sich beide gegenseitig nackt ausgezogen hatten.

Sein Vater kam 1949 aus russischer Gefangenschaft zurück. Danach wurde Heinrich Pommerenke senior mehrfach wegen Eigentumsdelikten straffällig. Neben seiner Ehefrau soll er noch zwei Freundinnen gehabt haben. Seine Frau berichtete, er sei ein überaus brutaler Mensch gewesen und habe sie des Öfteren im Suff mit brutaler Gewalt, wie Schlagen und Würgen, zum Geschlechtsverkehr gezwungen. So seien auch die beiden Kinder gezeugt worden. Die Ehe wurde im Oktober 1951 geschieden und die Kinder wurden dem Vater zugesprochen.

Zu Sieglinde, seiner jüngeren Schwester, hatte Heinrich Pommerenke ein besonderes Verhältnis. Er berichtete, er habe seine Schwester anders geliebt, als man eine Schwester lieben sollte. Er habe sie geküsst, wie man eine Liebende küsst. Sie war sechs Jahre alt, er acht, als sie zusammen in einem Bett schliefen. Hierbei soll es oftmals vorgekommen sein, dass sie sich gegenseitig an den Geschlechtsteilen streichelten.

Als Sieglinde elf und er 13 Jahre alt waren, hat er mit ihr das erste Mal den Geschlechtsverkehr durchgeführt. Gewalt will er dabei nicht angewandt haben. Die Sache kam jedoch heraus, und Sieglinde wurde in ein Erziehungsheim gesteckt. Heinrich hingegen wurde von seinem Vater mit einer neunschwänzigen Peitsche fürchterlich verprügelt.

Nach der Schule begann er eine Malerlehre. Lieber wäre er zur Post gegangen, aber seine schlechten Noten ließen das nicht zu. Im Alter von knapp 16 Jahren fuhr er mit Großvaters Fahrrad spazieren. Hierbei begegnete er draußen im freien Gelände zwei kleinen Mädchen, die Futter für ihre Kaninchen suchten. Als der junge Pommerenke die Kinder sah, fasste er den Entschluss, sich an ihnen sexuell zu vergehen. Er lockte die ahnungslosen Kinder in ein Gebüsch, wo er eines der Mädchen auf den Boden legte, küsste und es am Geschlechtsteil streichelte. Eine Frau, die ganz in der Nähe vorbeiging, hörte wie das Kind nach seiner Mutter rief, und verständigte die Polizei. Pommerenke flüchtete mit seinem Fahrrad, konnte aber noch am gleichen Mittag festgenommen werden. Da keine Haftgründe vorlagen, wurde er gegen Abend wieder auf freien Fuß gesetzt.

Um einem Strafverfahren zu entgehen, setzte er sich nach

Berlin ab. Dort begab er sich in eine Flüchtlingsaufnahmestelle des Deutschen Roten Kreuzes. Von da kam er in weitere Flüchtlingslager. Im September 1953 holte ihn seine Mutter zu sich nach Zürich. Da man kurze Zeit später bei ihm Tbc feststellte, wurde er aus der Schweiz ausgewiesen.

Zurück in Deutschland, kam es zwischen ihm und seiner nun 14-jährigen Schwester Sieglinde wiederholt zu sexuellen Handlungen bis hin zum Geschlechtsverkehr.

Zwei Jahre danach kehrte er wieder in die Schweiz zurück, wo er sich bei einem Schausteller, der einen Autoscooter-Betrieb hatte, seinen Lebensunterhalt verdiente.

Während der Arbeit lockte er ein sieben Jahre altes Mädchen unter ein mit einer Plane abgedecktes Kinderkarussell, zog ihm dort den Schlüpfer aus und versuchte, an dem Opfer den Geschlechtsverkehr durchzuführen. Er wurde dabei erwischt und erhielt 40 Tage Gefängnis; 24 Tage U-Haft wurde ihm angerechnet. Nach der Urteilsverkündung musste er die Reststrafe nicht verbüßen, sondern wurde sofort aus der Schweiz ausgewiesen.

Wieder in der Bundesrepublik, schlug er sich im südwestdeutschen Raum mit Gelegenheitsarbeiten durch. Mehrere Arbeitskollegen beschrieben Pommerenke als einen sauberen, pünktlichen, hilfsbereiten und unauffälligen Menschen. Im Jahr 1956 kam er schließlich über Hannover nach Hamburg, wo er mit seiner unglaublichen Serie von Sexualverbrechen begann.

Nachdem das hohe Gericht ausführlich das bisherige Leben des Angeklagten beleuchtet hatte, rief man der Reihe nach die etwa 70 Zeugen auf und befragte sie ebenso in aller Ausführlichkeit. Dabei kamen einige äußerst kuriose Dinge zu Tage. Eine entfernte Verwandte Pommerenkes sagte aus, er war ein anständiger Bursche, sei bescheiden aufgetreten und hätte auch mit Kindern gespielt.

Ein Mann, der mit Pommerenke im Männerwohnheim in

Hamburg mehrere Monate im gleichen Zimmer gewohnt hatte, stellte ihm das Zeugnis eines guten und aufrichtigen Kameraden aus.

Die von Pommerenke am 5. Februar 1957 in Hamburg vergewaltigte Juliane Dehm gab an, sie habe, als sie aus ihrer Bewusstlosigkeit erwachte, den Täter sagen hören: »Lieber Gott, hilf!«

Aufgrund dieser Aussage fragte ein Beisitzer den Angeklagten, ob er an Gott glaube, worauf Pommerenke antwortete:

»Ich glaube, dass es etwas Höheres gibt, das alles lenkt.«

Weiter in dem Fall Juliane Dehm befragt, sagte Pommerenke aus, er fürchtete sich damals noch, zu töten. Als sein Opfer leblos vor ihm lag, habe er es mit der Angst bekommen. Dieses Angstgefühl sei bei den späteren Verbrechen nicht mehr da gewesen.

Ein anderes Mal wurde Pommerenke gefragt, ob er von den schrecklichen Taten zurückgeschreckt wäre, wenn darauf die Todesstrafe gestanden hätte, und der Angeklagte antwortete ohne zu zögern und ohne eine sichtliche Regung mit: »Nein!«

Seine ganze Verteidigung stellte Pommerenke darauf ab, nie eine wirkliche Tötungsabsicht gehabt zu haben. Daraufhin warf ihm der Staatsanwalt vor, das einzig Anständige an ihm sei gewesen, dass er bei den polizeilichen Vernehmungen zu seinen Mordtaten gestanden habe, die er jedoch nun vor Gericht verniedlichen wolle.

Bei seiner Befragung zum Mordfall Gabriele Stock in Hornberg verlor Pommerenke erstmals die Fassung. Er brach mehrfach in Schluchzen und Tränen aus, gab nun doch zu, von vornherein Tötungsabsicht gehabt zu haben, und bezeichnete die Tat als seinen »schwersten Fall«. Sein Opfer habe grausam leiden müssen, weil es sehr lange gedauert habe, bis es endlich tot war. Das Bild des zertrümmerten Schädels habe ihn tagelang verfolgt. Es sei ihm nicht gelungen, die Erinnerung daran zu unterdrücken.

Annemarie Kleiner, jene junge Frau, die Pommerenke in Singen am Hohentwiel in ihrer Wohnung überfiel, war eineinhalb Jahre nach der Tat immer noch traumatisiert. Im Zeugenstand musste ihr eine Krankenschwester zur Seite gestellt werden. Sie gab an, ihr erster Gedanke sei gewesen, dass der Täter sie töten wollte. Sie habe sich nach Leibeskräften gewehrt und nach Vater und Mutter gerufen. Schließlich habe der Mörder von ihr abgelassen und sei geflüchtet.

An anderer Stelle fragte der Staatsanwalt den Angeklagten eindringlich, ob er denn bei seinen gemeinen, scheußlichen Verbrechen nie ein menschliches Erbarmen verspürt habe, worauf Pommerenke lakonisch antwortete:

»Im Augenblick der Tat nicht!«

Als der als Gutachter auftretende Psychiater Professor Dr. Ruffin Pommerenke fragte, ob er je bedacht habe, dass die Opfer bei solch massiver Gewaltanwendung jederzeit zu Tode kommen konnten, antwortete er:

»Ich habe nicht gedacht, ich will sie töten, und ich habe auch nicht gedacht, ich will sie nicht töten. Ich hatte nur mein Ziel im Auge, die Methoden ergaben sich immer jeweils aus der betreffenden Situation.«

Zu dem Überfall auf die beiden kleinen Kinder in der Nähe des Wieslocher Freibades sagte der Angeklagte aus:

»Ich wollte die beiden bis zur Bewusstlosigkeit würgen und sie dann sexuell missbrauchen. Doch im Moment des Zugreifens habe ich mit den schreienden Kindern Mitleid bekommen. Mir kam der Gedanke, wenn das meine Kinder wären. Außerdem sah ich ein, dass das Mädchen doch noch zu klein für einen Geschlechtsverkehr war. Was ich da vorhatte, war scheußlich.«

Kriminalrat Zizmann berichtete im Zeugenstand über die

umfangreichen Fahndungsmaßnahmen nach den jeweiligen Morden oder Mordversuchen. Allein in Hornberg wurden etwa 300 verdächtige Männer überprüft. Auf Pommerenke sei man nicht gestoßen, weil ihn sein Arbeit- und Wohnungsgeber nicht angemeldet hatte. Zizmann vertrat die Auffassung, man hätte den Mörder schon viel früher gefasst, wenn er in der Gemeinde Hornberg zur ordnungsgemäßen Anmeldung gekommen wäre.

Weiter berichtete der Kriminalbeamte, Pommerenke sei während der Vernehmungen auffallend gefühllos gewesen. Einmal habe er gesagt, vor ihnen sitzt kein Mensch, sondern der Teufel. Ein anderes Mal nannte er sich selbst ein Scheusal.

Sowohl Kriminalrat Zizmann als auch Kriminalkommissar Gut bezeichneten den Angeklagten als kriminologischen Sonderfall. Pommerenke stelle mit seinen völlig verschiedenartigen Verbrechen, von Mord bis zu einfachem Diebstahl, eine einzigartige Erscheinung in der Kriminalgeschichte dar. Damit werfe er alle bisherigen kriminologischen Erkenntnisse über den Haufen. Das Einzige, was sich bei dem Mörder mehrfach wiederholte und somit typisch für ihn gewesen sei, war der mit dem linken Arm angesetzte Würgegriff. Ansonsten habe dieser Schwerstverbrecher je nach Umstand anderweitig gewürgt, wahllos gestochen, erschlagen, geraubt, eingebrochen, erpresst, betrogen und gestohlen.

Bevor sich das Gericht zur Beratung zurückzog, hatten noch zwei psychiatrische Gutachter das Wort. Vor einem großen Auditorium von Wissenschaftlern und Fachleuten wurde der Mensch Pommerenke gleichsam seelisch seziert. Beide Gutachter betonten die außerordentlich abnorme Persönlichkeit des Angeklagten, seine Ich-Bezogenheit und Kontaktlosigkeit sowie eine stark zu beachtende erbliche Belastung auf Grund einer Fülle von Abwegigkeiten in der Familie, vor allem mütterlicherseits, wo Selbstmord, Alkoholsucht, sexuelle Haltlosigkeit und Schwachsinn vorkamen.

Die Schwester des Angeklagten wurde als geistig minderbegabt eingestuft. Aber auch väterlicherseits herrschte Gewalt und Rohheit vor. Diese genetischen Belastungen seien sicherlich zu bedenken. Das Erschütterndste aber an diesem Menschen sei der Sog nach unten, die Steigerung seiner Verbrechen bis zur Automatisierung und Perfektion des Mordens bei einer unerhörten Spielbreite der Möglichkeiten, so die beiden Gutachter.

Pommerenke leide nicht an einer Geistes- oder Gemütskrankheit, er sei also nicht krank und es liege kein Schuldausschließungsgrund vor, wonach der Angeklagte in eine Psychiatrie eingewiesen werden müsste. Gleichwohl habe er abnorme Charakterzüge, die seine Taten erleichtern und begünstigen, jedoch nicht verursacht haben. Bei der Perfektion, mit der Pommerenke seine Morde ausgeführt habe, sei eine konkrete Tötungsabsicht vor der Tat nicht mehr nötig gewesen. Sie war bei dem Angeklagten vielmehr permanent vorhanden. Frauen seien für ihn lediglich Geschlechtsobjekte. Er habe nie versucht, seine Triebe zu beherrschen.

In seinem Plädoyer forderte der Staatsanwalt für die vier vollendeten Morde und die zwölf Mordversuche insgesamt achtmal lebenslänglich. Dazu für insgesamt 20 weitere schwere Straftaten noch eine Gesamtfreiheitsstrafe von 156 Jahren sowie die Aberkennung der bürgerlichen Ehrenrechte auf Lebenszeit. Die kleineren Straftaten, wie Diebstahl etc., blieben aufgrund der Schwere der anderen Taten unberücksichtigt.

»Dieser gefährliche Gewaltverbrecher muss hinter Schloss und Riegel und darf niemals mehr in Freiheit kommen, damit unsere Frauen und Kinder vor diesem Scheusal für immer sicher sind«, so der Oberstaatsanwalt. »Die Strafe müsse Vergeltung für die grausame Schuld, ein Mittel zu seiner Erziehung und eine Abschreckung für andere Verbrecher dieser Art sein. Ich kann mir nicht vorstellen, dass Pommerenke jemals begnadigt wird.«

Doch wandte er sich gegen die Auffassung, mit Pommerenke hätte man »kurzen Prozess« machen müssen. Ein Rechtsstaat lasse dies unter keinen Umständen zu. Das Gerichtsverfahren und die Verwahrung des Täters sei zwar kostspielig, aber wenn es um die Werte wie Recht und Ordnung gehe, dürfe man nicht nach den Kosten fragen.

Dass Pommerenke als Opfer seiner Umwelt zu bezeichnen sei, wie es eine bekannte deutsche Zeitung schrieb, sei völlig abwegig. Der Angeklagte habe in der Kriegs- und Nachkriegszeit kein härteres Schicksal als Millionen Deutsche erlitten. Pathetisch schloss der Oberstaatsanwalt sein Plädoyer mit den Worten:

»Dieser Verbrecher muss ins Zuchthaus Bruchsal. Dort werden sich neun Tore hinter ihm schließen. In die neunte Hölle muss er hinunter und darf nie mehr heraus!«

Auf den Angeklagten zeigend, rief er in den Gerichtssaal die Worte Homers:

»So muss ein jeder enden, der solches tut!«

In seinem Schlusswort führte Pommerenke aus, er fühle sich für seine Taten zwar verantwortlich, doch schränkte er diese Aussage sofort mit der Bemerkung ein, er sei überzeugt, dass alles was in der Welt und unter den Menschen geschehe, zwangsläufig sei und Naturgesetzen unterliege.

»Ich bin davon überzeugt, dass ich so handeln musste«, sagte er. »Und deshalb kann ich auch nicht der Meinung sein, dass ich schlecht gehandelt habe.«

Nach fast eineinhalb Jahren Untersuchungshaft fällte am Freitag, dem 21. Oktober 1960, die Schwurgerichtskammer das Urteil über Heinrich Pommerenke. Der Angeklagte erhielt für die vier Morde und zwölf Mordversuche sechsmal lebenslanges Zuchthaus sowie für die übrigen Straftaten eine weitere Gesamtzuchthausstrafe von 140 Jahren.

Am 13. November 2003, also 43 Jahre nach der Urteilsverkündung, habe ich den zu diesem Zeitpunkt 66-jährigen Heinrich Pommerenke im ehemals sichersten Gefängnis Deutschlands, in der Vollzugsanstalt Bruchsal, besucht. Er ist das lebende und wohl nicht so oft vorkommende Paradebeispiel dafür, dass die von deutschen Gerichten zu vergebende Höchststrafe, eine lebenslange Freiheitsstrafe, tatsächlich auch lebenslang sein kann.

Im Besucherraum musste ich sehr lange warten, bis der Gefangene endlich erschien. Wie man mir sagte, wollte er vorher genau wissen, was Anlass meines Besuches sei. Erst als ihm mitgeteilt wurde, dass er keiner Straftat bezichtigt und auch nicht als Zeuge in einer Strafsache gehört, sondern wegen eines Buchprojekts einfach als der Mensch Heinrich Pommerenke befragt werden soll, erklärte er sich bereit, sich mit mir zu unterhalten.

Ich saß also im drei mal vier Meter großen Besucherraum und wartete, bis man ihn mir vorführte. Dabei erinnerte ich mich an die Lichtbilder, die von dem damals 22-jährigen Pommerenke nach seiner Festnahme gemacht worden waren. Ich hatte sie mir beim Studium seiner Akten gut eingeprägt. Der Serienmörder sah damals keineswegs furchterregend aus. Er war ein hochaufgeschossener, fescher, junger Mann mit blonden, leicht welligen zurückgekämmten Haaren. Von vorne betrachtet, wirkte sein Gesicht eher gut aussehend, wenn er auch einen stechenden Blick hatte. Auf einem der Bilder zeigte er sogar den Anflug eines durchaus charmanten Lächelns. Im Profil fiel eine zur Mundpartie und Kinn leicht überproportional vorspringende Nase auf, die das Gesicht entschlossen wirken ließ.

Rein optisch gesehen, handelte es sich bei Pommerenke eher um einen ganz normalen Menschen. Keinesfalls konnte man in ihm auf Anhieb den Serienkiller erkennen.

Als dann endlich die Tür aufging und ein älterer Mann in Begleitung eines Justizvollzugsbeamten eintrat, erschrak ich. Zugleich dachte ich, man würde mich veralbern. Es stand ein etwa 1,80 Meter großer und 95 Kilogramm schwerer Mensch vor mir, mit einem wild wuchernden, langen, braungrauen Vollbart, der fast das gesamte Gesicht verdeckte und hinunter bis zum Brustbein reichte. Auf dem Kopf trug er einen kakifarbenen, zerknitterten Campinghut. Bekleidet war er mit einer blauweißen Joggingjacke, einem grauen T-Shirt und einer dunkelgrauen Stoffhose. In der linken Hand trug er eine durchsichtige Plastiktüte, in der sich zwei Beutel mit Trinkmilch, zwei Bananen und eine Packung Knäckebrot befanden.

Obwohl mir bei seinem Anblick eine Gänsehaut über den Rücken lief, streckte ich dem Gefangenen zur Begrüßung meine Hand entgegen. Der Händedruck des Serienmörders Heinrich Pommerenke war nicht unangenehm, dennoch flößte er mir, dem gestandenen Kriminalhauptkommissar, einen gewissen Respekt ein. Wir schauten uns dabei in die Augen, und ich wusste in diesem Moment, dass es ein interessantes Gespräch werden würde.

»Herr Pommerenke?« Die Anrede stellte ich, nachdem er sich auf einem Stuhl niedergelassen hatte, mehr als Frage an ihn, da ich immer noch nicht sicher war, dass ich es tatsächlich mit dem berühmtesten Gefangen der Vollzugsanstalt Bruchsal zu tun hatte.

Er antwortete, ich solle bitte den Herrn weglassen, da es nur einen Herrn, und zwar den im Himmel, geben würde. Ich solle Pommerenke zu ihm sagen, das würde genügen.

Als er seinen Hut abnahm, kam eine schon etwas lichte, mit

ausgeprägten Geheimratsecken, grau-braune, fettige, bis weit über den Nacken reichende Kopfbehaarung zum Vorschein. Genau so sah nach vielen Jahren Kerkerhaft der »Graf von Monte Christo« in dem gleichnamigen Film aus, dachte ich.

Nun trennte mich nur noch die Breite eines kleinen Tisches von der Bestie in Menschengestalt, wie er seinerzeit in den Zeitungen genannt wurde. Ich musste zwangsläufig an eine zugegebenermaßen äußerst unwirkliche Szene aus dem Film »Das Schweigen der Lämmer« denken, in der der streng bewachte Massenmörder und Kannibale Dr. Hanibal Lecter im Hochsicherheitstrakt eines Gefängnisses einem Polizeibeamten ins Gesicht biss, ihn tötete und ihm anschließend die Gesichtshaut abzog, sich selbst überstülpte, um damit getarnt, aus dem Hochsicherheitstrakt zu fliehen.

War Pommerenke vielleicht auch so eine Bestie, die bei der erstbesten Gelegenheit über mich herfallen würde, oder war er doch noch ein Mensch und wenn ja, was für ein Mensch war er? Was haben die insgesamt fast 45 Jahre Gefängnis aus ihm gemacht? Das herauszufinden, war mein Ziel. Ich studierte jede Bewegung und jede erkennbare Regung von ihm. So oft ich konnte, schaute ich ihm in die Augen. Sofort fiel mir auf, dass das obere Lid des linken Auges etwas nach unten hing. Es schien, als ob der Mann an einer beginnenden Lidlähmung litt. Das verlieh seinem Gesicht zeitweise einen überaus traurigen Ausdruck. Dagegen spiegelte sein rechtes Auge ganz offensichtlich seine Persönlichkeit wider. Manchmal wirkte es so kalt wie Eis, um im nächsten Augenblick wieder die Freundlichkeit eines friedfertigen Menschen auszustrahlen.

Ich schaute mir seine Hände an, und ohne dass ich es wollte, sah ich sie für einen kurzen Augenblick blutbesudelt, so wie sie ausgesehen haben mussten, als er Frauen den Hals durchschnitt.

Pommerenke hatte große, kräftige Hände mit relativ langen Fingernägeln, die jedoch nicht besonders sauber waren. Insgesamt erschienen die Hände, wie auch sein gesamtes Äußeres, sehr ungepflegt.

Und eines fiel mir auch noch auf: jenes mokante Lächeln, auf das 1959 bereits Kriminalrat Zizman und Kriminalkommissar Gut immer dann aufmerksam wurden, wenn sie Pommerenke in die Enge gedrängt hatten und dieser dann mit ein paar prägnanten Worten seinen Hals wieder einmal aus der Schlinge ziehen konnte.

Das Gespräch dauerte knapp zwei Stunden. Pommerenke erlaubte, dass ich mir dabei Notizen machte. Auch unterschrieb er zum Abschluss der sehr interessanten Unterhaltung eine Einverständniserklärung, die es mir gestatten sollte, über das Gespräch in einem Buch zu berichten.

Pommerenke erzählte, er stehe in der Hierarchie der Gefangenen auf der untersten Stufe. In den ersten 20 Jahren sei das nicht so schlimm gewesen, da alle wegen seiner grässlichen Taten vor ihm Respekt hatten. Selbst die Wärter hätten Angst vor ihm gehabt. Man hätte ihn Heinrich den Schrecklichen genannt. Wenn er seinen Haftkoller bekommen habe, hätte er in seiner Zelle alles kurz und klein geschlagen. Dann seien sechs Mann über ihn hergefallen, um ihn zu bändigen.

Heute sei er ein alter Mann, und die Mitgefangenen würden ihn oft als Blitzableiter ihrer aufgestauten Aggressionen benützen. Dann müsse er auf der Hut sein, um mit heiler Haut davonzukommen. Viele würden ihn nur noch mitleidig belächeln.

Während er für seine Arbeit 1,29 Euro pro Stunde bekäme, würden die Gebühren für Gesuche zwischen 30 und 123 Euro kosten. Er sei für das Zusammenlesen von Papier und anderem Abfall im Gefängnishof zuständig.

In den nun schon über 44 Jahren Haft sei er die meiste Zeit in einer Einzelzelle gesessen. Er habe es auch mal mit einer Zweierzelle probiert. Das sei jedoch nicht lange gutgegangen.

Zu Verwandten oder früheren Bekannten habe er keinerlei Kontakte mehr. Nicht einmal Briefe würde er erhalten. Auch seine Schwester habe vor etwa 15 Jahren den Kontakt zu ihm abgebrochen.

Im Jahr 1986 sei gegen ihn nachträglich Sicherungsverwahrung verhängt worden. Dagegen wolle er jetzt vorgehen, da er der Meinung sei, er habe genug gebüßt. Sollte er aus der Haft entlassen werden, würde er gerne nach Berlin gehen, wo es eine Art Altersheim für entlassene Langzeitgefangene gäbe.

Pommerenke beklagte sich bitter, dass ihm pro Jahr insgesamt vier Ausführungen zugesagt wurden, er aber nur zwei erhalten habe. Einmal habe er mit einem begleitenden Beamten eine Neckarfahrt machen dürfen.

Vor einiger Zeit hätten Ärzte versucht, ihn medikamentös zu kastrieren. Dies sei jedoch schiefgegangen. Seit dem sei sein Cholesterinwert buchstäblich in die Höhe geschnellt. Er fühle sich nicht mehr wohl, bekäme oft Schweißausbrüche und Angstzustände.

Auf meine Frage, inwieweit sein Sexualtrieb noch vorhanden sei, meinte Pommerenke, er würde schon gerne mal wieder mit einer Frau zusammen sein, sehe allerdings dabei das Problem, dass hierbei »etwas passieren« könne.

»Das heißt, Sie würden wieder morden?«, fragte ich ihn.

»Ich kann es nicht ausschließen. Nach so langer Zeit im Gefängnis weiß ich nicht, wie ich reagieren würde. Deshalb wäre es gut, wenn man mich nie mit einer Frau allein lässt.«

Diese Ehrlichkeit verblüffte mich und das dürfte auch der Grund gewesen sein, dass Pommerenkes Gnadengesuch abgewiesen wurde, obwohl 1995 das höchste deutsche Gericht entschieden hatte, dass die Schuld des damals schon krebskranken

Mannes als gesühnt anzusehen ist. Die obersten Richter stellten fest, es sei mit der Menschenwürde nicht vereinbar, die Chance auf Freiheit auf einen von Siechtum und Todesnähe gekennzeichneten Lebensrest zu reduzieren. Doch ein Gutachter hielt dagegen, dass bei Pommerenke eine Rückfallgefahr trotz des Alters und der Krankheit nicht ausgeschlossen werden kann.

Das Gespräch mit dem Serienmörder erweiterte mein Wissen hinsichtlich der Haftbedingungen von Langzeitgefangenen erheblich. Und eines hat es mir auch vermittelt: Pommerenke ist selbst vor dem Hintergrund seiner grässlichen Taten immer noch ein Mensch. Ein Mensch, der Gefühle hat, die selbst er nicht hinter einer Maske verbergen kann. Während des Gespräches kam ganz deutlich zum Ausdruck, dass auch er sich über bestimmte, manchmal ganz banale Dinge freuen kann, dass ihm andere Dinge Sorgen bereiten und dass er unter den einen oder anderen Bedingungen im Knast doch sehr leidet.

Oft schon habe ich mir Gedanken darüber gemacht, ob man für Mörder nicht wieder die Todesstrafe einführen sollte. Nach dem für mich sehr eindrucksvollen Besuch des Frauenmörders sehe ich das Thema noch differenzierter als vorher. Ich denke, dass jahrzehntelange Haft ohne Aussicht auf eine baldige Begnadigung die bessere Lösung in solchen Fällen ist.

Um sich nicht auf die gleiche Stufe wie die von Mördern zu stellen und insbesondere auch in Anbetracht möglicher Fehlurteile, muss sich, wie vor über 50 Jahren bereits der Ankläger Pommerenkes feststellte, eine rechtsstaatliche Demokratie die enormen Kosten einfach leisten können, die solche Straftäter in der Haft verursachen.

Aber vielleicht sollte man an maßgeblicher Stelle einmal ernsthaft darüber nachdenken, diese krassen Außenseiter der Gesellschaft einer Zwangsarbeit zuzuführen, damit sie zumindest finanziell, und wenn auch nur teilweise, den von ihnen angerichteten Schaden wiedergutmachen und ihr Brot selbst verdienen, anstatt vom Staat ein Leben lang durchgefüttert und mit Fernsehapparat sowie anderen Annehmlichkeiten in ihrer Zelle verwöhnt zu werden.

Pommerenke starb am 27. Dezember 2008 im Gefängniskrankenhaus in Hohenasberg an Leukämie. Der Antrag des Oberstaatsanwaltes, dass dieser Mörder nie wieder in Freiheit kommen sollte, ging damit in Erfüllung. Pommerenke verbrachte bis zu seinem Tod ununterbrochen fast 50 Jahre im Gefängnis.